HAND SCHUHE

Ihr Ratgeber zum Stricken von
Faust- und Fingerhandschuhen

stiebner

Die Originalausgabe „Knit Mitts. Your Hand-y Guide to Knitting Mittens and Gloves“ erschien 2017 bei Interweave Books, einem Imprint von F+W Media

2., durchgesehene Neuauflage
© 2018, 2021 der deutschen Ausgabe:
Stiebner Verlag GmbH
82031 Grünwald

Übersetzung aus dem Englischen:
Johanna Hofer von Lobenstein und Fanny Papoulia
Redaktion: Julia Niehaus, lektorat plus, Berlin
Satz: Dirk Brauns, Berlin

Bibliografische Information der Deutschen Nationalbibliothek

Die Deutsche Nationalbibliothek verzeichnet diese Publikation in der Deutschen Nationalbibliografie; detaillierte bibliografische Daten sind im Internet über http://dnb.dnb.de abrufbar.

ISBN 978-3-8307-0990-9

Printed in the EU

Editorial Director: Kerry Bogert
Editor: Maya Elson
Technical Editor: Daniela Nii
Art Director and Cover Designer:
Ashlee Wadeson
Interior Designer: Pamela Norman
Illustrator: Daniela Nii
Photographer: Harper Point
Photography: George Boe

www.stiebner.com

Wir produzieren unsere Bücher mit großer Sorgfalt und Genauigkeit. Trotzdem lässt es sich nicht ausschließen, dass uns in Einzelfällen Fehler passieren. Unter www.stiebner.com/errata/0990-9.html finden Sie eventuelle Hinweise und Korrekturen zu diesem Titel. Möglicherweise sind die Korrekturen in Ihrer Ausgabe bereits ausgeführt, da wir vor jeder neuen Auflage bekannte Fehler korrigieren. Sollten Sie in diesem Buch einen Fehler finden, so bitten wir um einen Hinweis an verlag@stiebner.com. Für solche Hinweise sind wir sehr dankbar, denn sie helfen uns, unsere Bücher zu verbessern.

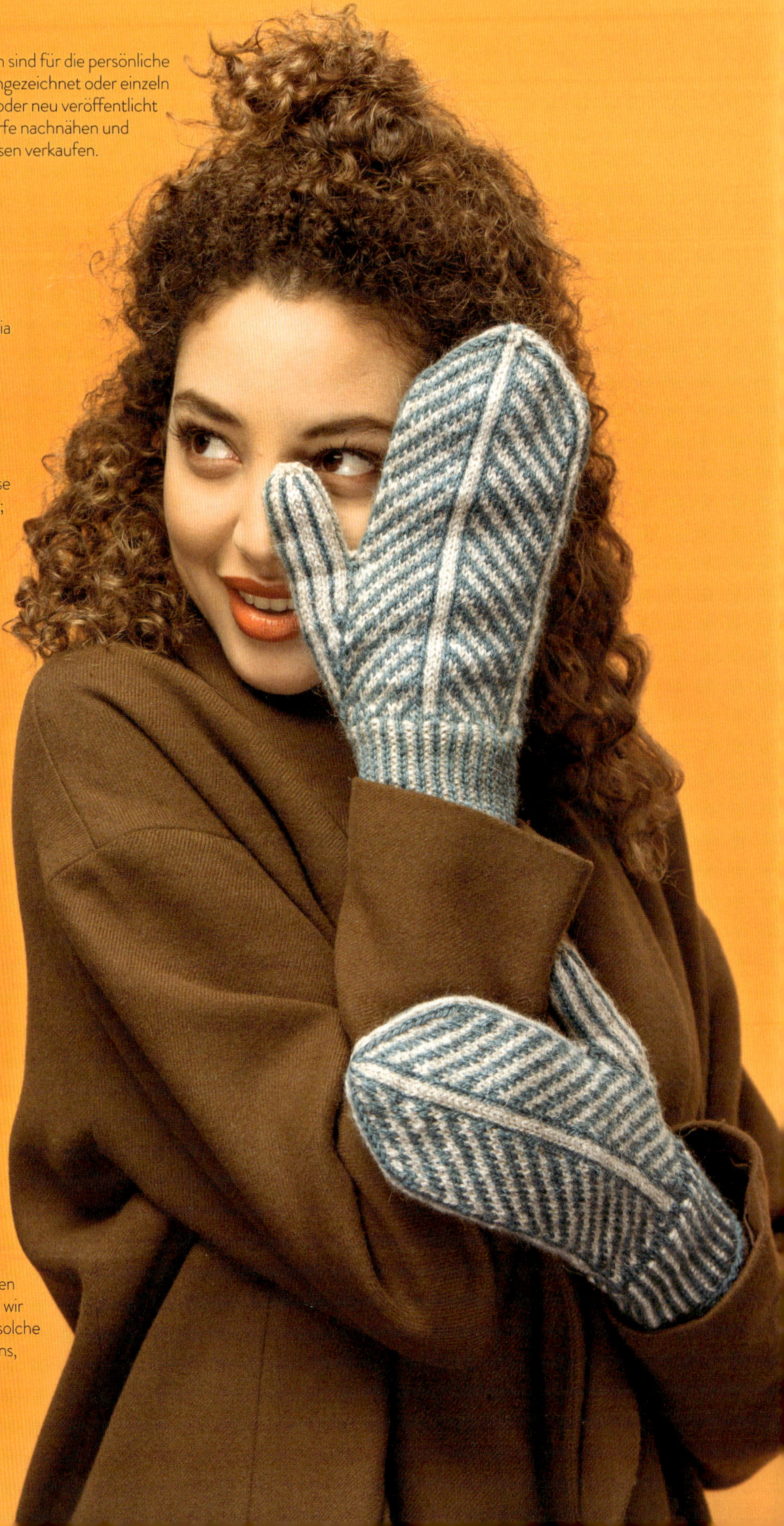

INHALT

EINLEITUNG

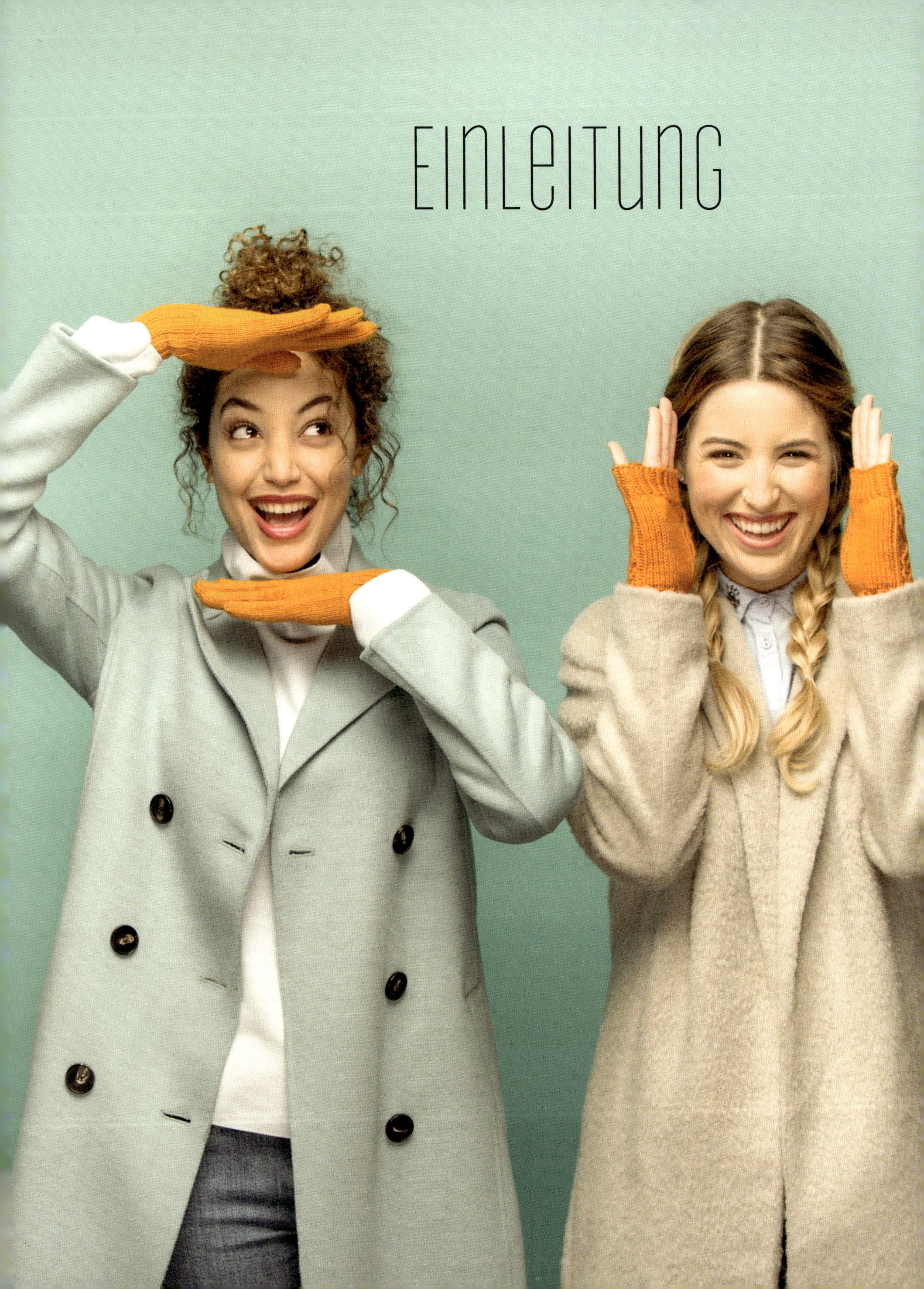

Handschuhe müssen passen

Über mich gibt es drei Dinge zu sagen:

- ➔ Ich bin klein, unterdurchschnittlich klein sogar, und meine Hände sind es auch.
- ➔ Ich lebe in einem sehr kalten Klima, in Toronto (Kanada). Dort liegen die Temperaturen drei bis vier Monate im Jahr verlässlich unter Null, und in den Monaten davor und danach ist es auch kalt. Außerdem haben wir einen Hund, der ausgeführt werden muss, egal wie das Wetter ist.
- ➔ Ich leide am Raynaud-Syndrom. Kälte und Temperaturschwankungen lassen die Blutgefäße in meinen Fingern und Zehen verkrampfen. Dies behindert die Blutzufuhr. Meine Hände brauchen daher besonderen Schutz.

Als ich anfing zu stricken, war ich ganz begeistert von der Aussicht, Winteraccessoires selbst anzufertigen. Ich freute mich darauf, mich mit meiner Hände Arbeit warmzuhalten.

Handschuhe stricken machte mir viel Spaß, und ich trug sie auch gerne. Doch ich stellte schon bald fest, dass die meisten nicht ganz das Richtige für mich waren. Es erwies sich als schwierig, Anleitungen zu finden, bei denen das Ergebnis wirklich passte: Die Erwachsenenmodelle waren mir zu groß, die Kindergrößen zu klein. Auf den ersten Blick mag die Passform von Fausthandschuhen vernachlässigbar erscheinen – aber man sollte das Problem nicht unterschätzen. Wenn sie zu locker sitzen, schlackern oder sogar rutschen, bedeutet das Wärmeverlust. Zu enge Fäustlinge sind unbequem, und durch zu weite pfeift der Wind.

Aber selbst wenn die Größe stimmte: Viele Handschuhe waren mir einfach nicht warm genug. Es liegt nun mal in der Natur der Sache, dass gestricktes Gewebe winddurchlässig ist.

Ich begann zu recherchieren und zu experimentieren. Etwas Kopfrechnen und viele Probestücke später hatte ich Techniken entwickelt, mit denen man sicher sein kann, dass die Hände warm bleiben und die Handschuhe trotzdem bequem sind, unabhängig davon, für wie große oder kleine Hände sie gemacht sind – und egal, wie kalt es dort ist, wo Sie sie tragen.

Was dieses Buch Ihnen bietet

Ich erhob Daten zu den Handgrößen von über 500 Personen und entwickelte auf dieser Basis ein Grundmodell. Die Grundanleitungen, nach denen man vom Kleindkind bis zum Erwachsenen für jeden die passenden Handschuhe stricken kann, sind das Ergebnis. (Insgesamt sind es vier Anleitungen für Fäustlinge in dreizehn Größen und vier Anleitungen für Fingerhandschuhe in elf Größen.)

Im Anschluss an die Anleitungen finden Sie Tipps zum Maßnehmen (oder möglichst genauen Schätzen) der Hände, damit Sie die passende Größe ermitteln können. Dabei können die Ansprüche sehr unterschiedlich sein: Fingerlose Handschuhe, etwa für das Arbeiten in zugigen Räumen, müssen kleiner und enger sein als robuste Fäustlinge für Spaziergänge mit dem Hund. Fingerhandschuhe sollten möglichst genau passen, damit sie die Hände wärmen und gut aussehen.

Für individuelle Handmaße gibt es Umrechnungsformeln, mit denen Sie eine individuelle Anleitung erstellen können. Außerdem gebe ich Tipps für maßgestrickte Stücke, falls Sie besondere Bedürfnisse bezüglich der Passform oder bei der Handform Abweichungen von der Norm zu berücksichtigen haben. Es werden diverse Garne und Materialien vor allem im Hinblick auf Wärmeisolation vorgestellt.

Sie finden in diesem Buch eine Reihe kompletter Anleitungen für Faust- und Fingerhandschuhe in diversen Größen und Stilen, die nach diversen Methoden gearbeitet werden können. Ob Sie ein bestimmtes Modell oder nach einer Grundanleitung stricken, einen eigenen Entwurf realisieren oder mit den Umrechnungsformeln arbeiten wollen: Alle Vorgänge sind genau beschrieben. Ich beantworte Fragen und gebe Ratschläge, wie man Arbeitsschritte vereinfachen kann. Den Anfang machen die verschiedenen Möglichkeiten des Rundstrickens. Außerdem gibt es viele Tipps zu allgemeinen Schwierigkeiten, wie etwa der lästigen Lücken an Daumen- und Fingerwurzeln.

Egal wie viel oder wenig Erfahrung Sie haben: Mein Ziel ist es, Sie mit den Strickanleitungen glücklicher und Ihre Hände mit den fertig gestrickten Handschuhen wärmer zu machen.

kate

KAPITEL 1

Handmasse & Passform

Mein Ziel bei diesem Buch war es, Anleitungen zu schreiben, mit denen Strickinteressierte besser sitzende Faust- und Fingerhandschuhe anfertigen können. Deshalb begann ich – wie schon bei meinem Buch über das Sockenstricken – mit einer Umfrage. Sie sollte dazu dienen, mir das ganze Spektrum von Handgrößen und -formen vor Augen zu führen.

Zu große Fausthandschuhe gehen bei Schneeballschlachten leicht verloren, und zu kleine Fingerhandschuhe sind mindestens so unangenehm zu tragen wie zu kleine Strumpfhosen, die sich nicht ganz hochziehen lassen.

Gut sitzende Handschuhe sehen schöner aus und fühlen sich angenehmer an. Was aber noch viel wichtiger ist: Sie halten die Hände besser warm! Denn das ist es doch, wofür wir sie tragen.

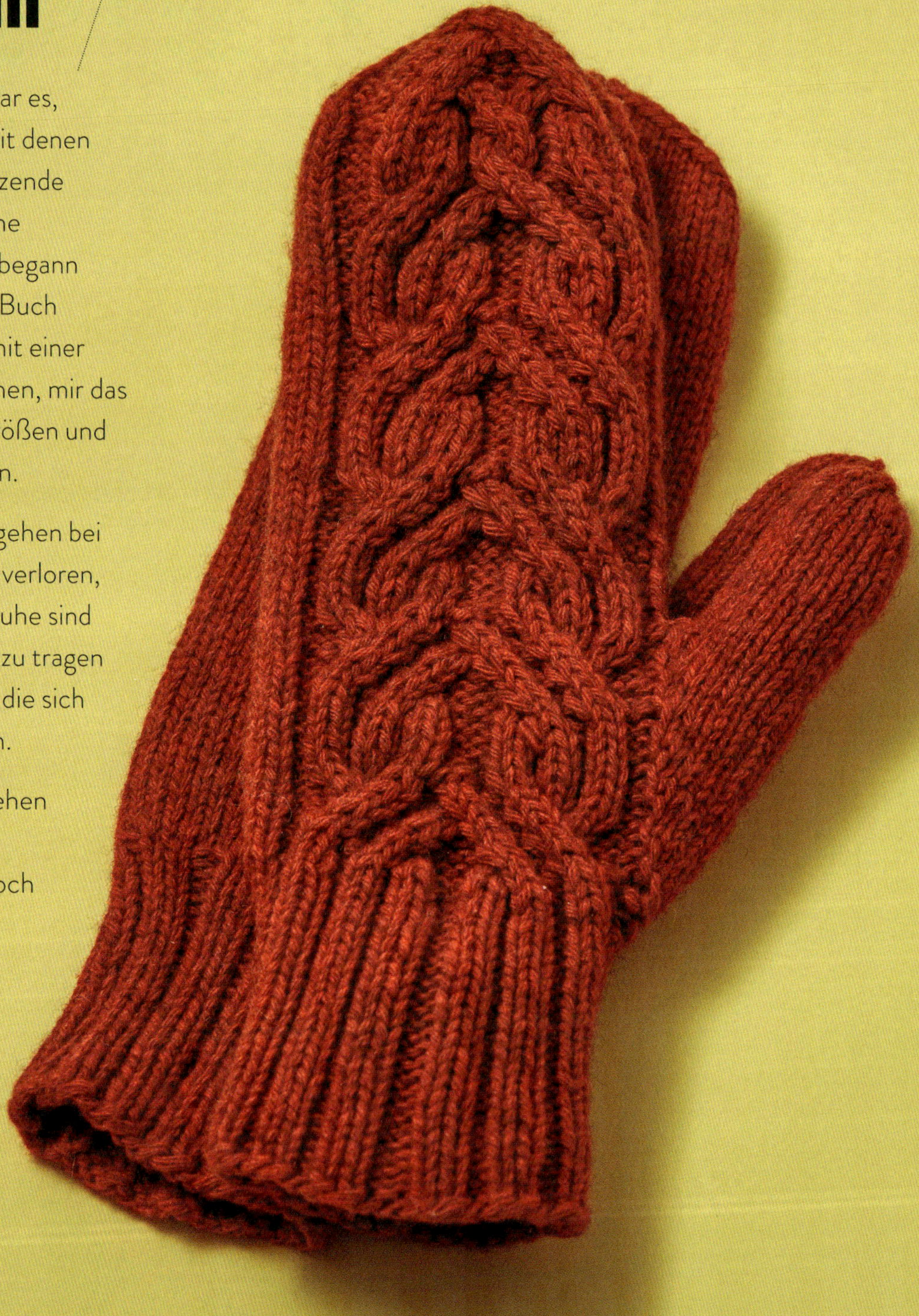

Umfrage zu Handgrößen

Durch meine Umfrage konnte ich die folgenden Maße von über 500 Personen auswerten.

- → Umfang des Handgelenks
- → Umfang der Hand oberhalb des Daumens
- → Umfang des Daumens
- → Länge der Hand von der Handwurzel bis zum längsten Finger
- → Länge der Hand von der Handwurzel bis zum unteren Daumengelenk
- → Länge des Daumens vom unteren Gelenk bis zur Fingerspitze

Zur Kategorisierung der Daten bat ich die Teilnehmer um eine Altersangabe: Ich unterschied Erwachsene, Teenager und mehrere Altersgruppen bei Kindern.

Wie schon bei meiner Umfrage zu Fußgrößen beobachtete ich regelmäßig wiederkehrende Größenverhältnisse. So kam ich zur Festlegung von Standardproportionen, die es erleichtern, die Handgröße einer Person aufgrund allgemeinerer Informationen zu schätzen.

Am besten ist natürlich immer, nach den tatsächlichen Maßen zu stricken. Aber da zumindest Fausthandschuhe relativ dehnbar sind, kann man auf diese Weise auch mit wenigen Angaben zur Person ziemlich gut passende Fäustlinge stricken.

→ ***Handmaße***

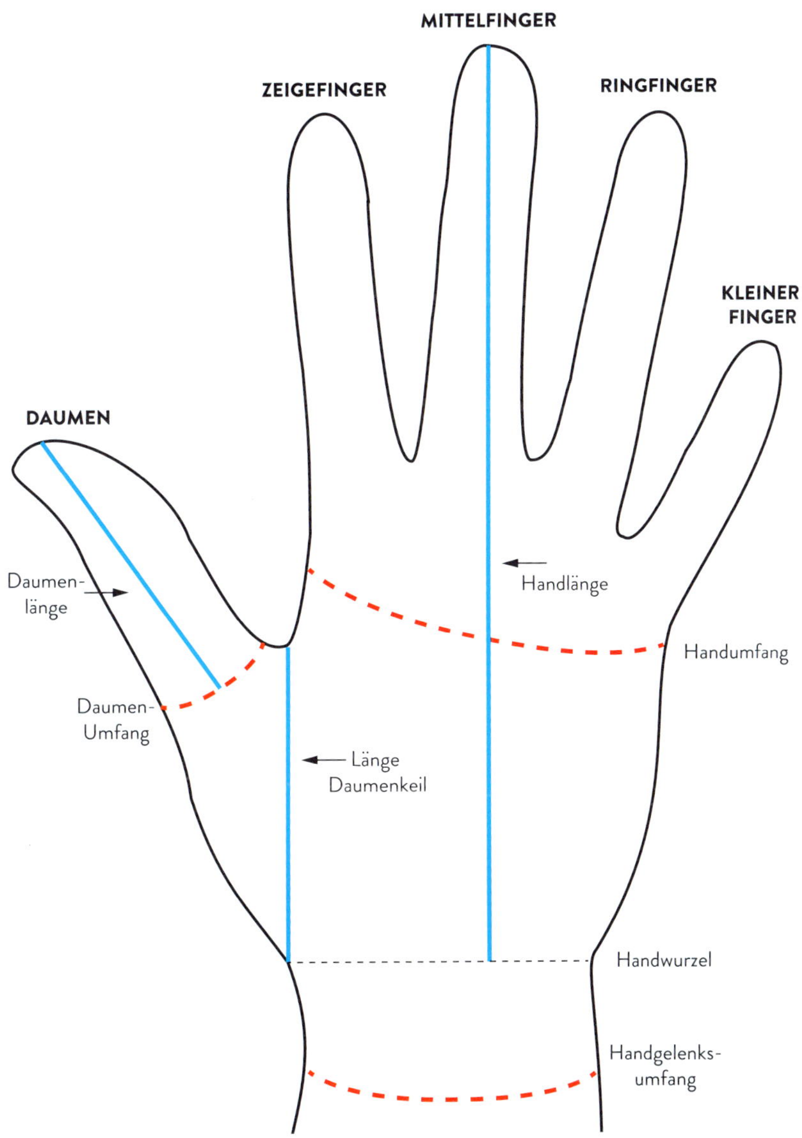

Schon Alter, Geschlecht und ungefähre Körpergröße sind ausreichend. Wenn Sie dazu das wichtigste Maß, den Handumfang, kennen, können Sie zuversichtlich sein, gut sitzende Handschuhe stricken zu können.

Beachten Sie, dass Fingerhandschuhe genauer passen müssen als Fausthandschuhe. Hier wäre es gut, zusätzlich zum Handumfang weitere Maße zu kennen.

ERWACHSENE

Bei den Erwachsenen wurden Handumfänge von 15,25 bis 28 cm gemessen. Der durchschnittliche Umfang betrug 19,5 cm und bei 90 % der Erwachsenen, die sich an der Umfrage beteiligten, lag er zwischen 18 und 23 cm.

Bei durchschnittlichen Erwachsenenhänden fielen mir folgende Größenverhältnisse auf:

- → Die Handlänge von der Handwurzel bis zur längsten Fingerspitze liegt auffällig oft nahe beim Handumfang. Bei Frauen ist der Handumfang meistens etwas größer als die Länge, bei Männern sind die beiden Werte oft gleich.
- → Der Handgelenksumfang beträgt meist etwas mehr als 80 % des Handumfangs – 83 %, um genau zu sein.
- → Die Länge des Daumenkeils beträgt meist 38 % der Handlänge.
- → Die Daumenlänge beträgt meist 33 % der Handlänge.

KINDER

Kinderhände müssen eine gewisse Größe erreicht haben, ehe sie „richtige" Fäustlinge tragen können. (Ab Seite 67 finden Sie Anleitungen für Handschuhe für Babys und Kinder bis 18 Monate.) Der durchschnittliche Umfang reicht von 12,5 cm bis 18 cm. Dann setzt der Wachstumsschub der frühen Teenagerjahre ein.

Kinderhände sind generell etwas runder und fleischiger als Erwachsenenhände.

Bei Kindern im Alter von bis zu 10 oder 11 Jahren sehen wir Folgendes:

- → Handumfänge reichen von 12,5 cm bis 18 cm.
- → Der Umfang ist gewöhnlich etwas größer als die Länge der Hand.
- → Bei Kindern bis 3 Jahren entspricht der Handgelenksumfang etwa 95 % des Handumfangs.

Bei Kindern zwischen 3 und 10 Jahren entspricht der Handgelenksumfang etwa 90 % des Handumfangs.

- → Die Länge des Daumenkeils beträgt meist 40 % der Handlänge.
- → Wie bei Erwachsenenhänden beträgt die Daumenlänge meist 33% der Handlänge.
- → Sobald der Wachstumsschub der Pubertät einsetzt, kann man mit Erwachsenenproportionen rechnen.

Hände richtig messen

Für nach Maß gestrickte Fausthandschuhe benötigen Sie folgende Maße:

- → Umfang des Handgelenks
- → Umfang der Handfläche, gleich oberhalb der Daumenwurzel gemessen
- → Länge der Hand, gemessen von der Handwurzel bis zur Spitze des längsten Fingers

Wenn Sie Fingerhandschuhe stricken, benötigen Sie zusätzlich folgende Maße:

- → Länge zwischen der Wurzel des kleinen Fingers und der Wurzel des Ringfingers
- → Länge aller Finger: kleiner Finger, Ringfinger, Mittelfinger, Zeigefinger

Wenn Sie mit den Tabellen arbeiten, runden Sie den Umfang der Handfläche auf die nächsten vollen Zentimeter ab. Beispiel: 19,5 cm runden Sie auf 19 cm ab.

Ohne Maße arbeiten

Auch wenn es immer besser ist, nach gemessenen Maßen zu stricken: Fausthandschuhe sind relativ dehnbar. Wenn Sie Fäustlinge stricken wollen und den Handumfang der Person, die sie bekommen soll, kennen, können Sie mit den entsprechenden Maßen in Tabelle 1.1 rechnen. Wenn Sie Fingerhandschuhe stricken wollen, benötigen Sie die echten Maße, damit sie gut passen.

Selbst wenn Sie gar keine Maße zur Verfügung haben, können Sie auf der Basis meiner Umfrageergebnisse die Handmaße eines Menschen schätzen: bei Kindern nach dem Alter, bei den Erwachsenen nach Geschlecht und der ungefähren Körpergröße.

1.1 ERWACHSENE – HANDGRÖSSEN – UMFRAGEERGEBNISSE *(in cm)*

	Frauen					Männer				
	XS	S	M	L	XL	XS	S	M	L	XL
Umfang Hand(fläche)	16,5	17,8	19,1	20	21,2	19,1	20	21,2	23	24,1
Handlänge	16,5	17,8	19,1	20	21,2	19,1	20	21,2	23	24,1
Umfang Handgelenk	14	15,2	16	17,1	17,8	16	17,1	17,8	19,1	20
Länge Daumenkeil	6,4	6,4	7,0	7,6	8,3	7,0	7,6	8,3	8,9	8,9
Daumenlänge	5,7	5,7	6,4	6,4	7,0	6,4	6,4	7,0	7,6	7,6
Länge kleiner Finger	4,5	5,1	5,7	6,4	7,0	5,7	6,4	7,0	7,6	7,6
Länge Ringfinger	5,7	6,4	7,0	7,6	8,3	7,0	7,6	8,3	8,9	9,5
Länge Mittelfinger	6,4	7,0	7,6	8,3	8,9	7,6	8,3	8,9	9,5	10,2
Länge Zeigefinger	5,7	6,4	7,0	7,6	8,3	7,0	7,6	8,3	8,9	9,5

1.2 KINDER – HANDGRÖSSEN – UMFRAGEERGEBNISSE *(in cm)*

	Kleinkind–3 Jahre	4–6 Jahre	7–8 Jahre	9–10 Jahre	11–12 Jahre	Teenager S	Teenager M	Teenager L
Umfang Hand(fläche)	12,7	14	15,2	16,5	17,8	19	20	21
Handlänge	12,1–14	13,3	15,2	15,2	17,1	18,4	19,7–20	20–21,2
Umfang Handgelenk	10,2	11,4	12,7	14	15,2	15,9	17,1	17,8
Länge Daumenkeil	5,1	5,1	5,7	6,4	7,0	7,6	8,3	8,3
Daumenlänge	4,5	4,5	5,1	5,1	5,7	6,4	6,4	7,0
Länge kleiner Finger	–	–	4,5	4,5	5,1	5,7	6,4	7,0
Länge Ringfinger	–	–	5,1	5,7	6,4	7,0	7,6	8,3
Länge Mittelfinger	–	–	5,7	6,4	7,0	7,6	8,3	8,9
Länge Zeigefinger	–	–	5,1	5,7	6,4	7,0	7,6	8,3

→ **Anm:** *Die Angaben in der englischen Originalausgabe waren in Inches und wurden für die Übersetzung in Zentimeter umgerechnet und gerundet.*

Die richtige Größe wählen

In welcher Größe Sie Fäustlinge oder Fingerhandschuhe stricken sollten, hängt von mehreren Faktoren ab, hauptsächlich vom gewünschten Stil und bei welchen Gelegenheiten sie getragen werden sollen. Die Größe der Hände und die Garnstärke spielen auch eine Rolle.

Wenn Sie Fäustlinge über einem zweiten Paar Faust- oder Fingerhandschuhe tragen wollen, vermessen Sie die Hände bereits mit einem paar Handschuhe an.

Geschlossene Fausthandschuhe sollten ein bisschen größer sein als Ihre Hände; fachsprachlich heißt das „etwas Spiel haben".

INDIVIDUELLE HANDMASSE

	Ihre Hand
Umfang Hand(fläche)	
Handlänge	
Umfang Handgelenk	
Länge Daumenkeil	
Daumenlänge	
Länge kleiner Finger	
Länge Ringfinger	
Länge Mittelfinger	
Länge Zeigefinger	

Für durchschnittlich große Kinder- und Erwachsenenhände (23 cm Umfang oder kleiner) runden Sie auf den nächsten vollen Zentimeter auf. Bei einem Handumfang von 19,7 cm zum Beispiel auf 20 cm. Bei größeren Händen rechnen Sie 2,5 cm dazu. Wenn Ihr Handumfang beispielsweise 25,5 cm beträgt, runden Sie auf 28 cm auf. Wenn das benutzte Garn etwas dicker ist (2,5 bis 4 Maschen pro 2,5 cm), verbraucht es zusätzlich Platz im Handschuh, sodass Sie für Erwachsenenhandschuhe 2 cm hinzurechnen müssen.

Handstulpen ohne Finger sollten eher eng sitzen, das heißt, sie sollten etwas schmaler sein als die Hände, damit sie nicht verrutschen oder gar schlackern. Grundsätzlich ist es ratsam, vom Handumfang einen Zentimeter abzuziehen. Bei einem Handumfang von 19 cm sollten Sie also auf 18 cm abrunden.

Die Ausnahme sind Stulpen, bei denen man die Spitze zum Fausthandschuh umklappen kann. Verfahren Sie hier nach den Hinweisen für Fausthandschuhe, denen diese Variante im Prinzip entspricht.

Wenn Sie Stulpen für die Arbeit am Schreibtisch oder andere Tätigkeiten, bei denen die Hände voll beweglich sein müssen, stricken wollen, ziehen Sie 2,5 cm ab. So liegen sie eng an den Händen an, ohne zu verrutschen. (Ich trage im Winter oft leichte fingerlose Handschuhe, wenn ich Strickkurse gebe; so bleiben meine Hände auch in zugigen Räumen warm. Die Stulpen sitzen aber so eng, dass ich trotzdem an die Tafel oder ans Whiteboard schreiben kann.)

Denken Sie daran, sich an die richtigen Maße zu halten: Das sind die der Größe, die Sie stricken, nicht die Ihrer eigenen Hand. Wenn Sie einen Fausthandschuh von 23 cm Umfang für einen Handumfang von 22 cm stricken, halten Sie sich an die Proportionen für den 23-cm-Umfang – der Handschuh dehnt sich schließlich in alle Richtungen! Wenn Sie den Handschuh etwas größer stricken als Ihre Hände sind, müssen Sie auch die Länge angleichen, damit die Proportionen stimmen.

Maße außerhalb des statistischen Durchschnitts

Nachdem Sie bei sich Maß genommen haben und Ihre Größe in Tabelle 1.1 herausgesucht haben, vergleichen Sie Ihre Maße mit den Ergebnissen der Umfrage. Wenn es auffallende Unterschiede geben sollte, gibt es Möglichkeiten, die Anleitungen diesen anzupassen.

Zunahmen gleichmässig verteilen

Wenn Sie die Maschenanzahl des Bündchens verändert haben, müssen Sie auch die Zunahmen zwischen Bündchen und Hand neu berechnen.

Das funktioniert so:

Handmaschen - angeglichene Maschen Bündchen = Anzahl der Maschen, die Sie zunehmen müssen

Beispiel: Wenn Sie 40 Maschen haben und das angeglichene Bündchen 36, müssen Sie 4 Maschen zunehmen.

Angeglichene Maschenanzahl Bündchen: Anzahl der zuzunehmenden Maschen = die Abstände, in denen man zunimmt.

Wenn Sie 34 Handmaschen haben und das angeglichene Bündchen 32, sind 32 : 16 = 16, Sie müssen also nach jeder 16. Maschen zunehmen. Ihre Zunahmerunde würde also so aussehen: 2x [16M re, 1M zun].

Wenn das Ergebnis der Division eine ganze Zahl ist wie bei diesem Beispiel, haben Sie Glück. Es kann aber auch sein, dass die Rechnung nicht glatt aufgeht.

Wenn das Ergebnis eine halbe Zahl ist, sieht es immer noch ziemlich einfach aus.

Wenn Sie 68 Handmaschen haben und das angeglichene Bündchen 60, müssen Sie 8 Maschen zunehmen. Die Abstände werden wie folgt errechnet:

60 ÷ 8 = 7,5

Das bedeutet, dass Sie die Hälfte der Zunahmen nach jeder 7. Masche und die andere Hälfte nach jeder 8. Masche arbeiten müssen. Die Zunahmerunde sieht dann so aus: 4x [7M re, 1M zun, 8M re, 1M zun].

Wenn es andere Brüche sein sollten, rechnen Sie folgendermaßen: Runden Sie das Ergebnis auf eine glatte Zahl ab und nehmen Sie diese als Basis für die Abstände. Die Maschen, die übrig bleiben, stricken Sie einfach am Ende der Runde.

Wenn Sie 86 Handmaschen haben und das angeglichene Bündchen 76, müssen Sie 10 Maschen zunehmen. Die Abstände werden dann wie folgt errechnet:

76 ÷ 10 = 7,6

7 x 10 Maschen = 70, also bleiben 6 Maschen übrig. Sie können folgendermaßen zunehmen: 10x [7M re, 1M zun], 6M re.

Wenn Sie ganz akkurat arbeiten wollen, können Sie die übrig gebliebenen Maschen auch auf die ganze Runde verteilen. Im Beispiel oben würden Sie je 1 Masche zu den sechs Maschengruppen dazunehmen, das würde dann so aussehen: 6x [8M re, 1M zun], 4 x [7M re, 1M zun].

Es muss bei diesen Zunahmerunden nicht immer alles ganz gleichmäßig verteilt sein, solange am Ende die richtige Maschenanzahl dasteht!

ANDERE HANDLÄNGE

Die Grundmuster für Faust- und Fingerhandschuhe sind alle passgenau an der Handlänge ausgerichtet, daher sind Abweichungen in der oberen Handlänge einfach zu berücksichtigen.

Fingerhandschuhe müssen sehr genau angepasst werden, aber es ist nicht schwer, die Maße anzugleichen. Auf diese acht Maße muss man dabei achten:

- → Daumenkeil
- → Länge der Handfläche zwischen der Daumenwurzel und der Wurzel des kleinen Fingers
- → Abstand vom Beginnn des kleinen Fingers bis zum Beginn der übrigen Finger
- → Länge der einzelnen Finger (fünf Maße)

Wenn Sie den Daumenkeil kürzen oder verlängern wollen, finden Sie dazu Hinweise auf Seite 66. Alle anderen Längen sind passgenau gestrickt (mit zusätzlichen Längenvorschlägen in den Tabellen), sodass man einfach umrechnen kann, während man arbeitet.

ANDERER HANDGELENKSUMFANG

Wenn Ihre Handgelenke einen etwas kleineren Umfang haben als in der Tabelle verzeichnet, können Sie nach der Anleitung verfahren, aber die Bündchen mit einer 2 Größen dünneren Nadel stricken als den Rest.

Wenn der Handgelenksumfang um mehr als einen Zentimeter abweicht, können Sie das Bündchen einfach anpassen: Stricken Sie ein Vielfaches von 4 Maschen mehr oder weniger im Bündchen als angegeben.

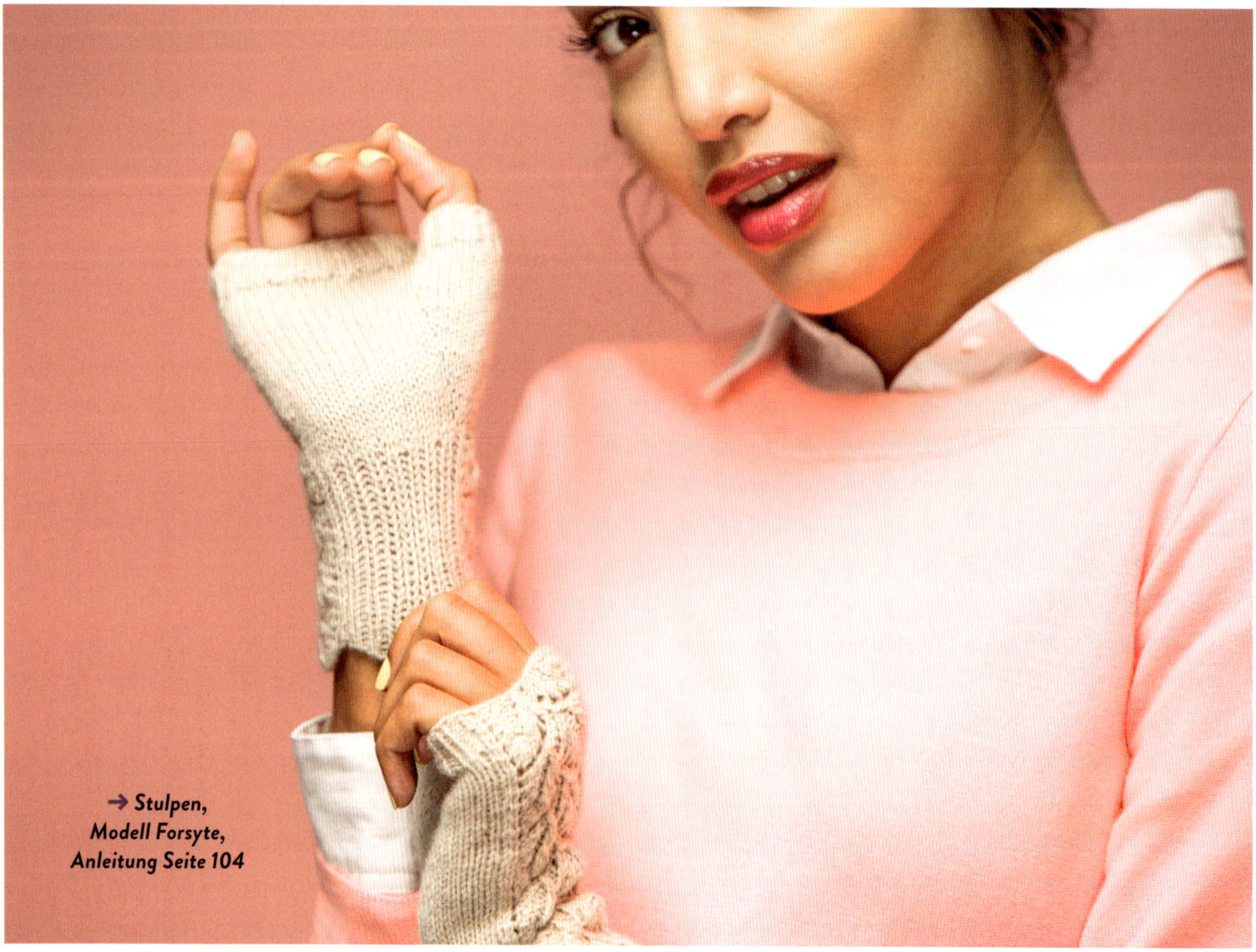

→ Stulpen, Modell Forsyte, Anleitung Seite 104

Es gibt Grenzen: Die Bündchen sollten nicht breiter sein als die Hände, und wie schmal Ihre Handgelenke auch sein mögen, die Bündchen sollten nicht kleiner sein als etwa zwei Drittel des Handumfangs, sonst könnte es Schwierigkeiten beim Anziehen geben. Falls Sie das Bündchen schmaler stricken, achten Sie darauf, dass Sie beim Anschlag schön locker stricken. Weitere Informationen dazu auf Seite 30.

Andere Zahlen beim Bündchen können bedeuten, dass Sie nicht mit der Tabelle zu Ab- und Zunahmen auf Seite 52 arbeiten können, wenn es um die notwendigen Zunahmen in der Runde gleich nach dem Bündchen geht.

Wenn Sie mehr Maschen angeschlagen haben, um das Bündchen weiter zu machen, müssen Sie selbst berechnen, wie Sie zunehmen müssen. Lesen Sie dazu den Kasten „Zunahmen gleichmäßig verteilen" auf Seite 11.

Haben Sie das Bündchen schmaler gemacht, können Sie die gleiche Berechnung anstellen, um die Zunahmen in einer einzigen Runde zu stricken.

Sie können auch in zwei Schritten zunehmen, wenn Ihnen die Rechnerei nicht geheuer ist. Sobald das Bündchen die gewünschte Länge hat, stricken Sie eine Runde und nehmen Sie dabei bis zur in der Anleitung angegebenen Maschenanzahl zu. Anschließend verfahren Sie wie in der Tabelle für Ab- und Zunahmen angegeben. Damit wird die Sache einfacher, denn vermutlich brauchen Sie im ersten Schritt nicht mehr als 4 Maschen zuzunehmen, was relativ einfach zu schätzen ist: nach jeder Viertelrunde eine Masche.

Wenn Sie beim Stulpenstricken die Maschenanzahl im Bündchen verändern, arbeiten Sie bei den Rippen am oberen Rand unbedingt mit der vorgesehenen Maschenanzahl (und der entsprechenden Anleitung zum Abnehmen).

ANDERE FINGER- UND DAUMENLÄNGEN

Wenn Daumen- oder Fingerlängen von den Maßen in der Tabelle abweichen, müssen Sie nichts verändern, denn die Anleitung ist so geschrieben, dass die Stücke genau passen.

ANDERE LÄNGE DES DAUMENKEILS

Die Länge des Daumenkeils ist das Maß, das darüber entscheidet, ob man die Anleitung umrechnen muss oder nicht. Wenn die Länge des Keils bei Ihnen um höchstens 6 mm von dem in der Tabelle vorgegebenen Maß abweicht, ist es einfach. Stricken Sie einfach nach der letzten Zunahme eine entsprechende Anzahl glatte Runden mehr oder weniger. Dann schieben Sie die Maschen auf ein Stück Restgarn (oder, wenn Sie mit Magic Loop oder zwei Rundstricknadeln stricken, auf die Kordel einer Rundstricknadel) und probieren den Handschuh an. Nach der letzten Zunahme stricken Sie glatt weiter bis zur Daumenwurzel, bis die gewünschte Länge erreicht ist.

Wenn das Maß um mehr als 6 mm von dem in der Tabelle angegebenen abweicht, muss die Anleitung angepasst werden. Näheres dazu ab Seite 66.

Weitere Anpassungen

LINKS UND RECHTS VERSCHIEDEN

Wenn sich beide Hände erheblich unterscheiden, arbeiten Sie beide Handschuhe nach den genauen Maßen.

In der bestehenden Anleitung sind die Handschuhe austauschbar, Sie müssen also etwas tun, um deutlich erkennen zu können, welcher Handschuh welcher ist. Ich arbeite in solchen Fällen einen winzigen, aber sichtbaren Fehler in das Bündchen des linken Handschuhs ein und merke mir dann „rechts" wie „richtig". Ich stricke zum Beispiel anstelle linker Maschen rechte. Das sieht man von außen kaum, von innen dafür umso deutlicher: linke Maschen in einer glatt rechts gestrickten Rippe.

Bei Handschuhen mit Fliptop sind links und rechts von Natur aus unterschiedlich und brauchen nicht gekennzeichnet zu werden.

BESONDERHEITEN

Nicht alle Hände entsprechen der Norm, zum Beispiel aufgrund von Verwachsungen oder Unfällen. Fäustlinge sind in solchen Fällen besser geeignet als Fingerhandschuhe, da sie sich einfacher anpassen lassen.

Hat die Hand weniger als vier Finger oder ist aus einem anderen Grund zu den Fingerspitzen hin schmaler, können Sie die obere Partie enger stricken, indem Sie dünnere Stricknadeln benutzen als beim Rest. Wechseln Sie zu den dünneren Nadeln, nachdem der Daumenkeil abgeteilt ist.

Man kann auch die Spitze verändern, beispielsweise, indem man schon früher mit den Abnahmen beginnt und nach jeder Abnahmerunde eine Runde strickt, in der nicht abgenommen wird. Zum Einschätzen der Stelle, an der Sie beginnen müssen, abzunehmen, verdoppeln Sie die Abnahme-Zahlen aus den Tabellen.

Wenn kein Daumenkeil benötigt wird, können Sie einfach gerade stricken: Nach den Zunahmen für den Handballen stricken Sie ohne Änderungen weiter, bis der Handschuh die richtige Länge hat und Sie abnehmen müssen.

Ist der Daumenkeil überdurchschnittlich lang oder kurz, finden Sie auf Seite 66 Hinweise, wie Sie diesen Teil verändern können.

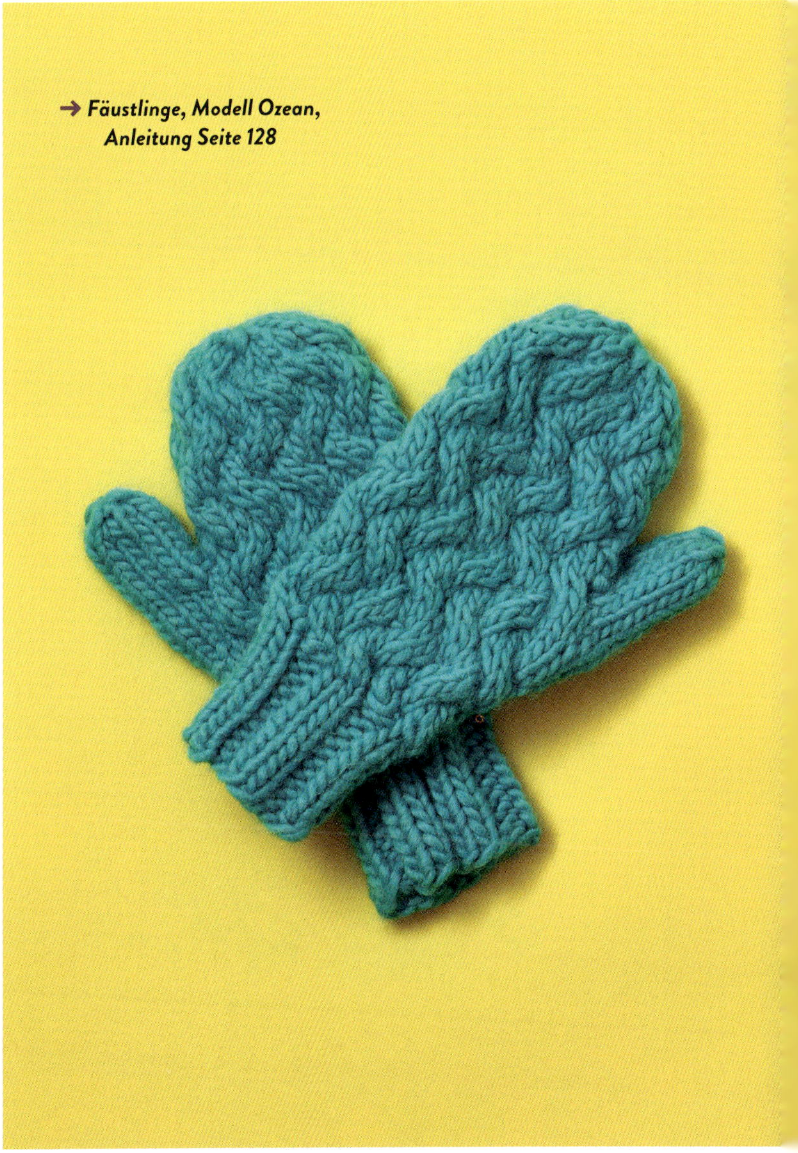

→ ***Fäustlinge, Modell Ozean, Anleitung Seite 128***

KAPITEL 2

Garne & Wärme

Bei Handschuhen geht es in erster Linie darum, dass sie die Hände warmhalten. Dies sollten Sie bei der Garn- und Materialwahl im Auge behalten.

Die erste Aufgabe besteht darin, ein Garn zu wählen, das warm und windundurchlässig ist. Die zweite lautet, ein möglichst dichtes Gewebe herzustellen.

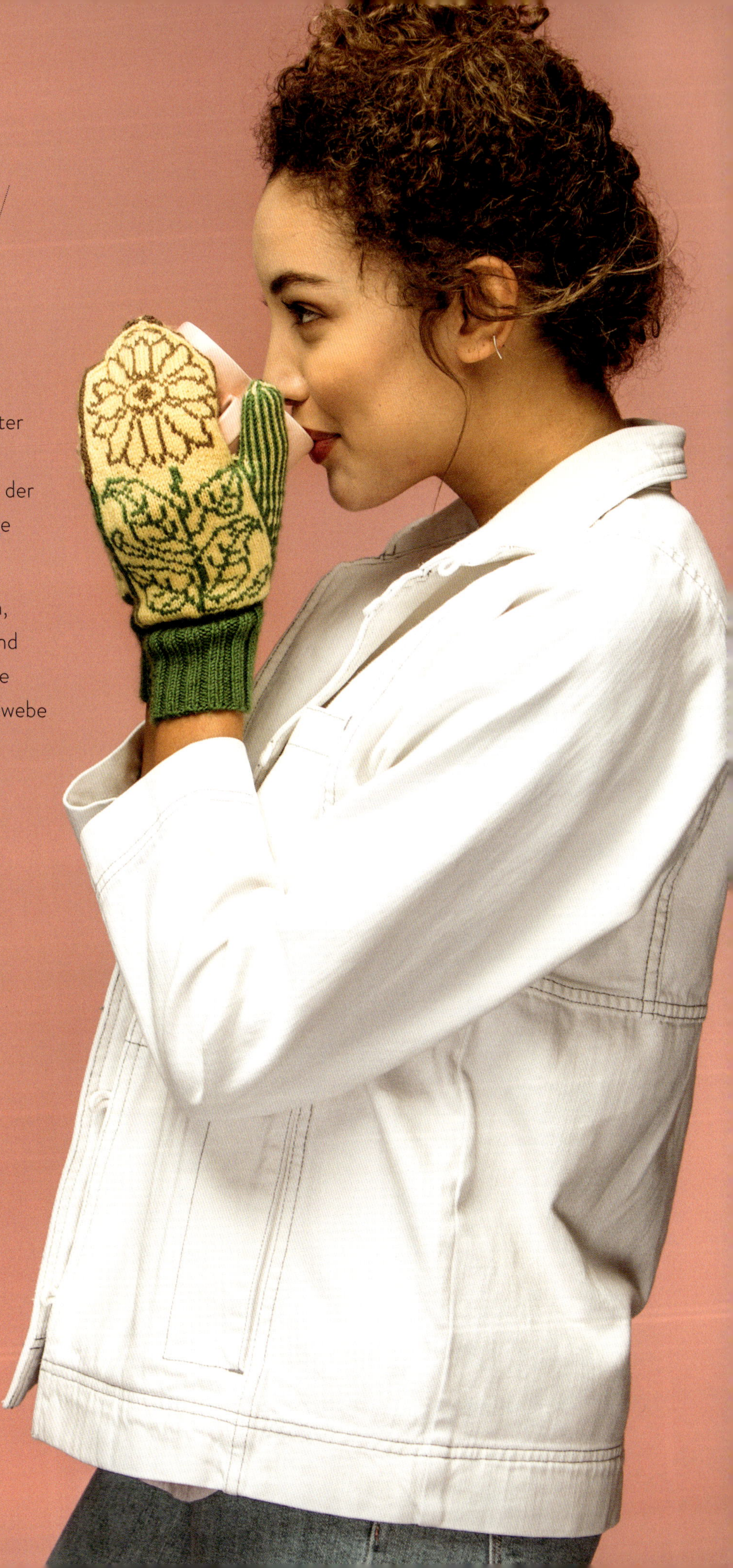

Garnwahl

WOLLE UND TIERISCHE FASERN

Handschuhe werden traditionell aus Wolle, insbesondere Schafswolle, gestrickt, um die natürlichen Eigenschaften dieser Faser zu nutzen. Schafswolle atmet, absorbiert Feuchtigkeit und isoliert: die ideale Faser also, um Ihre Hände warm zu halten. Wenn Wollhandschuhe nass werden, wird die Feuchtigkeit nach außen transportiert, wo sie auch bei starker Kälte verdunstet. Perfekt für Schneeballschlachten. Ob Standardwolle, die man mit der Hand waschen muss, oder für die Waschmaschine geeignete Wolle in Superwash-Qualität, beide funktionieren wunderbar. Einen Vorteil hat die nur für die Handwäsche geeignete Wolle: Die Handschuhe verfilzen nach und nach durch das Tragen und die Feuchtigkeit, und das Gewebe wird dichter und windundurchlässig. Stricken Sie dafür die Handschuhe ein bisschen zu groß.

Andere tierische Fasern sind auch ausgezeichnete Wärmespender. Alpakas, Lamas und Vicuñas haben sehr warme Wolle – wärmer als Schafswolle – die sich sehr gut für Handschuhe eignet. Diese Tiere sind seltener als Schafe, deshalb ist ihre Wolle normalerweise teurer als Schafswolle. Wollmischungen bieten ebenfalls Wärme und sind oft günstiger zu haben.

Auch empfehlenswert sind Kaschmirwolle und Wollmischungen, die Kaschmir enthalten. Kaschmir stammt von Ziegen und ist wunderbar weich und warm. Auch hier sind Mischungen günstiger.

Die wunderbar warme Mohairwolle stammt ebenfalls von Ziegen. Mohair gibt es in vielen Farbtönen, da sich die Wolle ausgesprochen gut färben lässt. Mohairgarne sind oft sehr voluminös, was daraus gestrickte Kleidung weniger winddurchlässig macht.

Weniger bekannte, aber ausgezeichnete Fasern sind Quiviut, Yak- und Possumwolle. Quiviut ist die feine, weiche Unterwolle von Moschusochsen, die Experten zufolge etwa achtmal wärmer ist als Schafswolle. Außerdem ist es die einzige tierische Faser, die nicht verfilzt, also problemlos in der Maschine waschbar ist. Fast genau so warm und luxuriös ist Yakwolle. Sie ist bezahlbarer, da man Yaks als Nutztiere halten und die Wolle auskämmen kann. Quiviut wird nach der Jagd aus den Fellen gezupft.

Das Possum (nicht mit dem nordamerikanischen Opossum zu verwechseln) ist ein kleines, nagetierartiges Beuteltier, das in Australien heimisch ist. Mit Einwanderern nach Neuseeland gelangt, wurde es dort schnell zur Plage, da es keine natürlichen Feinde hatte. Darum werden sie selektiv geschlachtet und von ihren Häuten wird als Nebenprodukt die Faser gewonnen. Possumwolle ist ein weiches, luxuriöses Material, wärmer als Schafswolle und zunehmend gebräuchlicher zum Stricken, vor allem als Bestandteil von Mischungen.

Angorawolle, die von Kaninchen stammt, ist ebenfalls sehr warm, und wird als Bestandteil von Wollmischungen angeboten. Als Handstrickgarn ist Angora etwas aus

Seiden-Hankys

Handschuhe lassen sich auch aus unversponnenen Seidenfasern stricken. Die als Seiden-Hankys bekannten Kokons haben in etwa die Größe eines quadratischen Stofftaschentuchs. Da Seide Farbe sehr gut aufnimmt, werden sie in der Regel gefärbt. Sie sind fantastisch zu verarbeiten.

Ein Kokon wiegt höchstens 1–2 g, und die handelsüblichen 50-g-Päckchen enthalten zahlreiche einzelne Hankys. Vor dem Verstricken müssen sie sorgfältig voneinander getrennt werden. Seidenfasern bleiben an so gut wie allem hängen, Ihre Hände sollten eingecremt, trocken und glatt sein. Ziehen Sie aus der Mitte eines Hankys einen „Strang". Das kann mühsam sein, da Seidenfasern sehr stark und sehr lang sind. Ziehen Sie, bis die Faser die Stärke hat, mit der Sie sie stricken möchten, trennen Sie den Strang ab und verstricken Sie ihn. Gesponnen werden muss er dafür nicht.

Für ein durchschnittlich großes Paar Erwachsenenhandschuhe brauchen Sie etwa 50 g zu Strängen gezogener Hankys. Daraus gestrickte Handschuhe sind ausgesprochen warm, sehr weich und haben einen wunderschönen Glanz. Obwohl die Faser sehr stark ist, ist die Oberfläche empfindlich, bleibt schnell hängen und pillt leicht. Handschuhfutter aus Seiden-Hankys ist fantastisch. Sie können dann eine robusteren Wolle als Obermaterial wählen und die Vorteile der Seide genießen, ohne befürchten zu müssen, dass sie einreißt oder unansehnlich wird.

der Mode gekommen, da es aufgrund der Kürze der verarbeiteten Haare schwierig zu verspinnen ist und stark haart. Zudem ist die Angoraallergie weit verbreitet.

Seide ist ein weiteres überraschend warmes Material, pur und als Gemisch mit Wolle. Interessant auch für alle, die wollfreie Alternativen suchen.

WEICHHEIT UND ABNUTZUNG

Beachten Sie, dass Garne sich schneller abnutzen, je weicher sie sind, und eine entsprechende Tendenz zum Pilling haben. Wenngleich die Abnutzung bei Handschuhen nicht so auffällt wie bei Socken, müssen sie einiges aushalten: Hände in die Manteltaschen stopfen, Taschen tragen, mit der Hundeleine hantieren – all das bedeutet Reibung, die Pilling verursacht. Gepilltes Gewebe hält genauso warm, sieht aber weniger schön aus. An kalten Tagen trage ich auch in geschlossenen Räumen oft fingerlose Stulpen, zum Beispiel, wenn ich unterrichte. Wenn sie gepillt und abgetragen aussehen, stört mich das.

Um Pilling entgegenzuwirken (und damit die Handschuhe länger schön aussehen) ist es ratsam, fest versponnene, mehrfädige (aus mehreren Einzelfäden gedrehte) Garne zu verwenden. Verstricken Sie das Garn möglichst fest: Dichtere Oberflächen sind weniger anfällig für Pilling.

Unregelmäßig versponnene Garne, die mal dick und mal dünn laufen, sind ungeeignet, denn die Handschuhe werden ungleichmäßig und löcherig.

WOLLALLERGIEN UND EMPFINDLICHKEITEN

Reine Materialallergien sind selten, können aber ein ernstes Problem darstellen.

Einige Menschen mögen die Haptik von Wolle nicht und finden sie rau oder kratzig. (In manchen Fällen hat das emotionale Gründe, zum Beispiel, wenn sich jemand an etwas Unangenehmes aus der Vergangenheit erinnert fühlt).

Wolle von Schafen mit längeren Haaren wie Merino fühlt sich für sie vielleicht angehmer an. Mischungen aus Schafswolle mit anderen Materialien können auch eine Alternative sein. Wolle-Seide-Mischungen fühlen sich großartig an und sind sogar wärmer als reine Wolle.

Manche, die Probleme mit Schafswolle haben, reagieren auf andere tierische Fasern wie Alpaka oder Kaschmir gar nicht. Um Empfindlichkeiten zu testen, binden Sie sich einen Faden ums Handgelenk und lassen Sie ihn einige Stunden da. Wenn die Haut gerötet ist oder ein Ausschlag auftritt, wissen Sie, dass Sie diese Faser meiden sollten.

→ **Anm zu Acryl:** *Kunstfasern wie Acryl sind für handgestrickte Handschuhe einfach nicht geeignet. Sie mögen sich zwar warm anfühlen, aber diese Fasern saugen Feuchtigkeit auf, die dann gefriert. Für die Hände ist es besser, ungeschützt zu sein, als in einem nassen, gefrorenen Acrylhandschuh zu stecken. Das Gleiche gilt für Baumwolle und Bambusfasern. Es ist ratsam, diese Fasern für Handschuhe, selbst als Bestandteil einer Mischung, ganz zu meiden.*

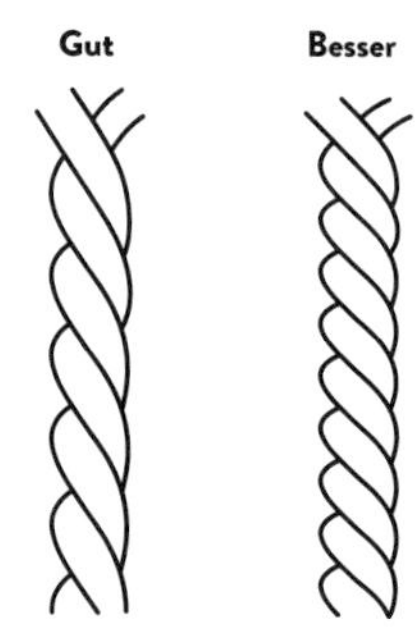

→ ***Je fester versponnen desto besser***

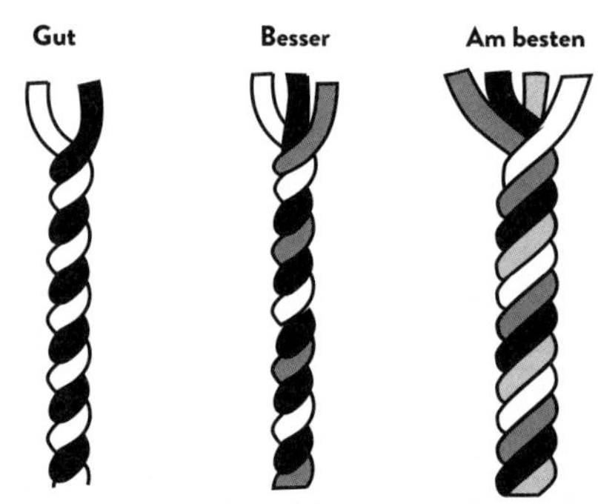

→ ***Je mehrfädiger desto besser***

STRUKTURGARNE

Obwohl sie etwas schwieriger zu verarbeiten sind, eignen sich voluminöse Garne mit einer „Aura" wie Mohair oder Mohairgemisch gut zum Stricken von Handschuhen, da die Lücken zwischen den Maschen von dem aufgebauschten Material gefüllt werden, was das Gewebe winddurchlässig macht. Bouclégarn funktioniert ähnlich, achten Sie aber auf die Zusammensetzung dieser Garne. Häufig bestehen sie aus Kunstfasern, aber Bouclégarn aus Wolle ist eine wunderbare Sache.

Die Lösung kann auch eine Innenfutter aus einem anderen Material sein. Für Wollhandschuhe kommt aus Garn oder Hankys gestricktes Seidenfutter oder genähtes Futter aus Flanell oder Fleece infrage. Lesen Sie mehr zum Thema Futter auf Seite 19.

Es gibt Menschen, die absolut keine Wolle tragen können. Sie sind allergisch oder haben andere Gründe, wie Veganer, die tierischen Produkte grundsätzlich meiden.

Wenn Sie Handschuhe aus nicht-tierischen Fasern stricken wollen, ist Seide die beste Wahl, was Wärme und Winddichte betrifft. Wie bereits erwähnt, ist reines Acryl ungeeignet, es gibt aber Hersteller, die Garne aus Polyester anbieten, die ähnlich zusammengesetzt sind wie Polarfleece. Zum Beispiel PolarKnit von Louet North America, das kälte- und wasserabweisend ist und für Winteraccessoires empfohlen wird. Wenn Sie Kunstfasern verarbeiten, sollte das entscheidende Kriterium sein, ob sie warm halten.

PROBESTÜCKE STRICKEN, UM DAS GARN KENNENZULERNEN

Maschenproben sind eine gute Möglichkeit, ein Garn zu kennenzulernen. Es ist besser, an einem Probestück festzustellen, dass Sie auf eine Faser allergisch reagieren, dass Sie nicht gerne mit einem Garn arbeiten, oder dass der Farbverlauf nicht so aussieht, wie Sie es sich vorgestellt haben, als erst, wenn die Handschuhe schon fertig sind!

Es ist auch sehr aufschlussreich, die Maschenprobe zu waschen. Manche Garne (und damit auch die daraus gestrickten Kleidungsstücke) verändern beim Waschen ihre Form, werden ganz schlaff oder gewinnen an Volumen. Wenn das Probestück getrocknet ist, können Sie genau beurteilen, wie das fertige Stück aussehen und sich anfühlen wird, ob es sich ausdehnt oder zusammenzieht. Superwash-Garne werden beim Waschen oft etwas lockerer. Wenn Sie das vorher ausprobieren, können Sie sich beim Stricken darauf einstellen und vermeiden, dass die Handschuhe nach dem ersten Waschen nicht mehr passen.

Ein zusätzlicher Vorteil ist, dass Sie nach dem Waschen des Probestücks sehen, ob das Garn abfärbt – es ist besser, das zu wissen, bevor Sie an einem verschneiten Tag Ihre neuen roten Handschuhe zu Ihrem weißen Lieblingsmantel tragen.Weitere Informationen zu Maschenproben finden Sie auf Seite 25.

MASCHENPROBE FÜR DOPPELTEN ARBEITSFADEN

Wenn Sie mit doppeltem Faden stricken, können Sie mit einer einfachen Rechnung überschlagen, wie die Maschenprobe ausfallen wird und welche Nadelstärke Sie brauchen. Sie können davon ausgehen, dass die Maschenprobe beim doppelt genommenen Faden etwa 2/3 der Maschenprobe des einzeln gestrickten Fadens beträgt. Das heißt, wenn Sie mit vierfädigen Garn bei einfachem Faden 30 Maschen auf 10 cm haben, werden es etwa (30 x 2/3) 20 Maschen auf 10 cm sein, was einem Garn doppelter Stärke entspricht. In der Tabelle auf Seite 27 finden Sie die passende Nadelstärke.

Stricken gegen die Kälte

Bei Handschuhen geht es immer um Kälteschutz. Dabei liegt es in der Natur der Sache, dass gestricktes Gewebe (kalte) Luft durchlässt. Die Lösung besteht darin, auf dünneren Nadeln fester zu stricken als Sie es bei anderen Strickstücken tun würden. Benutzen Sie zwei bis drei Größen dünnere Nadeln als auf der Banderole empfohlen wird. Grundsätzlich gilt, so dünne Nadeln wie möglich zu verwenden, aber Sie müssen das Garn noch verstricken können und sollten nicht riskieren, dass die Nadeln zerbrechen oder Ihre Finger schmerzen. Auf diese Weise gestrickte Handschuhe sind ziemlich steif, was aber bei Fäustlingen kein Problem ist. Im Gegenteil, bei eisigem Wind ist dieses festere, weniger flexible Gewebe genau das, was Sie brauchen. Für Fingerhandschuhe oder leichte, fingerlosen Stulpen ist es nicht empfehlenswert.

Wenn Sie Sockengarn verarbeiten, können Sie die empfohlene Nadelstärke verwenden, denn auch Socken werden fester gestrickt, was bei der Empfehlung bereits berücksichtigt ist.

STRICKEN MIT ZWEI ARBEITSFÄDEN

Für wärmeres Gewebe und schnellere Resultate kann man das Strickgarn doppelt nehmen, wie bei den Fäustlingen auf Seite 55, für die ich zwei Knäuel 10-fädiges Garn mit 5mm starken Nadeln verstrickt habe.

Für besonders warme Stücke können Sie auch zwei Garne mit unterschiedlichen Eigenschaften zusammen verstricken. Ich kombiniere oft weiche Wolle mit sehr dünner Seide oder Mohairwolle (beispielsweise Rowan

Kidsilk Haze) für mehr Wärmeisolation und Dichte. Dabei stricke ich mit Nadeln, mit denen ich die Wolle auch allein verstricke. Ich habe auch schon Handschuhe aus zwei Fäden dicker Mohairwolle mit wesentlich dünneren Nadeln als empfohlen gestrickt. Da hat der Wind keine Chance! Wie immer probieren Sie auch hier vorher aus, welche Nadelstärke am besten geeignet ist. Im Kasten auf Seite 17 oben finden Sie Hinweise zu Nadelstärken bei doppelt genommenem Garn.

FILZEN

Für windundurchlässige, sehr warme Fäustlinge ist verfilzter Wollstrick das optimale Material. Für Fingerhandschuhe und leichte Stulpen eignet sich verfilzter Strick nicht, da das Gewebe für diese zu steif ist.

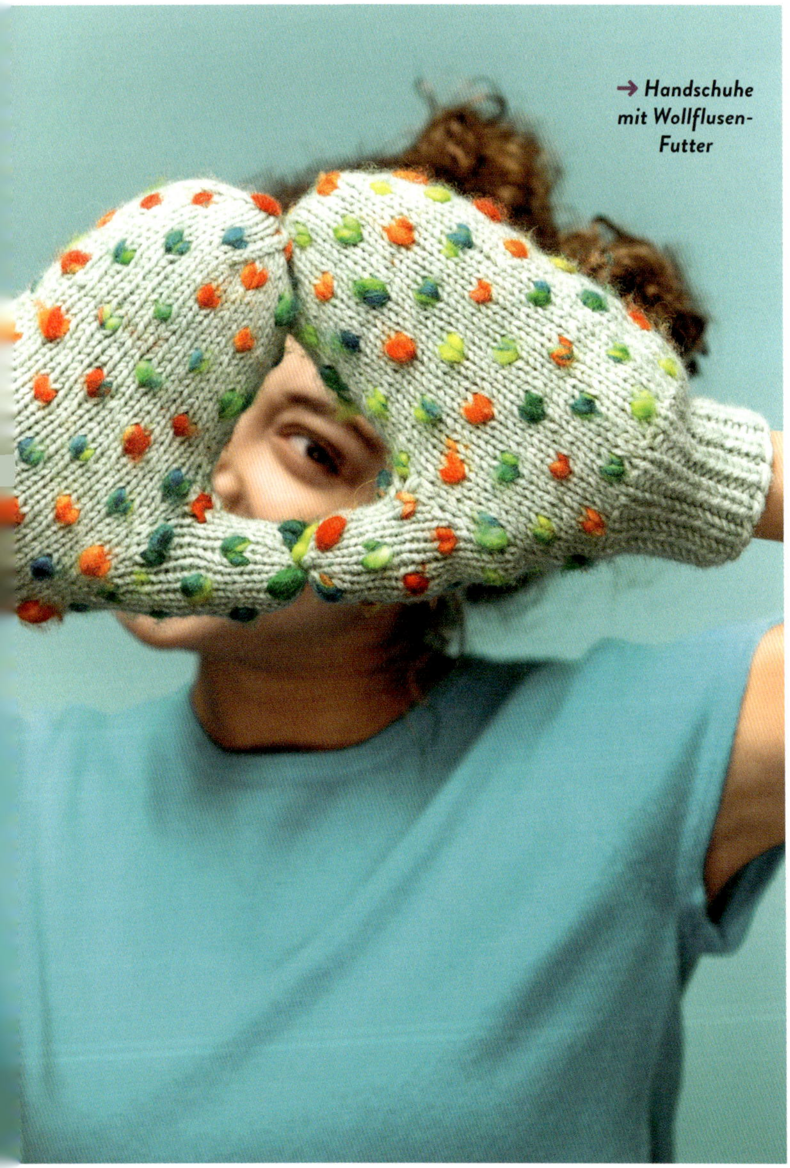

→ *Handschuhe mit Wollflusen-Futter*

Zum Verfilzen müssen Sie mit Garn arbeiten, das nicht für die Waschmaschine geeignet ist (keine Superwash- Qualität), und dann die Stücke trotzdem in die Maschine geben, damit sie einlaufen und verfilzen. (Man kann Gewebe auch mit der Hand filzen, das ist aber arbeitsintensiver. Eine heiße Maschinenwäsche ist die bei weitem schnellste Methode, Wollfasern zu filzen.) Beachten Sie, dass Toplader-Maschinen zum Filzen besser geeignet sind als solche, die nach vorne aufgehen. Eventuell sollten Sie für Ihr Filzprojekt daher einen Waschsalon aufsuchen. Ein Toplader erlaubt Ihnen außerdem, den Filzprozess zu beobachten und den Waschvorgang bei Bedarf zu unterbrechen. Das geht bei Frontladern nicht.

Stricken Sie ein Probestück, notieren Sie die angeschlagene Maschenanzahl und die gestrickten Reihen. Filzen Sie das Stück so, wie die Handschuhe gefilzt werden sollen.

- → Messen Sie Länge und Breite des gefilzten Stücks.
- → Teilen Sie die Anzahl der angeschlagenen Maschen durch die Breite nach dem Filzen, um die benötigte Maschenanzahl zu errechnen.
- → Teilen Sie die Anzahl der gestrickten Reihen plus 2 durch die Länge nach dem Filzen, um die benötigte Reihenanzahl zu errechnen.

Beispiel: Ein Probestück aus 40 Maschen auf 40 Reihen vor ist nach dem Filzen 14 cm breit und 12,7 cm lang.

Für die Berechnung der Maschen pro Zentimeter teilen wir 40 Maschen durch 14. In diesem Fall sind das 2,9, die wir auf 3 aufrunden können. (Filzen ist keine exakte Wissenschaft, es ist in Ordnung, ein bisschen zu mogeln.)

Für die Berechnung der Reihen pro Zentimeter teilen wir 42 Reihen durch 12,7. Das ergibt 3,3, die wir auf 3,5 aufrunden.

Stricken Sie aufgrund dieser Berechnungen Ihre Handschuhe in der gewünschten Größe. Beachten Sie, dass Sie, weil gefilztes Gewebe steif ist und sich kaum dehnt, 2,5 bis 5 cm Spiel einplanen sollten.

Vor dem Filzen werden die Handschuhe geradezu absurd und viel zu groß aussehen. Aber keine Sorge, wenn sie gewaschen sind, werden sie auf normale Größe zusammenschrumpfen.

FUTTER

Man kann Strickhandschuhe mit einem Innenfutter versehen, um sie wärmer und winddicht zu machen. Hierfür gibt es vier Möglichkeiten, die alle ihre Vor- und Nachteile haben, die Sie persönlich abwägen müssen.

Strickfutter

Größere Überhandschuhe aus dicker Wolle und kleinere, leichtere Innenhandschuhe aus dünnerer Wolle stricken hat den Vorteil, dass man auch nur die dünneren tragen kann, wenn es nicht so kalt ist.

Wollflusen

Aus Roving (unversponnener Wolle) lässt sich ein sehr weiches, flauschiges Futter machen. Siehe dazu ein Beispiel mit Anleitung auf Seite 56. Das spezielle Material bekommen Sie in Handarbeitsläden, die Spinnutensilien verkaufen. Auch für Roving gilt: Wolle oder andere tierische Fasern sind am besten geeignet. Die Handschuhe sehen unproportional voluminös aus, halten aber auch sehr warm.

Stoff

Wenn Sie mit der Nähmaschine umgehen können, wird es Ihnen leichtfallen, ein Futter aus Flanell oder Fleece herzustellen. Eine Anleitung finden Sie auf Seite 55.

Futter aus fertigen Handschuhen

Die schnellste Lösung von allen ist ein fertiges Produkt. Viele maschinengefertigte Handschuhe haben ein Innenfutter aus Fleece oder einem wärmedämmenden Material wie Thinsulate.

Ich kaufe häufig günstige Fleecehandschuhe, nehme das Futter heraus und nutze es anderweitig. Schließlich ist es bereits zugeschnitten und genäht! Wenn Sie keine Nähmaschine haben, nicht nähen können, oder kein Stoffgeschäft in der Nähe haben, ist das eine ausgezeichnete Möglichkeit, Ihre handgestrickten Handschuhe wärmer zu machen. Nähen Sie die fertigen Futterhandschuhe einfach mit ein paar Stichen am Handgelenk in Ihre gestrickten Handschuhe ein. (Das Obermaterial aus Acryl werfe ich weg. Das produziert zwar Abfall, aber so viel mehr, als beim selbst Zuschneiden entstehen würde, ist es auch wieder nicht.)

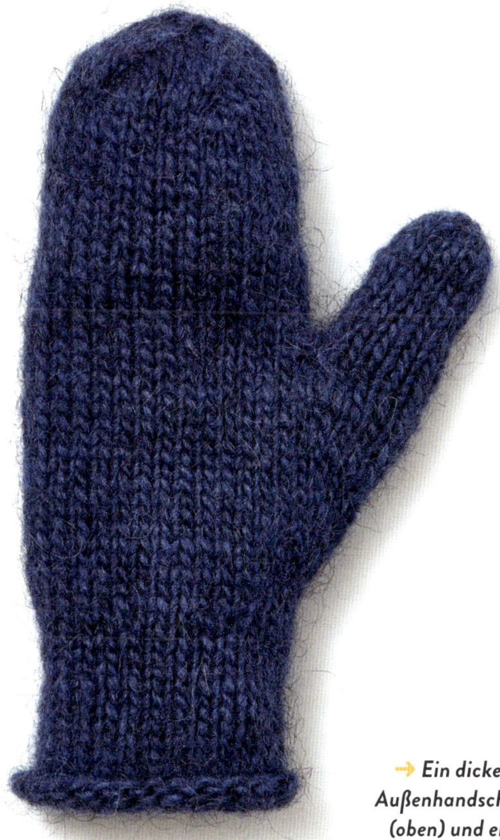

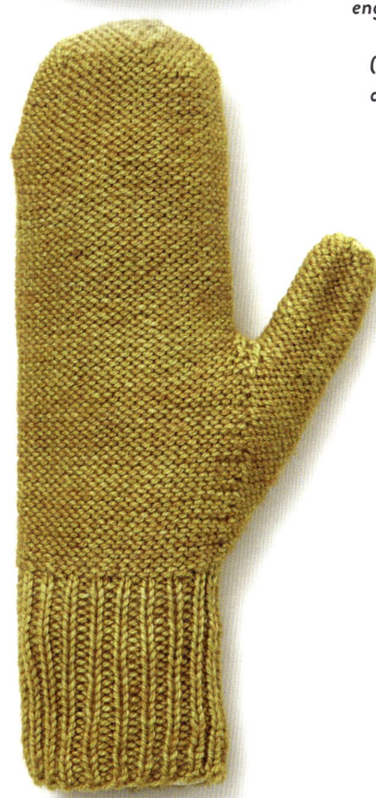

→ ***Ein dicker Außenhandschuh (oben) und ein enger Futterhandschuh (unten) halten doppelt warm.***

BESONDERE STRICKMUSTER

Beim Modell Ozean auf Seite 128 kommt eine weitere Strategie für zusätzliche Dichte zum Einsatz: ein Strickmuster, das die Löcher im Gewebe schließt. Dieses besteht aus einer Reihe von Verkreuzungen; Zopfmuster sind auch eine klassische Methode.

MITGEFÜHRTE FARBFÄDEN

Muster, bei denen weitere Farben an der Rückseite mitgeführt werden, sind quasi die natürliche Methode schlechthin, einen gefütterten Handschuh herzustellen. Die Fäden an der Innenseite des Handschuhs bilden einen Windschutz, der die Löcher verdeckt und eine zweite Schicht im Handschuh bildet. Diese Stricktechnik ist vor allem in kalten Ländern weit verbreitet, und ich könnte mir sogar vorstellen, dass die Wärmeisolation mit ein Grund für ihre Entwicklung war. In Ländern wie Norwegen und Island werden Handschuhe schon sehr lange auf diese Weise gearbeitet und viele wunderschöne Muster stammen von dort.

Fäden mitführen

Man kann auch ohne ein Muster zu stricken an der Rückseite Fäden mitlaufen lassen. Nehmen Sie dazu das Garn einfach doppelt und verwenden Sie die Fäden Masche für Masche abwechselnd. So entsteht die zweite Schicht innen, ohne dass Sie eine Strickschrift beachten oder Wollfäden und Farben sortieren müssen. Die Oberfläche sieht immer ordentlich aus, denn Sie wechseln den Faden bei jeder zweiten Masche, und Sie haben nicht die unvermeidbaren Unregelmäßigkeiten, die beim Stricken mehrfarbiger Muster durch die unterschiedlich langen Abstände an der Rückseite entstehen.

(Die Technik mag Ihnen etwas seltsam vorkommen, aber ich habe sie schon oft angewendet und war immer sehr zufrieden mit dem Ergebnis. Ein Beispiel ist das Modell Roebling auf Seite 132.)

Wenn Sie solche Handschuhe stricken möchten (mit Farbmuster oder einfarbig), müssen Sie zwei Maschenproben machen: einmal glatt rechts gestrickt und einmal mit den Fäden an der Rückseite. Die zweite Maschenprobe dient dazu, die benötigte Maschenanzahl anhand der Tabellen ab Seite 49 zu schätzen. Die Reihenanzahl der glatt rechts gestrickten Maschenprobe dient zur Schätzung der Länge des Daumenkeils. Lesen Sie dazu Seite 70.

Roving mitführen

Eine weitere Möglichkeit, Handschuhe „abzudichten", ist, an der Rückseite unversponnene Wolle oder Seide mit dem Garn mitlaufen zu lassen. Die Oberfläche sieht nicht so elegant aus wie bei traditionellen Farbmustern, aber das flauschige Roving ist die Sache auf jeden Fall wert, denn die Handschuhe werden damit winddicht und wesentlich wärmer als mit normalen Wollfäden.

Roving kann aus diversen warmen Fasern hergestellt sein. Die Technik funktioniert auch mit nicht filzenden Fasern wie Seide oder Superwash-Wolle. Stricken Sie mit dem Hauptfaden und arbeiten Sie etwa alle drei Maschen die zusätzliche Faser mit ein. Von außen sieht das Ergebnis ähnlich aus wie bei den Handschuhen mit Wollflusen-Futter, aber der Handschuh wird längst nicht so dick. Die Proportionen sind ungefähr die gleichen wie bei einfach gestrickten Handschuhen.

In der Anleitung für Handschuhe mit Wollflusen-Futter auf Seite 56 finden Sie eine Beschreibung, wie man einen Handschuh mit Roving füttert.

Weitere Möglichkeiten der Wärmeisolation

HANDSCHUHTYP UND WÄRME

Ihre Mutter hatte schon Recht: Fäustlinge halten die Hände wärmer als Fingerhandschuhe.

Das hängt mit dem Phänomen der Wärmeübertragung zusammen: In einem Fausthandschuh liegen die Finger aneinander und können sich gegenseitig warmhalten. Wenn Sie Fingerhandschuhe tragen, sind die Finger getrennt und es findet kein Wärmetausch statt. Ein einzelner Finger in einem Fingerhandschuh setzt seine gesamte Oberfläche der Kälte aus. Stellen Sie sich den kalten Wind vor, der um Ihre Hände weht. Wenn Sie Fausthandschuhe tragen, bläst er nur über seine Seite der Finger, wenn Sie Fingerhandschuhe tragen, zieht er auch zwischen den Fingern durch.

Bei Fäustlingen besteht das Problem, dass Sie Ihre Finger nicht einzeln benutzen können. Wenn Sie zum Beispiel Autofahren, Ihre Wohnungstür aufschließen oder Hundehäufchen aufsammeln wollen, müssen Sie die Handschuhe ausziehen, was je nach Wetterlage auch keine ideale Lösung ist.

Absichtlich mehrere Schichten übereinander zu tragen, schützt Ihre Hände am besten vor der Kälte und Sie können trotzdem Ihre Finger benutzen. In den meisten Klimazonen sind Handstulpen oder Handschuhe mit Fliptops, die nach Bedarf umgeschlagen werden können, die Lösung.

Bei eisigen Temperaturen kann man unter Fäustlinge zusätzlich Stulpen oder Fliptop-Handschuhe ziehen. Das wird zwar recht voluminös, und Sie müssen die Über-Fäustlinge ausziehen, um die Finger benutzen zu können, was Sie wiederum vor ein Aufbewahrungsproblem stellen kann, aber Ihre Hände werden Ihnen die doppelte Schicht danken.

Wenn Sie Ihre Finger brauchen, um Ihr Smartphone zu bedienen, können Sie für eng anliegende Fingerhandschuhe leitendes Garn verwenden, siehe dazu Seite 66. So müssen Sie die Handschuhe gar nicht erst ausziehen, um mit dem Telefon zu hantieren. Wenn Ihre Hände kalt werden, ziehen Sie ein Paar Fäustlinge darüber. Auch wenn es schick aussieht: fingerlose Handschuhe über Fingerhandschuhen sind kein Gewinn, denn es sind die Finger, die als erste Wärme verlieren und den größten Schutz vor Kälte brauchen.

Und es gibt noch eine Möglichkeit: Unter Fäustlinge fingerlose Handschuhe – keine Fingerhandschuhe – tragen, da Ihre Finger sich dann gegenseitig wärmen können.

Benötigte Garnmengen

Tabelle 2.1 nennt Richtwerte für die in den entsprechenden Größen gestrickten Handschuhe benötigte Garnmenge. Bitte beachten Sie: Offene/fingerlose Modelle verbrauchen weniger Garn, längere Stulpen verbrauchen mehr.

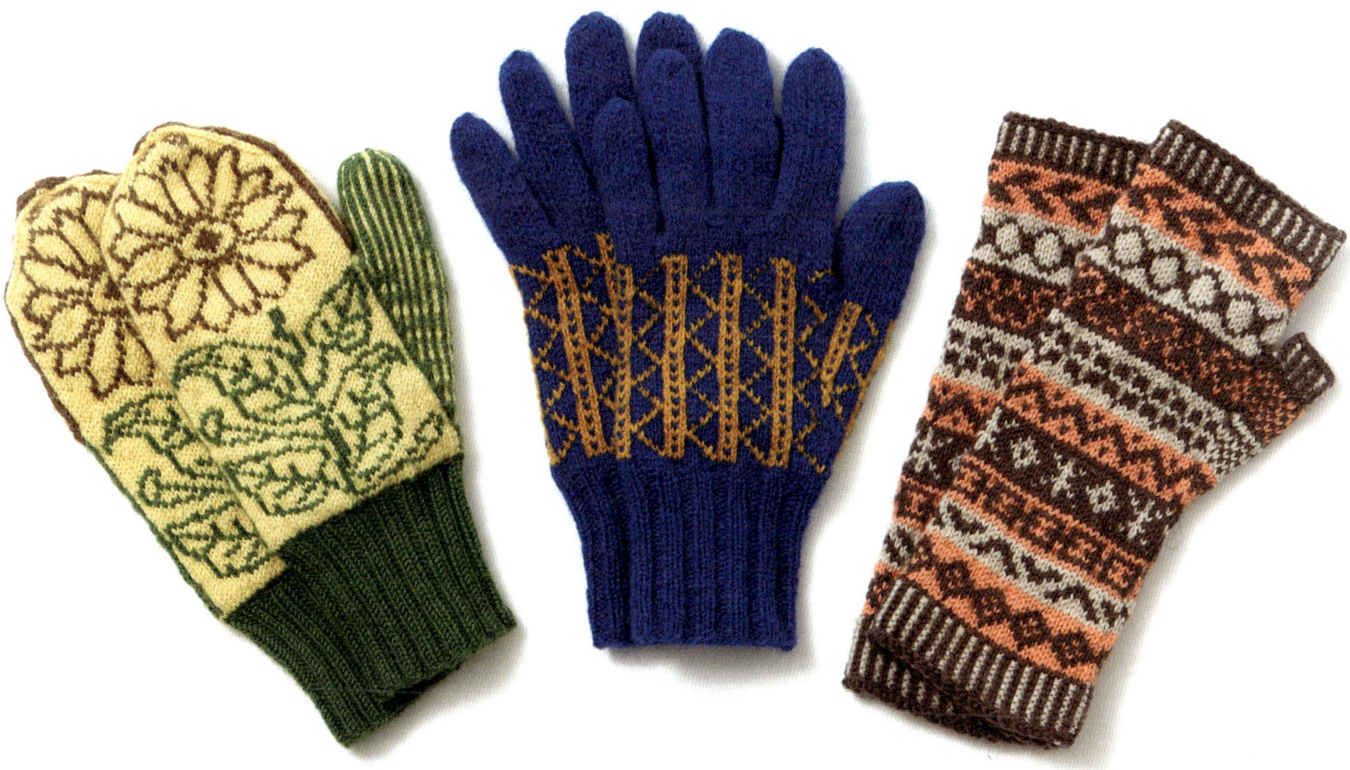

→ *Bei den Modellen Braewick (Seite 108), Sonnenblumen (Seite 120) und Roebling (Seite 132) werden an der Rückseite Fäden mitgeführt, um die Handschuhe wärmer zu machen.*

2.1 GESCHÄTZTE GARNMENGEN FÜR FAUST- UND FINGERHANDSCHUHE *(in m)*

Handumfang nach Fertigstellung	Maschen pro Zentimeter												
	2,5	**3**	**3,5**	**4**	**4,5**	**5**	**5,5**	**6**	**6,5**	**7**	**7,5**	**8**	**9**
12,5 cm	23	27	27	32	36	41	50	59	59	27	27	68	77
14 cm	32	45	50	59	64	73	86	100	109	114	118	123	136
15 cm	41	45	50	59	64	73	86	100	109	114	118	123	136
16,5cm	50	55	64	68	77	86	105	123	127	136	141	150	164
18 cm	59	64	73	82	91	100	123	141	150	155	164	173	191
19 cm	68	77	82	95	109	118	145	168	177	186	195	205	223
20,5 cm	77	86	100	109	127	141	168	200	209	218	227	241	264
21,5 cm	91	100	114	127	145	159	191	227	236	250	259	273	300
23 cm	105	114	127	141	164	182	218	255	268	282	295	309	336
23 cm	118	132	145	164	182	205	245	291	305	318	336	350	386
25,5cm	132	145	164	182	209	232	277	327	345	359	377	395	436
26,5 cm	150	164	182	205	232	259	314	368	386	405	423	445	486
28 cm	164	282	200	227	259	286	345	405	427	450	473	491	541

FEHLENDES GARN ERGÄNZEN
IDEEN FÜR FARBVARIATIONEN

Wenn Sie nicht mehr genug Garn haben, können Sie Reste kombinieren und stückeln.

Bündchen in einer anderen Farbe stricken. Ein Bündchen in einer Kontrastfarbe, das unter Ihrem Ärmel hervorblitzt, kann hübsch aussehen. Über Maschenprobe, Oberfläche und Mischung müssen Sie sich dabei nicht zuviele Gedanken machen – wenn das Garn dem Hauptgarn in etwa nah kommt, ist alles gut! Ich habe schon Aufschläge aus doppelt genommenem, wild gemustertem Sockengarn an einfarbige, dicke Fausthandschuhe gestrickt. Wenn die Rippe fertig ist, stricken Sie aus dem für das Bündchen verwendeten Garn eine Runde glatt rechts und arbeiten dann aus dem anderen Garn die notwendigen Zunahmen an der Handwurzel.

Daumen in einer Kontrastfarbe stricken – passend zum Bündchen, oder auch nicht. Versuchen Sie auch mal, jeden Finger eines Fingerhandschuhs in einer anderen Farbe zu stricken! Da Sie das Garn sowieso an jedem Finger neu anschlingen müssen, haben Sie noch nicht mal mehr Fäden.

Streifen einarbeiten. Wechseln Sie alle ein bis zwei Runden die Farbe. (Bei schmaleren Streifen können Sie beide Farben weiterführen, was die Anzahl der zusätzlichen Fadenenden verringert.) Ich stricke gern die Rippe aus einer Farbe und Streifen nur im Hauptteil des Handschuhs und am Daumen. Bei Fingerhandschuhen mit geringelten Fingern haben Sie deutlich mehr Fadenenden. Um nicht zu viel Arbeit bei der Fertigstellung zu haben, stricken Sie Streifen besser nur am Hauptteil und lassen Bündchen und Daumen einfarbig.

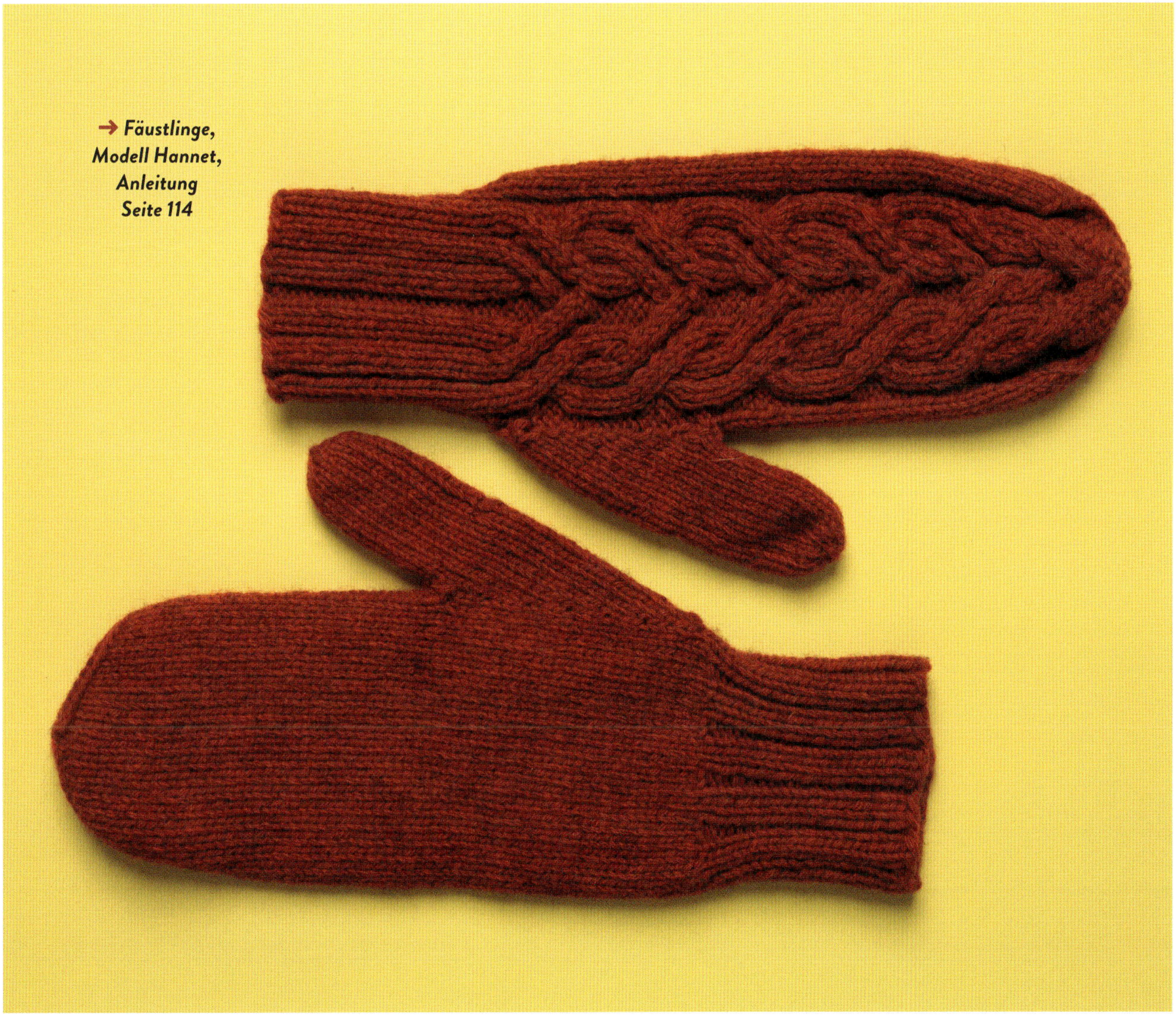

→ Fäustlinge, Modell Hannet, Anleitung Seite 114

KAPITEL 3

HAND-SCHUHE STRICKEN

Obwohl der Aufbau von Fingerhandschuhen nicht besonders kompliziert ist, gibt es ein paar Dinge, die anfangs vielleicht etwas schwerfallen. In diesem Kapitel finden Sie Tipps und Tricks für den Umgang mit schwierigen Stellen sowie Hinweise, welche Arbeitsschritte sich vereinfachen lassen.

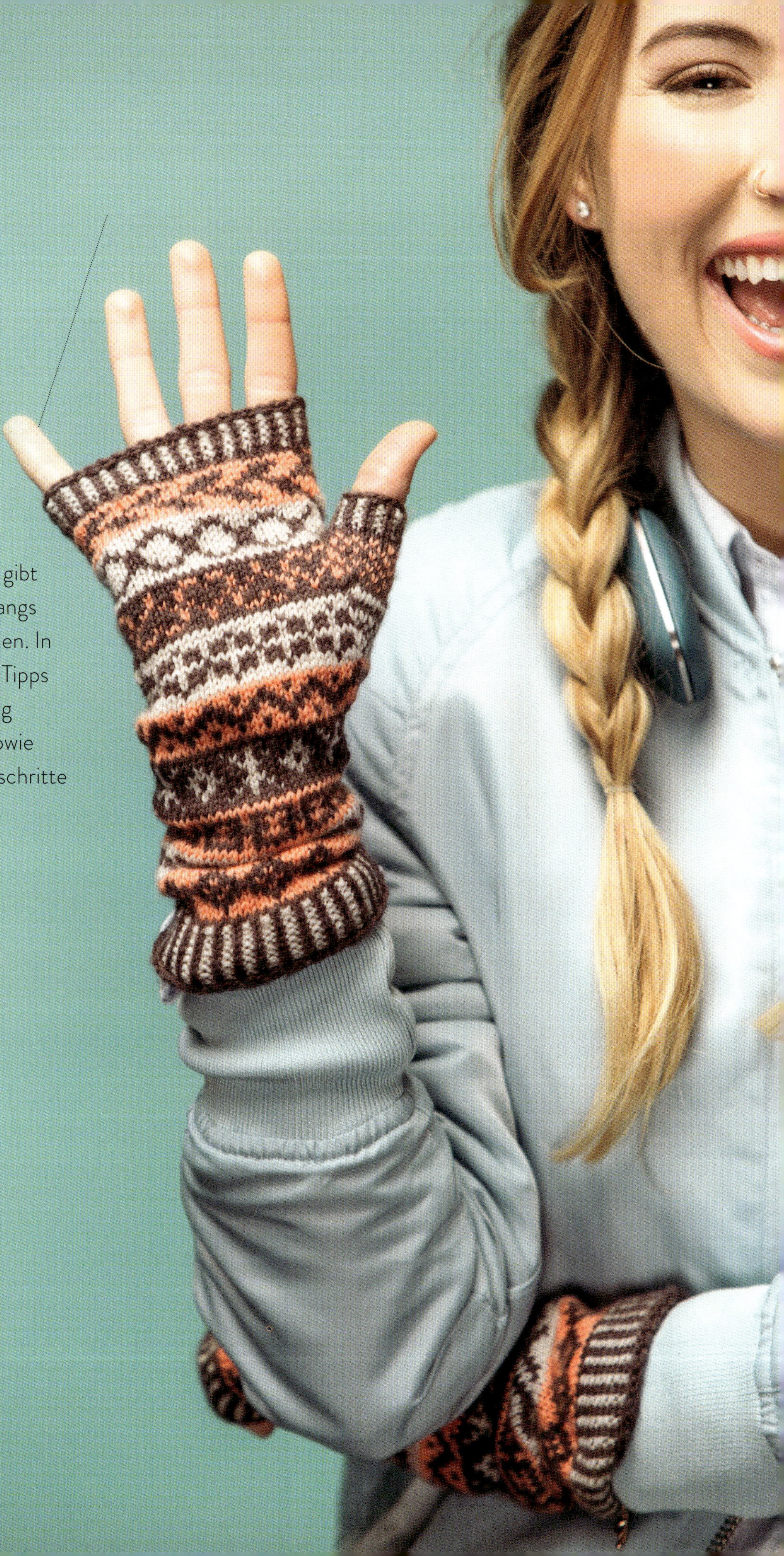

Maschenprobe

Erfolgreiche Projekte beginnen immer mit einer Maschenprobe. Wenn man Handschuhe strickt, muss man die Probestücke rund stricken. Häufig fallen rechte und linke Maschen sehr unterschiedlich aus (das links Gestrickte ist oft lockerer). Da bei rund gestrickten Stücken das glatt rechts Gestrickte nur aus rechten Maschen besteht, sieht es nicht selten deutlich anders aus als bei Stücken, die flach gestrickt werden. Auf Seite 26 finden Sie eine Abkürzung für diesen Arbeitsgang.

EIN PROBESTÜCK ANFERTIGEN

Sehen Sie sich die empfohlene Maschenprobe an. Nehmen Sie diese Zahl mal 1,5 oder 2 und runden Sie gegebenenfalls auf eine glatte Zahl auf: Das ist die Anzahl Maschen, die Sie anschlagen müssen. Bei Sockengarn ist 1,5 ausreichend, ist das Garn dicker als Sockengarn und Sie stricken mit dünneren Nadeln als empfohlen, brauchen Sie doppelt so viel wie empfohlen. Ihr Ziel ist es, ein Stück von etwa 15 cm Umfang zu erhalten.

Beispiel 1: Wenn bei Sockengarn 28 Maschen empfohlen werden, rechnen Sie 28 x 1,5 = 42.

Beispiel 2: Die empfohlene Maschenanzahl bei einer anderen Wolle ist 20, Sie rechnen 20 x 2 = 40.

Schlagen Sie diese Anzahl Maschen an. Verteilen Sie die Maschen nach Wunsch auf Ihrem Nadelspiel. Stricken Sie etwa 2,5 cm Rippe, dann etwa 7,5 cm glatt rechts. Ketten Sie locker ab. Bevor Sie das Stück ausmessen, waschen Sie es gemäß der Anweisung auf der Banderole und lassen das Probestück trocknen.

Ist das Probestück trocken, können Sie die Maschenprobe auswerten.

→ Ihr Probestück sollte einen Umfang von 15 cm haben und flach ausgebreitet 7,5 cm breit sein.

→ Legen Sie ohne Druck ein Lineal auf das Probestück und zählen Sie die in 5 cm enthaltenen Maschen.

→ Messen und zählen Sie genau.

Messen Sie an zwei bis drei Stellen. Schlaffes oder unregelmäßig versponnenes Garn kann an verschiedenen Stellen unterschiedliche Ergebnisse bringen – ermitteln Sie einen Durchschnittswert.

Die Zahl, die Sie erhalten, ist die Maschenprobe auf 5 cm. Um die Maßtabellen benutzen zu können, müssen Sie die Zahl noch durch 2 teilen. Beispiel: Wenn bei Ihrem Probestück 13 Maschen auf 5 cm herausgekommen sind, entspricht Ihre Maschenprobe 6,5 Maschen auf 2,5 cm. Das ist die Zahl, anhand der Sie in den Tabellen die passende Maschenprobe finden.

Ich messe lieber auf 5 cm als auf 2,5 cm, weil das Ergebnis genauer ist. Wenn Sie nur auf 2,5 cm messen, kann es schwierig werden, zu beurteilen, ob eine Teilmasche einer halben Masche oder einer Viertelmasche entspricht. Auf 5 cm wird es klarer. Und da auch Teilmaschen eine Rolle spielen, ist das Ergebnis besser, wenn man eine größere Fläche ausmisst.

→ ***Maschenprobe***

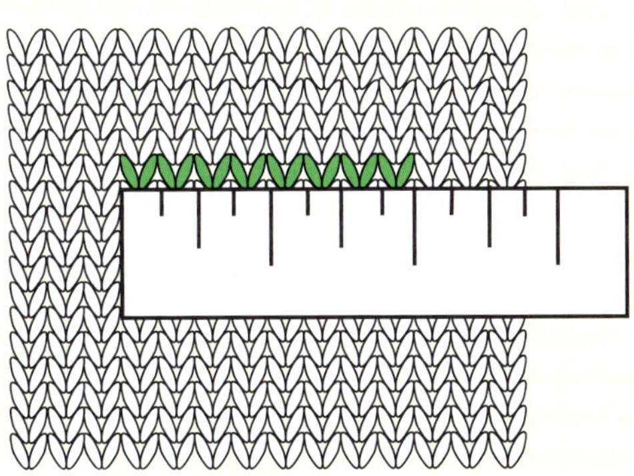

→ ***Reihenprobe***

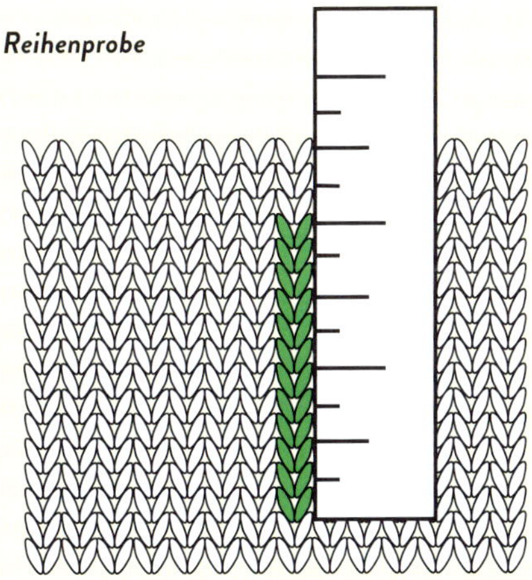

→ ***Anm:*** *Sie sollten Maschen- und Runden-(Reihen)probe in gleicher Weise messen.*

MASCHENPROBE UND RUNDENPROBE

Sie werden sehen, dass in einigen Tabellen sowohl Maschen- als auch Rundenproben angegeben sind. Die Maschenprobe genau einzuhalten, muss sein. Wenn die Rundenprobe ungefähr hinkommt, mit einer Toleranz von etwa 10 % (das wären zwei bis drei Runden mehr oder weniger, wenn Sie 20 bis 30 Maschen auf 10 cm anstreben), ist alles in Ordnung. Sollte sie weiter abweichen, können Sie zwar fortfahren, aber Sie werden die Länge des Daumenkeils anpassen müssen. Mehr dazu auf Seite 70.

Nadeltypen und Maschenanordnung

Wenn Sie die Maschenanzahl ermittelt haben, geht es mit der Nadelstärke und der Nadelsorte, die Sie verwenden wollen, weiter.

Finger- und Fausthandschuhe sind kleine Strickstücke, die rund gestrickt werden. Sie brauchen eine Methode, die sich für kleine Umfänge eignet: Ein Nadelspiel (vier oder fünf), eine Rundstricknadel mit Magic Loop oder zwei Rundstricknadeln sind die gängigsten Möglichkeiten. Manche Hersteller bieten sehr kurze Rundstricknadeln (20–30 cm) an, die es auch in großen Nadelstärken gibt.

Entscheiden Sie, was Ihnen am besten liegt. Für das fertige Stück spielen die Utensilien keine Rolle, das Resultat ist das gleiche. Auch die Anleitungen sind ohne Festlegung von Nadeltyp und Maschenanordnung verfasst.

Beachten Sie, dass es grundsätzlich von Vorteil ist, die dünnen Umfänge von Daumen oder Fingern mit einem kurzen Nadelspiel zu stricken.

NADELSPIELE

Nadelspiele gab es schon lange vor den Rundstricknadeln. Man kann damit sehr schnell arbeiten, denn Maschen und Nadeln müssen kaum bewegt werden, und man kann die Maschen passend aufteilen, sodass das Ende einer Nadel als Maschenmarkierer fungiert.

Tipps für das Stricken mit Nadelspielen:

→ Beim Bündchen und der Daumenpartie die Maschen so gleichmäßig wie möglich auf drei oder vier Nadeln verteilen. Es müssen aber nicht auf allen Nadeln exakt gleich viele sein.

→ Wenn Sie die Handpartie stricken, gibt es zwei Techniken: Teilen Sie die Maschen so gleichmäßig wie möglich auf, oder teilen Sie sie nach Seiten auf

PROBESTÜCKE IN DER RUNDE: EINE ABKÜRZUNG

Es gibt einen Trick für rund gestrickte Probestücke. Schlagen Sie auf zwei Nadeln aus einem Nadelspiel oder einer kurzen Rundnadel die gewünschte Anzahl Maschen an. Stricken Sie die erste Reihe, wenden Sie aber die Arbeit nicht. Schieben Sie stattdessen die Maschen wieder auf die andere Seite der Nadel, holen Sie den Faden locker zurück an das andere Ende und stricken Sie die Hinreihe erneut. Wenn Sie die Randmaschen durchs hintere Maschenglied stricken, sieht das vielleicht ordentlicher aus.

Fahren Sie fort. Lassen Sie die Fäden an der Rückseite nicht zu straff werden. Vor dem Abmessen waschen und trocknen Sie das Probestück wie gewohnt und schneiden dann alle Fäden an der Rückseite so ab, dass das Stück glatt liegt.

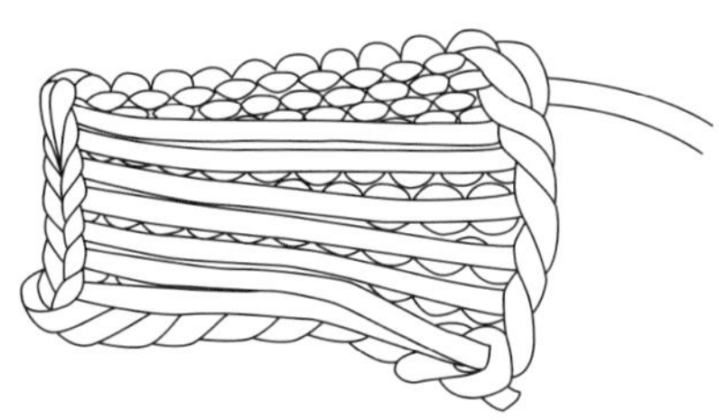

→ **Die Fäden beim Probestück für Rundstrickarbeiten nach der Kordeltechnik lose an der Rückseite entlangführen.**

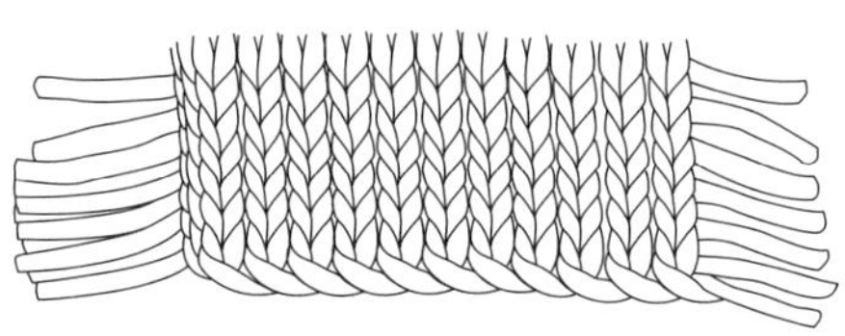

→ **Nachdem die Querfäden hinten durchgeschnitten sind, kann man das Probestück ganz einfach ausmessen.**

(Handfläche und Handrücken). Wenn Sie mit drei Nadeln stricken, ordnen Sie die Maschen für die eine Seite auf einer Nadel und die für die andere auf einer zweiten Nadel an. Wenn Sie mit vier Nadeln arbeiten, teilen Sie die Seiten auf alle vier auf.

→ Bei Rippen oder anderen Mustern ordnen Sie die Maschen nach Musterwiederholungen auf den Nadeln an. So behalten Sie besser den Überblick. Außerdem sollten Sie es vermeiden, am Nadelanfang linke Maschen zu stricken, da Laufmaschen dadurch schlimmer aussehen können. (Lesen Sie mehr über Laufmaschen auf Seite 29.)

→ Halten Sie beim Stricken der Daumenpartie die Maschen des Daumenkeils zusammen. Ich ordne die Maschen so an, dass die Keilmaschen am Ende der Nadel liegen, dann braucht man nämlich nur einen Maschenmarkierer, um sie von den Maschen der Handpartie zu trennen. Das Ende der Nadel fungiert als Maschenmarkierer.

→ Am Abschluss eines Fausthandschuhs ordnen Sie die Maschen so an, dass sich auf jeder Nadel ganze „Abnahmegruppen" befinden. Wenn Sie fünf Abnahmegruppen und drei Strumpfnadeln haben, schieben Sie auf die beiden ersten Nadeln je zwei Gruppen und auf die dritte eine. Wenn Sie mit vier Strumpfnadeln stricken, schieben Sie zwei Gruppen auf die erste und je eine Gruppe auf die restlichen drei Nadeln. In diesem Fall könnte es allerdings einfacher sein, mit drei Strumpfnadeln zu stricken, sobald die Maschenanzahl auf allen Nadeln sich verringert, als mit mehr Nadeln mit jeweils weniger Maschen darauf.

MAGIC LOOP ODER LANGE RUNDSTRICKNADEL

Die Technik, bei der eine lange Rundstricknadel mit biegsamer Kordel benutzt wird, ist sehr beliebt zum Stricken kleiner Umfänge. Sie hat einige Vorteile: Sie können beim Stricken keine Nadel verlieren, und es sind nicht so viele Nadelspitzen im Spiel. Ich finde die Methode etwas zeitaufwändiger als die Arbeit mit Strumpfnadeln, weil man die Maschen jedes Mal zurechtschieben muss, wenn man eine Seite beendet hat.

Tipps für das Arbeiten mit dem Magic Loop:

→ Obwohl die Maschen üblicherweise in zwei Gruppen geteilt werden, gibt es dafür eigentlich keinen Grund. Besser ist es, sie in „Mustergruppen" aufzuteilen und die Maschen entsprechend anzupassen. Beispielsweise lässt sich ein Handschuh, der aus 60 Maschen in 2x2-Rippenmuster besteht, einfacher stricken, wenn man die Maschen in 32 und 28 aufteilt statt in zweimal 30. Auch hier sollte man vermeiden, mit linken Maschen am Nadelende anzufangen.

3.1 EMPFOHLENE MASSE & NADELN FÜR FAUST- UND FINGERHANDSCHUHE

Garnstärke	Maschenprobe & Nadelstärke	Für Faust- und Fingerhandschuhe empfohlen
3-fädiges Garn	30–32 M/10 cm mit 2,25–2,5 mm	Sockengarn nach Herstellerangabe stricken. Falls nicht, zielen Sie auf 32–36 M/10 cm mit 2–2,25 mm ab.
4-fädiges Garn/Sockengarn	28 M/10 cm mit 2,75 mm	Sockengarn nach Herstellerangabe stricken. Falls nicht, zielen Sie auf 30–32 M/10 cm mit 2,25–2,5 mm ab.
Baby-/Sportwolle	25–26 M/10 cm mit 3–3,5 mm	28 M/10 cm mit 2,75 mm
Doppelter Arbeitsfaden/ dünnere mittlere Garnstärke	22–24 M/10 cm mit 3,5–4 mm	25–26 M/10 cm auf 3–3,5 mm
10-fädiges Garn, mittlere Garnstärke	20 M/10 cm mit 4,5 mm	22 M/10 cm mit 3,5–4 mm
10–12-fädiges Garn, dickere Garnstärke	18 M/10 cm mit 5 mm	20 M/10 cm mit 4–4,5 mm
12–16-fädiges Garn, dicke Garnstärke	14 M/10 cm mit 6 mm	16 M/10 cm mit 5 mm

→ Den Keil so platzieren, dass er sich am Anfang oder Ende einer Seite befindet. So wird die Unterbrechung am Nadelende zum Maschenmarkierer.

→ An der Spitze die Maschen so aufteilen, dass es drei Abnahmegruppen an der einen Seite und zwei an der anderen gibt.

ZWEI RUNDSTRICKNADELN

Im Grunde ist die Methode, mit zwei Rundstricknadeln zu arbeiten, dem Magic Loop sehr ähnlich, und es gelten die gleichen Tipps. Manche finden die zwei zusätzlichen Nadelspitzen etwas verwirrend, dafür geht es aber etwas schneller und man muss weniger Maschen hin- und herschieben, wenn eine Seite fertig ist.

KURZE RUNDSTRICKNADELN

Man kann auch mit kurzen Rundstricknadeln (20–30 cm Kordellänge) stricken, allerdings wird die Methode von manchen als umständlich empfunden.

Aber wenn Ihnen das Arbeiten mit den kurzen Rundstricknadeln leicht fällt, sind sie eine gute Wahl zum Stricken von Faust- und Fingerhandschuhen. Man kann damit sehr schnell arbeiten, da man die Maschen beim Nadelwechsel nicht hin und herschieben muss, außerdem riskiert man damit keine Laufmaschen.

Sie brauchen mindestens drei Maschenmarkierer für die Arbeit mit zwei kurzen Rundstricknadeln: einen auffälligen für den Rundenanfang und zwei weitere zum Markieren von Anfang und Ende des Daumenkeils. Wenn Sie geschlossene Fausthandschuhe stricken, brauchen Sie außerdem noch noch Nadeln für den Daumen. Wenn Sie Fingerhandschuhe stricken, welche für die Finger – außerdem für den Abschluss oben an den Fausthandschuhen, da diese Partien sogar für die kürzesten Rundstricknadeln zu klein sind.

Runde schließen

Wer noch nie rund gestrickt hat, befürchtet vielleicht, dass die Stelle, an der Sie das Strickstück verbinden, zu eng werden und eine Delle bilden könnte. Es gibt zahlreiche Methoden, die Lücke zu schließen, zum Beispiel die ersten und letzten Maschen zu verkreuzen (tauschen) oder eine Masche mehr anzuschlagen und in der ersten Runde die erste und letzte Masche zusammenzustricken. Mit etwas Übung sind die Lücken immer weniger zu sehen, aber solange sie nicht besonders auffällig aussehen, mache ich mir keine Gedanken darüber. Einige Methoden sind ein bisschen umständlich, und man läuft Gefahr, beim Hin- und Herschieben Maschen fallenzulassen. Außerdem haben Sie an der Stelle sowieso einen Faden zu vernähen, mit dem Sie die Lücke versäubern können.

Wenn Sie mit dem Kreuzanschlag oder dem norwegischen Kreuzanschlag arbeiten (siehe Seite 30 bzw. 31), können Sie die Lücke und die Delle verkleinern, indem Sie die ersten paar Maschen aus dem Arbeitsfaden und dem langen Anschlagfaden stricken.

Verdrehte Runden sind auch nicht weiter problematisch. Man kann sie jederzeit in der ersten Runde wieder korrigieren. Ich verbinde die Arbeit zuerst, fange an zu stricken, und prüfe erst nach der ersten Runde, ob die Strickerei verdreht ist – das ist leichter zu erkennen, wenn die Runde geschlossen und die ersten Runden fertig sind. Sollte etwas verdreht sein (was übrigens weit seltener passiert, als Sie vielleicht denken), lässt sich der Fehler beheben, indem Sie die verdrehten Maschen hin und herschieben, bis sie am Ende der Nadel einfach „abfallen". Was Sie tatsächlich tun, ist, das Verdrehte von den Maschen an den Rand zu befördern, in den Zwischenraum zwischen den einzelnen Nadeln (was nicht zu sehen ist, wenn Sie es in der ersten Runde machen). Am liebsten verstecke ich das Verdrehte an der Stelle am Anfang der Runde, an der ich diese schließe, Sie können es aber auch woanders in dieser Runde unterbringen.

DEN RUNDENANFANG MARKIEREN

In meinen Anleitungen steht keine besondere Aufforderung, den Rundenanfang zu markieren. Bei kleinen Umfängen haben solche Markierungen wenig Sinn. Wenn Sie mit Strumpfnadeln oder zwei Rundstricknadeln arbeiten, fallen sie von der Nadel, und wenn Sie mit dem Magic Loop arbeiten, baumeln sie an den Kordeln. Stricken Sie aber mit einer kleinen Rundstricknadel, sind Maschenmarkierer unerlässlich.

Manche setzen Maschenmarkierer nach der ersten Masche einer Runde, damit sie nicht verloren gehen. Ein am Rundenanfang in der Strickerei angebrachter, abnehmbarer Maschenmarkierer oder eine Sicherheitsnadel können nützlich sein. Meist nehme ich den Anschlagfaden an dem Punkt, an dem ich die Runde geschlossen habe, als Markierung. Er kennzeichnet automatisch den Rundenanfang.

Laufmaschen

Beim Stricken kleiner Umfänge können so genannte Laufmaschen auftreten. Es handelt sich dabei um lockere Maschen am Anfang einer Nadel. Sie kommen zustande, weil der Arbeitsfaden zwischen der letzten Masche auf einer Nadel und der ersten Masche der nächsten etwas lockerer ist als zwischen den Maschen, die auf der gleichen Nadel nebeneinanderliegen. Dieses zusätzliche Garn wird in die erste Masche der Nadel mit eingearbeitet, macht diese größer und kann aussehen wie eine Laufmasche.

Beim Sockenstricken mache ich mir darüber keine Gedanken, denn solche lockeren Maschen gleichen sich beim Tragen und Waschen von selbst aus. Da man Handschuhe nicht so häufig wäscht, und sie auch beim Tragen weniger gedehnt werden, ist es wahrscheinlicher, dass die Maschen bestehen bleiben, daher sollte man sich ihrer schon beim Stricken annehmen.

Wenn Sie solche vermeintlichen Laufmaschen entdecken, können Sie mehrerlei tun:

→ Bei manchen tritt das Problem nur bei bestimmten Nadelkonfigurationen auf – probieren Sie aus, womit Sie am besten zurechtkommen.

→ Stricken Sie die zweite Masche auf der Nadel besonders fest, um die erste Masche auch fester zu ziehen. Die erste Masche fester zu machen bringt nicht viel, da der Faden zwischen zwei Nadeln nur begrenzt festgezogen werden kann. Wenn Sie die zweite Masche fest stricken, liegen eine sehr weite und eine sehr enge Masche nebeneinander. Beim Spannen gleichen sie sich aus.

→ Verschieben Sie den Nadelanfang in jeder Runde um eine Masche. Dadurch rotieren die Anfänge innerhalb der Arbeit. Die lockeren Maschen bleiben zwar bestehen, verteilen sich aber und fallen im fertigen Gestrick weniger auf. Das bedeutet natürlich, dass Sie sich genau merken müssen, wo die Runden anfangen. Hier lohnt es sich, einen Maschenmarkierer zu setzen.

HUNGRY STITCH

Wenn die Tipps oben keine Abhilfe bei Laufmaschen schaffen, gibt es noch eine radikale Methode, den sogenannten Hungry Stitch. Dabei strickt man am Anfang jeder Nadel bewusst extrem feste Maschen, was eine sichtbare „Naht" hinterlässt und sogar gut aussehen kann.

Stricken Sie eine Anfangsrunde, bei der Sie die erste Masche auf jeder Nadel rechts abheben (die Nadelkonfiguration ist egal). Es ergibt sich eine Art „Schwebemasche" hinter der ersten Masche auf der Nadel. **(Abb. 1)** Der Faden ist derjenige, den Sie durch die Masche gezogen hätten, wenn Sie diese gestrickt hätten.

In allen Folgerunden verfahren Sie wie folgt: Bei der ersten Masche auf jeder Nadel holen Sie mit der Spitze der rechten Nadel den schwebenden Faden und ziehen ihn beim Stricken der Masche durch **(Abb. 2)**, wodurch er auf die rechte Nadel geschoben wird. Den Rest der Maschen auf dieser Nadel stricken Sie ganz normal.

Auf diese Weise verzögert sich das Stricken der ersten Masche auf der Nadel jeweils um eine Runde. Der Hungry Stitch funktioniert, weil der schwebende Faden wesentlich kürzer ist als die Fadenmenge, die Sie beim herkömmlichen Stricken der Masche verbrauchen würden. Wenn Sie also in der nächsten Runde die Masche gemeinsam mit dem schwebenden Faden abstricken, wird sie notwendigerweise kürzer, als wenn sie normal gestrickt worden wäre **(Abb. 3)**.

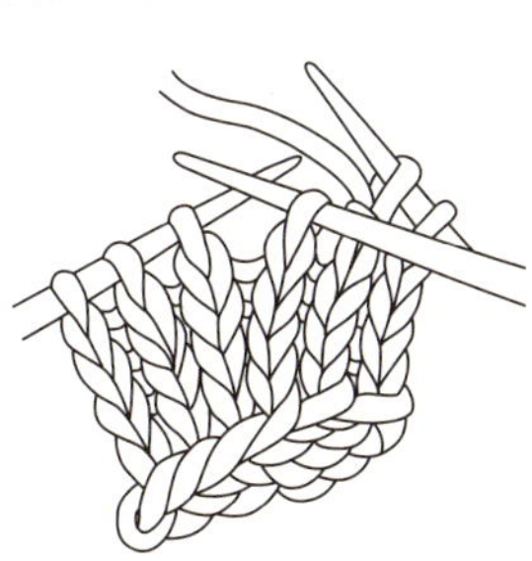

→ *Abb. 1*

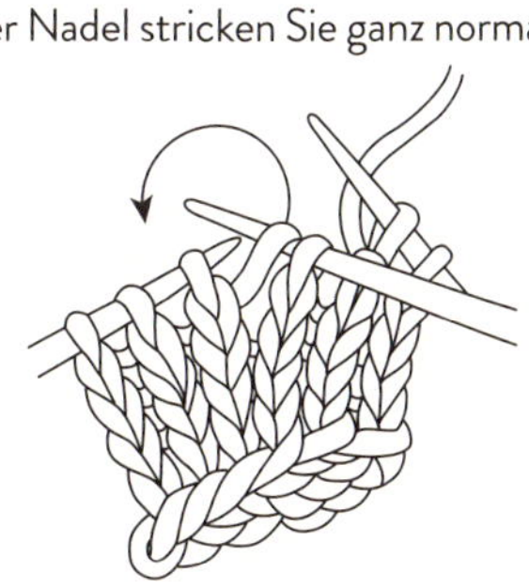

→ *Abb. 2*

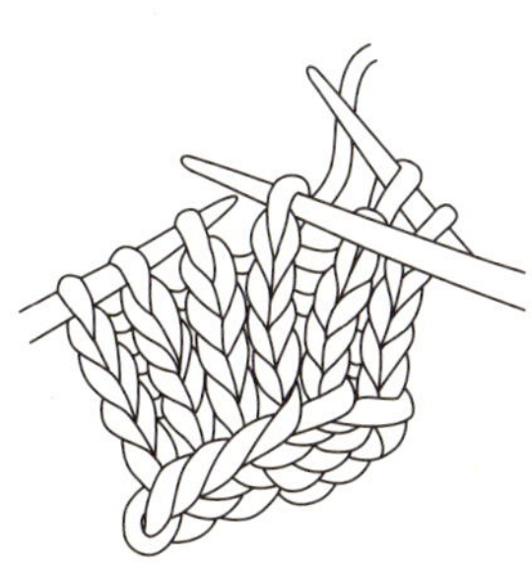

→ *Abb. 3*

Elastische Anschlagtechniken

Damit man Handschuhe bequem anziehen kann, muss das Bündchen so dehnbar sein, dass es über den Handballen (die breiteste Stelle der Hand, unterhalb des Daumens) passt. Die erste Voraussetzung dafür ist ein dehnbarer Anschlag.

Meine bevorzugte Methode ist der Kreuzanschlag, der für die meisten Modelle ausreicht. Der norwegische Kreuzanschlag, der auch als „verdrehter deutscher Anschlag" bekannt ist, ist noch dehnbarer und eine gute Wahl für enger anliegende Fausthandschuhe, die sich beim Anziehen noch stärker dehnen müssen. Der Anschlag hat

Der Kreuzanschlag

Einen langen Faden stehen lassen (bei vierfädiger Garnstärke etwa 1,3 cm pro angeschlagener Masche, bei dickerem Garn 2,5 cm pro angeschlagener Masche) – das ist auch bei kleinen Ungenauigkeiten oder groben Schätzungen genug – und einen Zugknoten machen. (Manche verzichten auf den Knoten und schlingen die Wolle einfach um die Stricknadel. Ich persönlich schätze die Stabilität des Zugknotens, und empfehle ihn auf jeden Fall allen, die noch nicht viel Erfahrung mit dieser Methode haben. Beim Zusammenstricken sieht es auch schöner aus.

Nehmen Sie beide Fäden in die linke Hand und trennen Sie sie mit Daumen und Zeigefinger, als würden Sie einen Vorhang öffnen. Drehen Sie die Hand so, dass Daumen und Zeigefinger nach oben zeigen **(Abb. 1)**.

Ziehen Sie die Stricknadel mit der rechten Hand zu sich, über die beiden Fäden am Daumen, dann nach oben durch die Schlinge und um Ihren Daumen **(Abb. 2)**.

Drehen Sie die Stricknadel von sich weg, holen Sie über außen und den nächsten Fingerfaden eine Schlinge und ziehen Sie diese durch die Daumenschlinge zu sich **(Abb. 3)**.

Den Daumen aus der Schlinge ziehen, dann den Faden wieder einholen und an der Stricknadel straffziehen **(Abb. 4)**.

Obwohl die Maschen eng an der Stricknadel liegen sollen, sollten Sie sie nicht so eng aneinanderschieben, dass sie genau aneinanderliegen. Die Dehnbarkeit dieser Anschlagtechnik beruht darauf, dass zwischen den einzelnen angeschlagenen Maschen mindestens eine Nadelbreite liegt.

Nehmen Sie wieder die Ausgangsposition ein und wiederholen Sie den Vorgang bei jeder anzuschlagenden Masche.

Wenn die Bewegungen flüssig von der Hand geht, können Sie den Faden auch um den Finger gewickelt lassen und die Maschen mit dem Daumen zurecht stupsen, während Sie das Garn schon wieder neu aufnehmen.

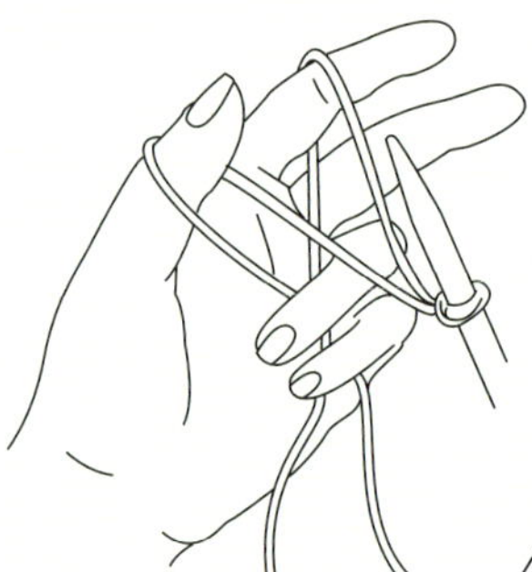

→ *Abb. 1*

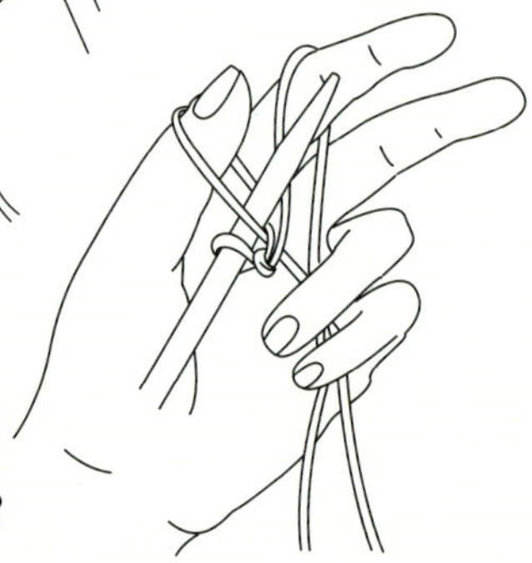

→ *Abb. 2*

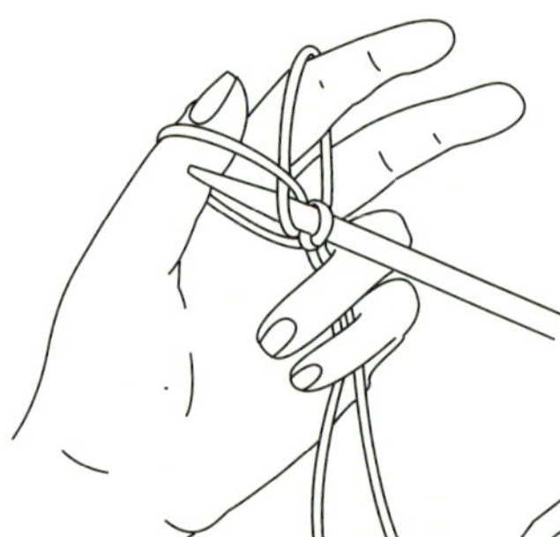

→ *Abb. 3*

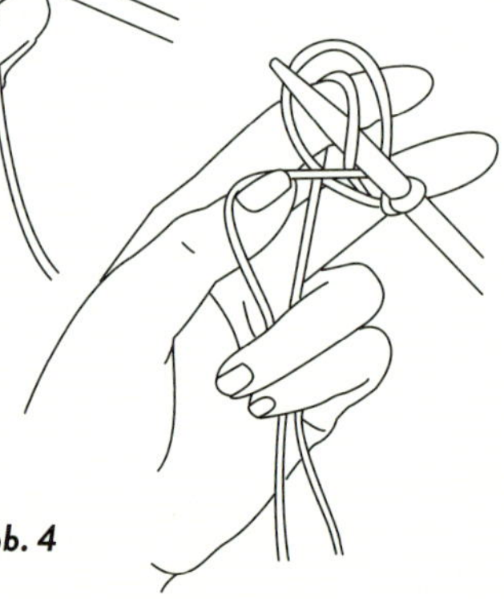

→ *Abb. 4*

mehr Spiel, da er an der unteren Kante etwas zusätzliches Garn hinzufügt.

Wenn Sie dazu neigen, relativ eng anzuschlagen, bemühen Sie sich, beim Anschlagen genug Platz (mindestens ein paar Maschen breit) zwischen den einzelnen Maschen zu lassen, denn wenn sie zu nah aneinander liegen, gibt es nicht genug Spiel. (Auf zwei Nadeln anzuschlagen, löst dieses Problem nicht unbedingt: die Maschen in der ersten Reihe werden zwar größer, aber die Kante verändert sich dadurch nicht.)

Norwegischer Kreuzanschlag

Der norwegische Kreuzanschlag beginnt genau wie der Kreuzanschlag **(Abb. 1)**.

Holen Sie mit der rechten Hand die Stricknadel zu sich heran und unter den beiden Daumenfäden hindurch. Ziehen Sie dann die Nadelspitze zu sich und in die Schlinge auf Ihrem Daumen. Dann die Nadel nach oben und weg von sich, außen und über den ersten Fingerfaden holen und gleichzeitig den nächsten Fingerfaden mitnehmen **(Abb. 2)**.

Die Stricknadel durch die Daumenschlinge führen **(Abb. 3)** und zurück nach vorne führen, dabei den Daumen leicht drehen, damit die Stricknadel Platz hat. Den Daumen aus der Schlinge ziehen **(Abb. 4)**, dann die Masche mit beiden Fäden an der Nadel festzurren **(Abb. 5)**.

Die Hand wieder in die Ausgangsposition bringen und den Vorgang bei jeder anzuschlagenden Masche wiederholen.

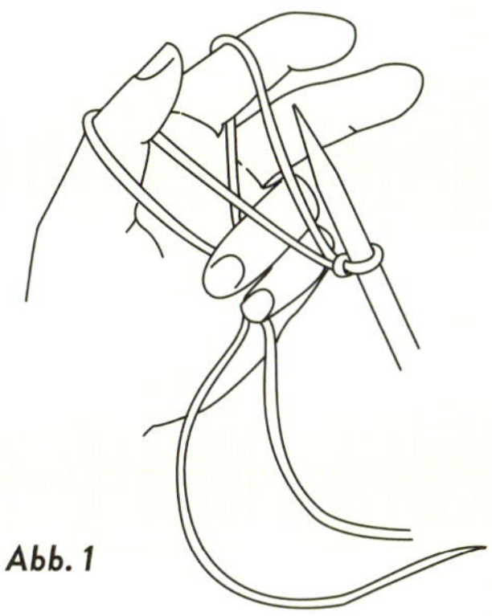

→ *Abb. 1*

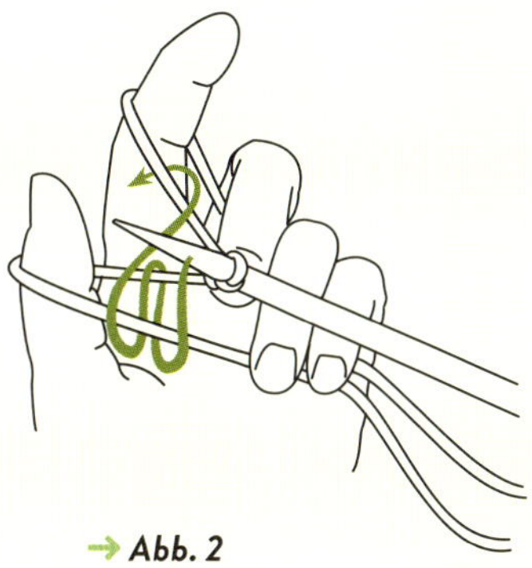

→ *Abb. 2*

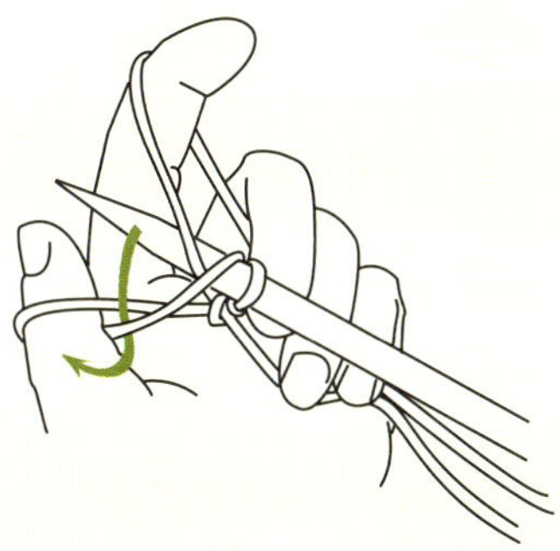

→ *Abb. 3*

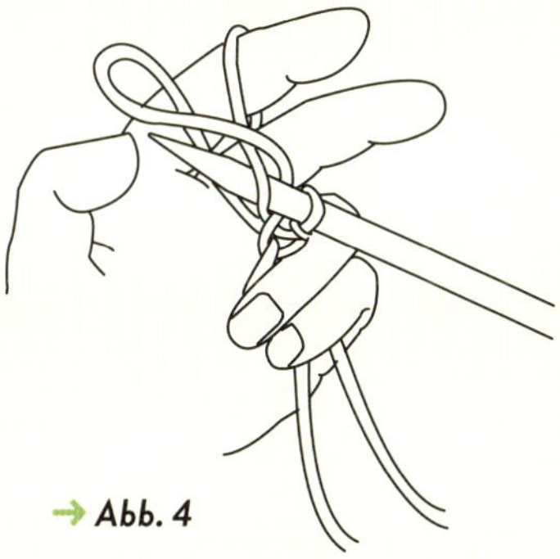

→ *Abb. 4*

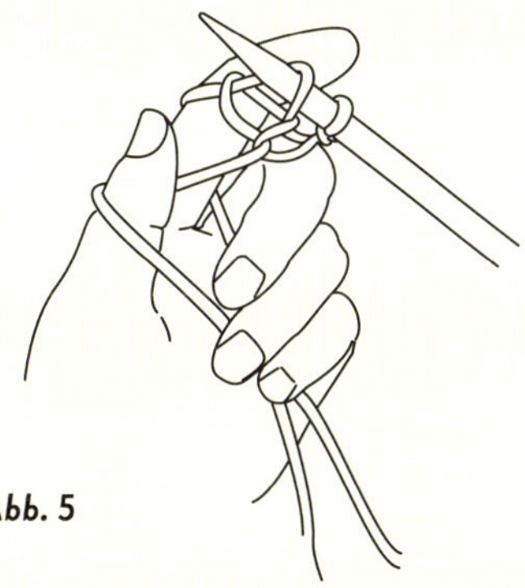

→ *Abb. 5*

Das Bündchen

Die verschiedenen Längen der in den Anleitungen aufgeführten Bündchen lässt sich leicht anpassen, siehe Vorschläge und Details Seite 67.

Ich stricke Bündchen und Handpartie meist mit der gleichen Nadelstärke. Da ich empfehle, die Handpartie mit dünneren Nadeln zu stricken als üblich, ist es nicht immer praktikabel, das Bündchen mit noch dünneren Nadeln zu stricken. Wenn Sie aber feststellen, dass die Rippe zu stark ausleiert, können Sie diese auch mit ein bis zwei Stärken dünneren Nadeln stricken.

Sie können die Rippen auch mit der gleichen Nadelstärke verschränkt stricken, damit das Bündchen fester wird, siehe alternative Rippenstrick-Methoden Seite 71.

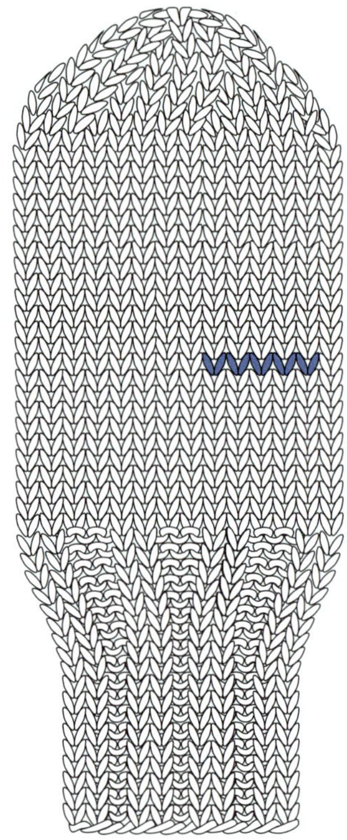

Der Daumenkeil

„Keil" ist ein Begriff aus der Schneiderei, der ein dreieckiges Stück Stoff beschreibt, das zum Formen eines Kleidungsstücks verwendet wird. In diesem Falle ist der Keil das kleine Dreieck, das am Handballen unterhalb des Daumens liegt. Fausthandschuhe mit Daumenkeil sitzen besser, da sie an die Form der Hand angepasst sind.

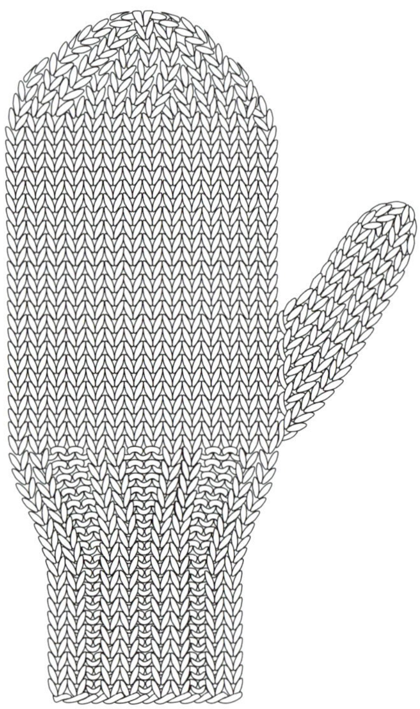

→ ***Daumen mit Keil***

Daumen ohne Keil

Man kann den Daumen auch ohne Keil arbeiten. Dafür strickt man ihn einfach über einer Öffnung an der Handfläche, ohne die Hand weiter zu formen. Die Öffnung entsteht, indem man einige Maschen auf ein Stück Hilfsfaden oder einen Maschenhalter schiebt und in der nächsten Runde darüber neue Maschen anschlägt. (In manchen Anleitung heißt es, man soll ein Stück Hilfsfaden in die Maschen einstricken, das später , wenn die Handpartie fertig gestrickt ist, aufgenommen wird.)

Bei diesem Aufbau wird nichts geformt, weswegen die Handschuhe sehr einfach zu stricken sind. Gemusterte Handschuhe werden oft so gestrickt, da die Farben einfach weiterlaufen können, ohne dass man zunehmen muss. Solche Handschuhe sitzen allerdings auch nur bedingt gut. Am besten trägt man sie ganz locker, da sie der Form der Hand nicht richtig entsprechen.

Der Keil wird durch seitliche Zunahmen geformt. In der Grundanleitung habe ich ihn am Ende der Runde platziert. Bei manchen Designs ändert sich das aufgrund der Anordnung der Muster und je nach dem, ob der linke und der rechte Handschuh gleich oder spiegelverkehrt gestrickt werden. Der Vorgang ist aber, unabhängig von der Position des Keils, der gleiche.

→ ***Anm:*** *Bei manchen Anleitungen in diesem Buch gibt es kleine Unterschiede bei den Zunahmen, der Anzahl der Grundmaschen und der Stelle, an der zugenommen wird. Das Prinzip bleibt das gleiche.*

KEIL-MARKIERER

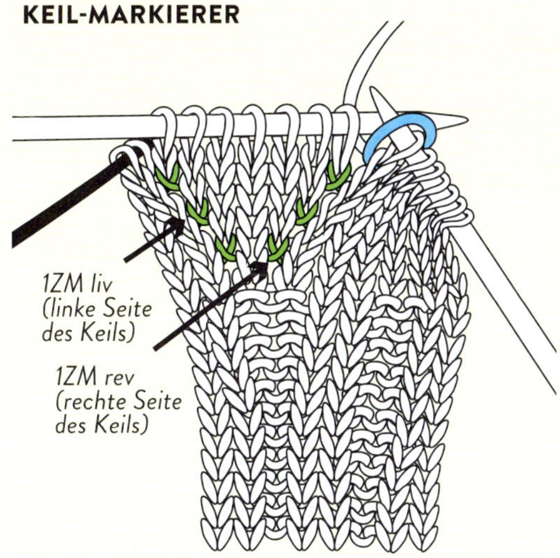

MASCHENMARKIERER UND ZUNAHMEN

In der Grundrunde trennen Sie eine einzelne Masche von den anderen. Wenn es die letzte Masche der Runde sein sollte, setzen Sie einen Maschenmarkierer (MM) vor der Masche. Das Ende der letzten Nadel hat ebenfalls die

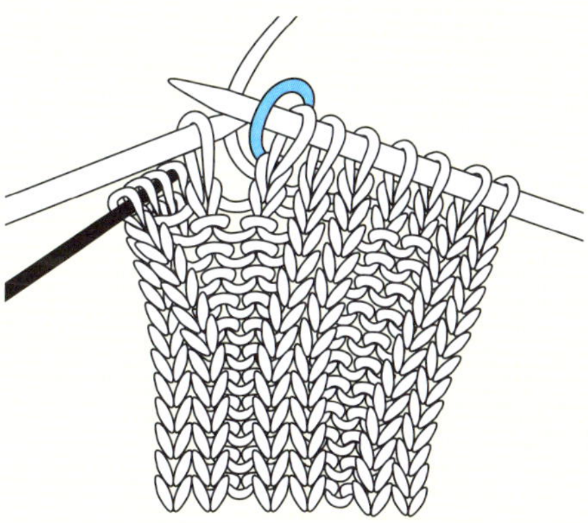

Funktion eines MM. Liegt die Masche an einer anderen Stelle der Runde, je einen MM davor und danach setzen.

In den folgenden Runden nehmen Sie auf beiden Seiten der Masche, zwischen den MM, zu: den ersten MM abh, 1M zun, die Masche (oder das betreffende Muster bis zum nächsten MM) str, 1M zun, dann ggf. den zweiten MM abh und die Runde fertig stricken.

Im Grundmuster habe ich links und rechts verschränkte Zunahmen benutzt (1M liv oder 1M rev). So entstehen ordentliche Linien an beiden Seiten des Keils, wenn man die 1M rev am Anfang des Keils und die 1M liv am Ende des Keils strickt.

Wenn Ihnen diese Zunahmen zu kompliziert erscheinen oder schwerfallen, können Sie auch einfach aus dem hinteren Maschenglied zunehmen. An der Stelle, an der Sie zunehmen wollen, wenden Sie die Anschlagtechnik durch das hintere Maschenglied (Wickelanschlag, siehe Glossar) an und schieben Sie die Masche auf die rechte Nadel.

Zunahmen aus dem hinteren Maschenglied sind schnell und einfach zu machen und sehen ordentlich aus. In der Folgerunde kann es etwas eng werden, aber das ist gleichzeitig ein Vorteil: keine Löcher. Außerdem ist es bei der Methode unwichtig, ob Sie rechts oder links zunehmen. Sie eignet sich wunderbar für alle Strickmuster, da kein umständliches Hantieren mit unterschiedlichen Versionen für linke oder rechte Maschen nötig ist. Es bilden sich nicht die deutlichen seitlichen Linien, aber dieser Unterschied ist vernachlässigbar.

KEILMASCHEN STILLLEGEN

Wenn Sie alle Zunahmen gemacht und die notwendige Anzahl Runden gestrickt haben, müssen Sie die Keilmaschen vorübergehend stilllegen. Dafür gibt es zwei Möglichkeiten: einen echten Maschenhalter (oder zwei kurze) oder einen etwa 15–20 cm langen Hilfsfaden. Zur Not geht auch eine kurze Stricknadel – ich habe sogar mal gesehen, dass eine Haarnadel verwendet wurde.

Wenn man Maschen auf einen Maschenhalter schiebt, werden sie links abgehoben, damit sie sich nicht verdrehen.

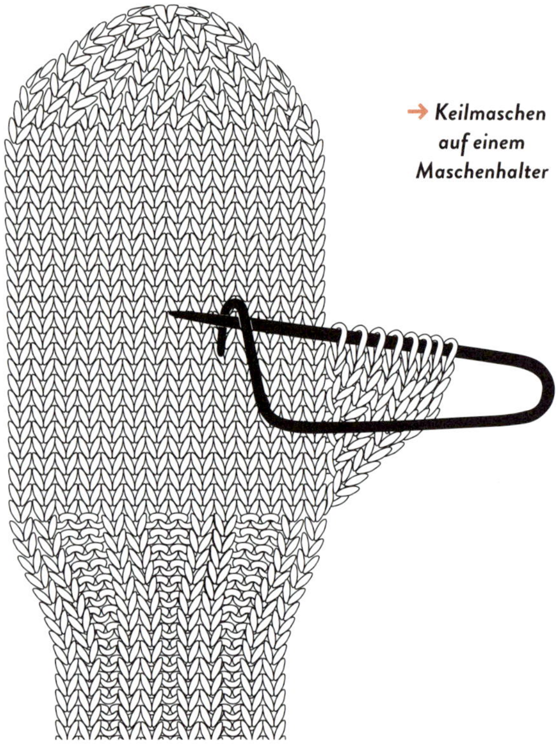

Wenn Sie mit einem Hilfsfaden arbeiten, benutzen Sie am besten ein glattes Garn in einer Kontrastfarbe, das nicht dicker ist als das Garn, mit dem Sie arbeiten. Fädeln Sie den Hilfsfaden auf eine Sticknadel und ziehen Sie diese durch die Maschen. Sie können die Enden locker verknoten, damit keine Maschen abrutschen, insbesondere, wenn Sie die Handschuhe zwischendurch spannen oder anprobieren wollen.

Beide Methoden funktionieren gut; die Wahl liegt bei Ihnen. Ich finde es einfacher, die Maschen von einem Maschenhalter wieder zurück auf die Stricknadel zu schieben. Dafür ist das Anprobieren einfacher, wenn die Maschen auf einem Hilfsfaden liegen. Wenn Ihre Maschenhalter sehr kurz sind, benutzen Sie zwei und verteilen Sie die Keilmaschen darauf. So ist weder das Anprobieren noch das wieder Aufnehmen mit den Stricknadeln umständlich.

DIE LÜCKE SCHLIESSEN

Wenn die Keilmaschen stillgelegt sind, müssen Sie eine (oder mehrere, je nach Muster) Maschen aufnehmen, um die Lücke am Daumenkeil zu schließen. Nehmen Sie aus dem hinteren Maschenglied zusätzliche Maschen auf die rechte Stricknadel (siehe Glossar).

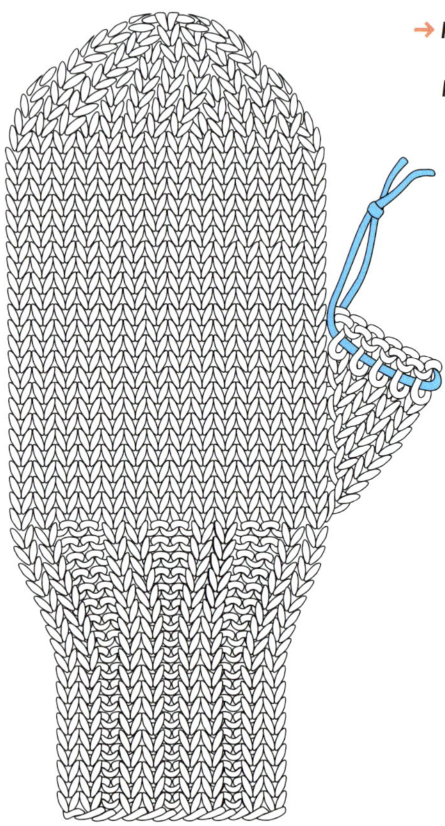

Ziehen Sie diese Maschen so fest wie möglich über die Lücke, aber erzwingen Sie nichts. Sie nehmen an dieser Stelle neue Maschen auf und vernähen Fäden, es gibt Gelegenheit genug, etwaige Lücke zu schließen.

Es ist so gut wie unmöglich, diese Methode am Anfang einer Nadel anzuwenden, wenn man in der Runde strickt. Selbst wenn die neu aufgenommenen Maschen eigentlich an den Anfang der Nadel gehören, sollten Sie sie eher am Ende der Nadel davor stricken. Setzen Sie einen Maschenmarkierer, wenn das der Übersicht dient, und schieben Sie die Maschen in der nächsten oder übernächsten Runde an Ort und Stelle auf die andere Nadel.

Der Daumen

Der Daumen wird erst gestrickt, wenn der Rest der Hand fertig ist. Zunächst müssen die Keilmaschen zurück auf die Stricknadeln. Wenn Sie die Maschen auf einen Hilfsfaden gelegt haben, achten Sie besonders auf die Endmaschen, die manchmal verzogen und schwieriger aufzunehmen sind. Ziehen Sie kräftig an beiden Enden des Hilfsfadens, um die Maschen wieder in Form zu bringen.

Wenn Sie mit Strumpfnadeln oder zwei Rundstricknadeln arbeiten, teilen Sie die Keilmaschen auf zwei Nadeln auf – der Bruch sollte etwa in der Mitte der stillgelegten Maschen liegen. Wenn Sie mit dem Magic Loop arbeiten, lassen Sie die Maschen auf der Kordel. Wenn Sie bisher mit einer kleinen Rundstricknadel gearbeitet haben, werden Sie beim Daumen mit einem anderen Utensil stricken müssen.

Sie beginnen den Keil, indem Sie in der Daumenbeuge über den Maschen, die Sie angeschlagen haben, Maschen aufnehmen, um die Lücke zu schließen. Es kommt dabei auf zweierlei an: Wie Sie die Maschen aufnehmen und wo.

WIE MASCHEN AUFNEHMEN

Wenn Sie mit Strumpfnadeln arbeiten, nehmen Sie eine neue Nadel zur Hand. Wenn Sie mit zwei Rundstricknadeln arbeiten, nehmen Sie die Spitze der Nadel, auf der die ersten Keilmaschen liegen. Wenn Sie mit dem Magic Loop arbeiten, nehmen sie die Spitze der Arbeitsnadel. Stechen Sie die Nadel in die Strickerei, schlingen Sie das Garn um die Nadelspitze und ziehen Sie es durch, als würden Sie eine Masche stricken **(Abb. 1)**.

Das Garn ist zu diesem Zeitpunkt an nichts gebunden, und das ist richtig so.

Bei der zweiten Masche schlingen Sie beide Fadenenden um die Stricknadel und ziehen sie durch die Strickerei. So wird das Garn fixiert, ohne dass Sie Knoten machen müssen, und die Maschen werden ordentlich und trennen sich nicht auf. Denken Sie daran, in der nächsten Runde die doppelte Masche einfach abzustricken **(Abb. 2)**.

GESTRICKTE MASCHEN AUFNEHMEN

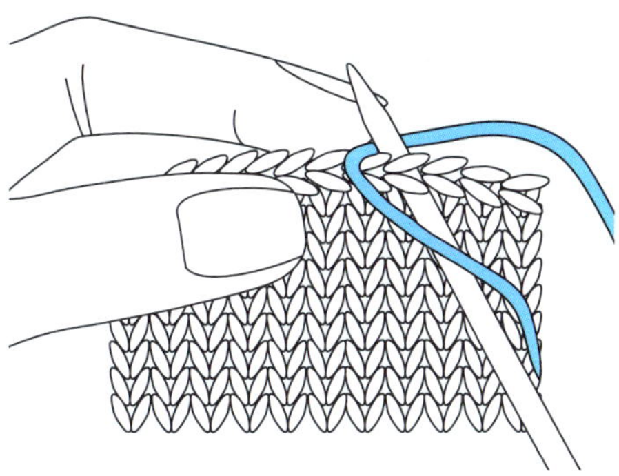

→ ***Abb. 1***

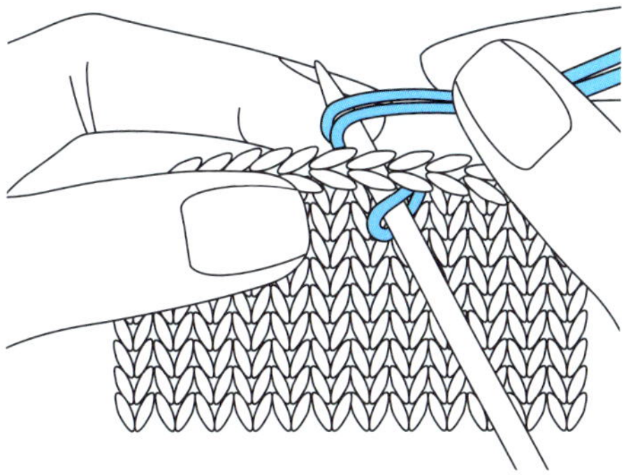

→ ***Abb. 2***

STULPEN UND FINGERLOSE HANDSCHUHE ABKETTEN

Stulpen und fingerlose Handschuhen müssen am oberen Rand abgekettet werden.

Wenn Sie ein Rippenmuster stricken, sollten Sie auch beim Abketten rechte und linke Maschen stricken.

Achten Sie darauf, beim Abketten nicht zu fest zu stricken. Wenn die Abkettreihen an solchen Handschuhen zu fest oder nicht elastisch genug sind, kann man sie nicht gut überstreifen, sogar das Tragen ist eventuell unbequem.

Wenn Sie feststellen, dass Sie generell zu fest abketten, probieren Sie einmal bei der rechten Stricknadel eine dickere Nadelstärke aus. Zu enge Abkettreihen können entstehen, wenn Sie beim Ziehen der Masche über die Nachbarmasche zu stark am Garn ziehen, was die Masche verkleinert. Wenn Sie die Maschen durch die dickere Nadel künstlich vergrößern, werden die Maschen beim Überziehen und Abketten nicht so klein.

DAUMENMASCHEN AUFNEHMEN

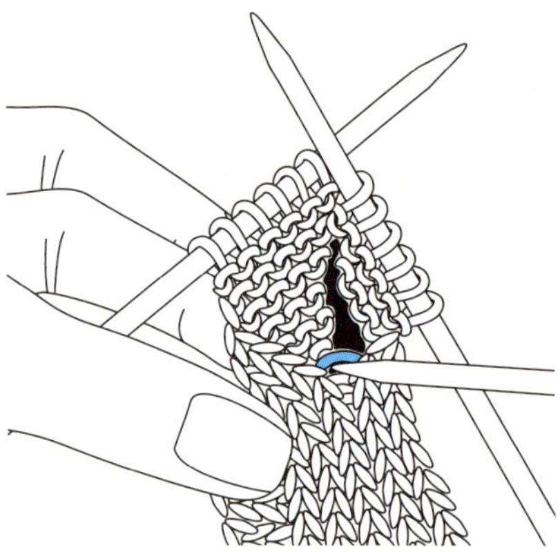

→ *Abb. 1*

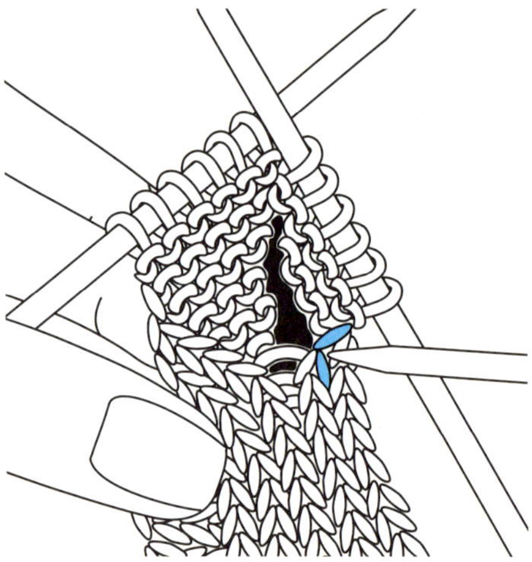

→ *Abb. 2*

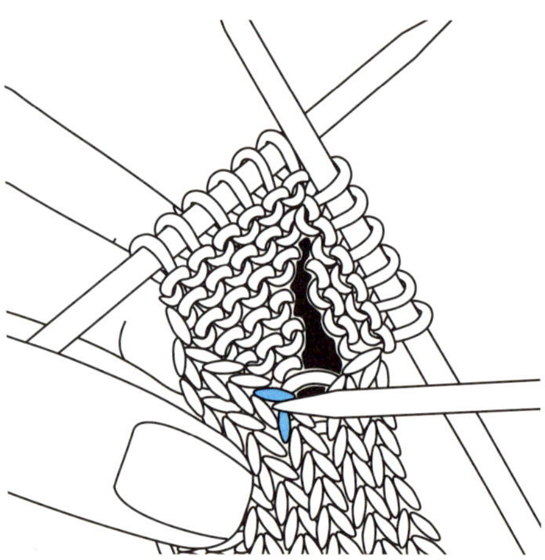

→ *Abb. 3*

WO MASCHEN AUFNEHMEN

In diesem Buch werden am Daumen mehr Maschen aufgenommen als ursprünglich angeschlagen. Das ist Teil der Strategie zum Verhindern von Löchern an der Daumenwurzel **(Abb. 1)**.

Die Regeln sind immer die gleichen, egal an welcher Anleitung Sie arbeiten.

Wenn Sie ein, zwei oder drei Maschen aufnehmen, tun Sie das am besten in der Mitte der Lücke, an der Stelle, an der die Handmaschen zusammengefügt sind **(Abb. 2)**.

Wenn Sie vier Maschen oder mehr aufnehmen, tun Sie das in allen vier „Ecken" **(Abb. 3)**.

Tatsächlich ist es keine schlechte Idee, je zwei aufzunehmen, auch wenn nur ein oder zwei vorgegeben sind. Sie nehmen die Maschen später in der ersten oder zweiten Runde wieder ab wie unten beschrieben.

→ ***Lücken:*** *An der Daumenwurzel entstehen immer Lücken, egal nach welcher Methode Sie neue Maschen aufnehmen. Sie haben nichts falsch gemacht, Sie stricken nicht schlecht, und Ihr Handschuh ist auch nicht ruiniert. Ihre Maschen sind nur anders angeordnet als das Gewebe, aus dem Sie die Maschen aufnehmen. Schließen Sie die Löcher einfach, wenn Sie die Fäden vernähen. Bei meinen ersten Handschuhen habe ich meistens versucht, so viele Maschen wie möglich aufzunehmen, und dann auch wieder abgenommen, um zur gewünschten Maschenanzahl zurückzukehren. Und auch wenn die Lücken tatsächlich kleiner werden – die Daumenwurzel wird dadurch sehr klobig, was nicht besonders bequem ist.*

MIT DEM DAUMEN FORTFAHREN

Nachdem Sie die Maschen aus der Lücke aufgenommen haben, stricken Sie die davor stillgelegten Maschen ab und schließen dann die Runde.

Dabei müssen Sie die Maschen gleichmäßig auf die Nadeln verteilen, sodass Sie bequem rundstricken und sehen können, wo die Runden beginnen. (Wenn Sie glatt rechts stricken, ist es nicht ganz so wichtig, wo die Runde anfängt, aber es hilft, die zusätzlich aufgenommenen Maschen an der richtigen Stelle wieder abzunehmen.)

Ich stricke bis zur Mitte der vorher stillgelegten Maschen und verteile ab dort die Maschen.

Unabhängig von der gewählten Nadelkonfiguration sollten Sie die Hälfte der aufgenommenen Maschen ans Rundenende schieben. Der Rundenanfang liegt ungefähr in der Mitte der aufgenommenen Maschen.

Wenn Sie mit dem Magic Loop oder zwei Rundstricknadeln arbeiten, sollte der Bruch in der Mitte der stillgelegten Maschen liegen.

Wenn Sie mit Strumpfnadeln arbeiten, teilen Sie die Maschen auf drei Nadeln auf. Wenn Sie bei der Hälfte der stillgelegten Maschen angekommen sind, nehmen Sie eine weitere Strumpfnadel dazu. Schieben Sie ein paar Maschen von der ersten Nadel und ein paar von der zweiten Nadel zusammen.

Wenn Sie eine Anleitung aus diesem Buch oder eine andere nachstricken und zusätzliche Maschen aufgenommen haben, müssen Sie an der Daumenwurzel am Anfang der Daumenrunden Abnahmen einarbeiten. Stricken Sie am Ende der Daumenrunden rechts geneigte Abnahmen – normalerweise 2M re zus, manchmal aber auch 2M li zus, wenn es das Muster erfordert. Es ist nicht wichtig, wo Sie die Abnahmen machen, aber ich empfehle, sie an der Handseite so nahe wie möglich an der Daumenwurzel bzw. Aufnahmestelle zu platzieren.

Wenn Sie die richtige Maschenanzahl auf den Nadeln haben, ist der Rundenanfang nicht mehr allzu wichtig. Stricken Sie, bis Sie die gewünschte Länge erreicht haben, und beginnen Sie dann mit den Abnahmen.

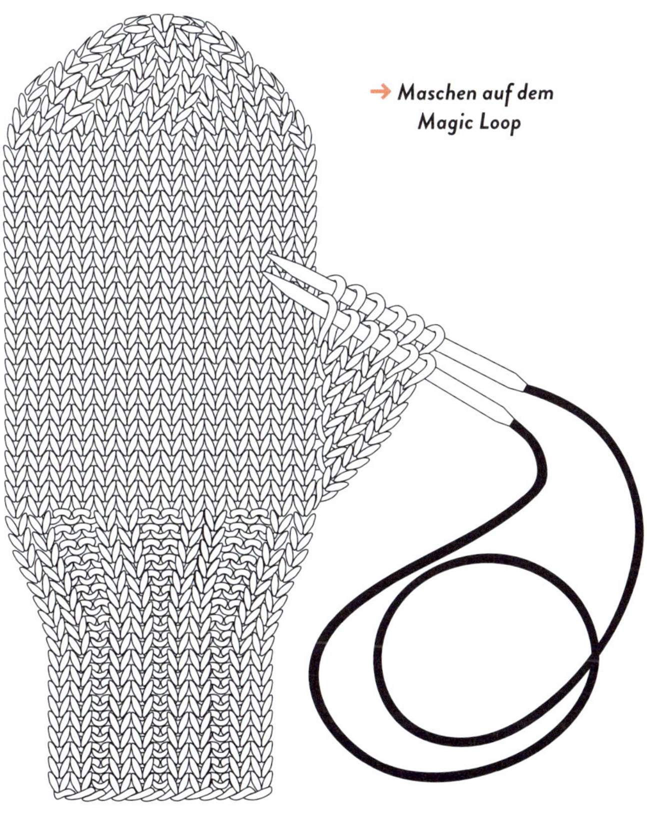

→ ***Maschen auf dem Magic Loop***

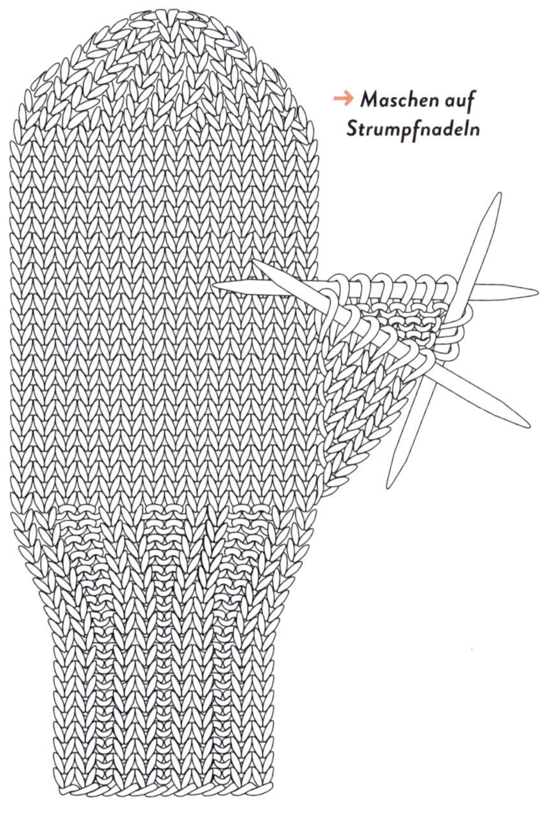

→ ***Maschen auf Strumpfnadeln***

Einzelne Finger stricken

Im Prinzip sind Fingerhandschuhe Fäustlinge mit fünf Daumen! Der Prozess ist der gleiche, es sind nur mehr Schritte. Die größte Herausforderung bei Fingerhandschuhen ist, dass die einzelnen Finger aus einem kleinen Teil der Runde bestehen, und sich die restlichen Maschen auf den anderen Nadeln befinden.

NADELN UND MASCHENHALTER

Viele Anleitungen empfehlen, die nicht verwendeten Maschen auf Maschenhalter oder einen Hilfsfaden zu legen. Ich finde, dass das mehr Probleme mit sich bringt als es löst. Es kostet Zeit, die Maschen neu zu ordnen, man kann dabei leicht eine fallen lassen, und es kann umständlich sein, sie wieder auf Nadeln zu bekommen.

Daher empfehle ich, ab der Daumenteilung zwei Rundstricknadeln oder einen Magic Loop zu nehmen und die Maschen für die einzelnen Finger von den zwei Seiten abzuteilen, am Anfang und am Mittelpunkt der jeweiligen Runde. (Ich ziehe zwei Rundstricknadeln vor, da man die Maschen darauf leichter hin und herbewegen kann, wenn man sie braucht.) Stricken Sie die Finger auf den Strumpfnadeln und legen Sie die restlichen Maschen auf

→ ***Grundaufbau Fingerhandschuh***

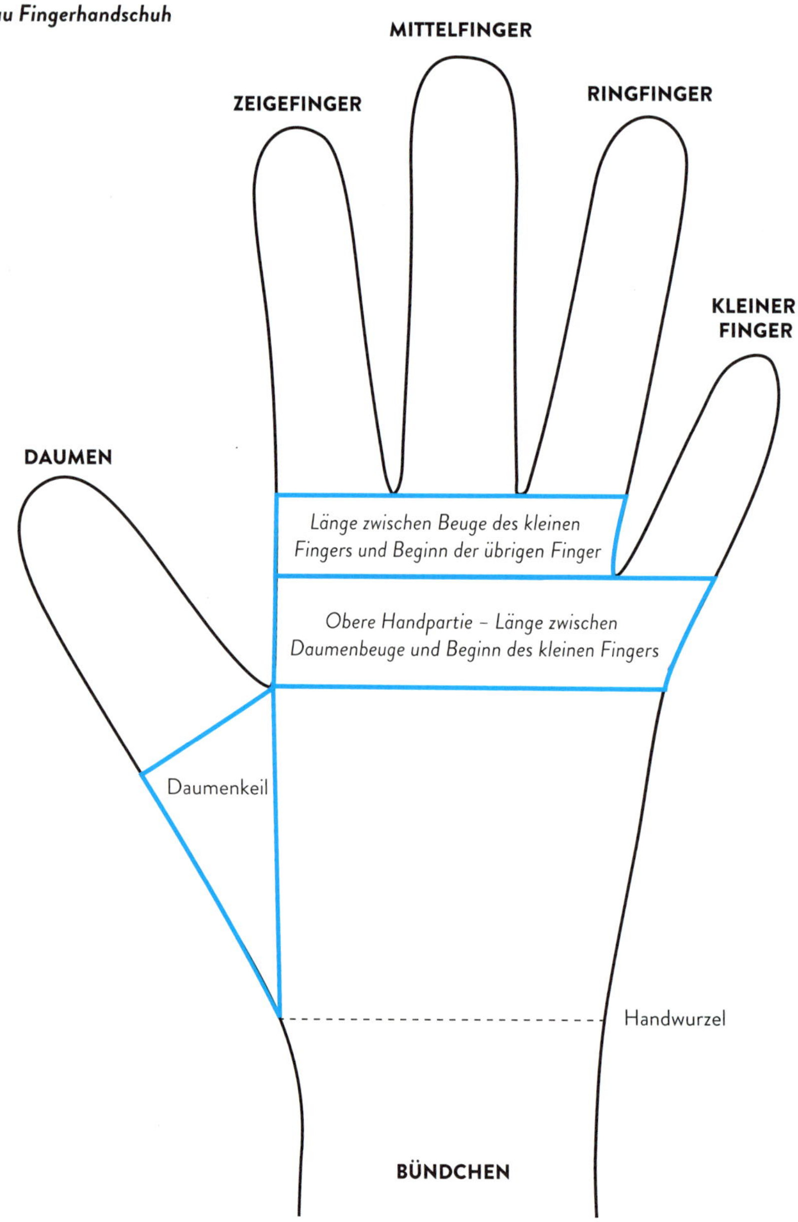

Rundstricknadeln, deren Spitzen nach unten zeigen, sodass sie beim Stricken nicht im Weg sind.

→ ***Tipp:*** *Genau wie beim Daumen können Sie auch zwischen den Fingern Maschen aufnehmen, um die Lücken zu schließen. Denken Sie aber daran, wieder bis auf die benötigte Maschenanzahl abzunehmen. Die Abnahmen sollten an den Seiten der Finger vorgenommen werden, an der Stelle, an der Sie auch Maschen aufgenommen bzw. angeschlagen haben. Wenn Sie ein Muster stricken, verteilen Sie die Abnahmen über die Finger, wie es zum Muster passt. Das Modell Houldsworth auf Seite 80 ist ein Beispiel. In vielen Anleitungen heißt es dann „stricken Sie wie vorgegeben". Da viele Maschen hin und her zu schieben sind, ist es einfacher, zu empfehlen, nach dem vom Muster bestimmten Verlauf vorzugehen, als genau zu formulieren, was wo zu passieren hat. Wenn Ihnen das Muster erst einmal leicht von der Hand geht, was sehr wahrscheinlich der Fall ist, nachdem Sie die Handpartie gestrickt haben, wird Ihnen das nicht schwerfallen. Machen Sie sich bei Bedarf Notizen.*

SO GEHEN SIE VOR

Genau wie beim Daumen sind auch bei den Fingern Lücken an den Fingerwurzeln nicht weiter besorgniserregend. Man kann sie einfach beim Fädenvernähen schließen.

Man strickt die einzelnen Finger aus jeweils einem Viertel der Handmaschen, halb aus der Handflächenseite und halb aus der Handrückenseite. Wenn die Maschen nicht aneinandergrenzen, schließt man die Lücke mit zusätzlich aufgenommenen oder angeschlagenen Maschen.

An der Partie zwischen Daumenwurzel und Beginn des kleinen Fingers strickt man glatt weiter.

Man beginnt mit dem kleinen Finger. Dafür benutzt man etwa ein Viertel der Handmaschen von der Seite gegenüber des Daumens. Man schlägt eine Handvoll Maschen an, um die Lücke zu schließen und eine kleine Runde zu formen.

Ist das geschehen, kehrt man zum Rest der Hand zurück. Als würden Sie einen übergroßen Daumen stricken, schlingen Sie neues Garn an, nehmen aus der Lücke Maschen auf und stricken weiter in der Runde. Stricken

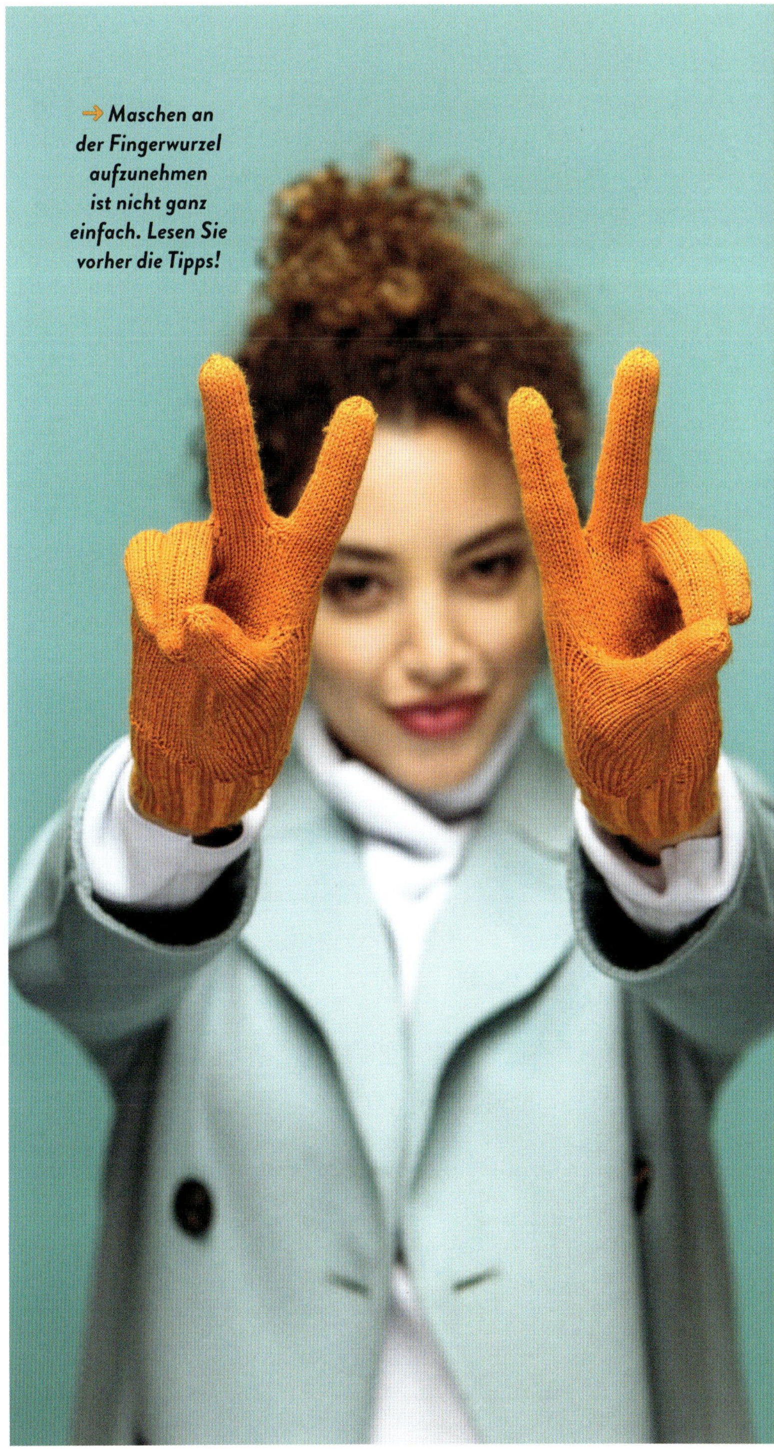

Sie etwa 0,5 bis 1 cm glatt weiter, bis Sie die Wurzel des Ringfingers erreicht haben. Dann erst teilen Sie die Maschen für die restlichen Finger auf.

Als nächstes kommt der Ringfinger, der wie der kleine Finger gestrickt wird. Maschen anschlagen, um die Lücke zu schließen und eine kleine Runde zu formen.

Für den Mittelfinger Garn neu anschlingen und über den angeschlagenen Maschen an der Wurzel des Ringfingers neue Maschen aufnehmen, um die Lücke zu schließen. An der gegenüberliegenden Seite müssen Sie ebenfalls neue Maschen anschlagen, um die zweite Lücke zu überbrücken.

Der Zeigefinger wird genauso gearbeitet wie ein Daumen, wobei zusätzliche Maschen über den für den Mittelfinger angeschlagenen Maschen aufgenommen werden, die dann aus den restlichen Handmaschen ergänzt werden.

Der Daumen wird genauso gestrickt wie bei Fäustlingen. Nach all diesen Fingern wird Ihnen das Stricken des Daumens sehr einfach erscheinen!

FÄDEN VERNÄHEN

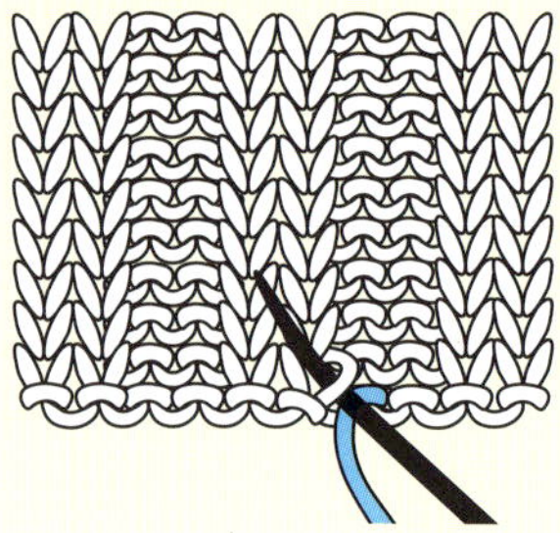

→ ***Um Dellen auszugleichen und Lücken zu verkleinern das Garn über die Lücke und durch den Rand der ersten Masche ziehen.***

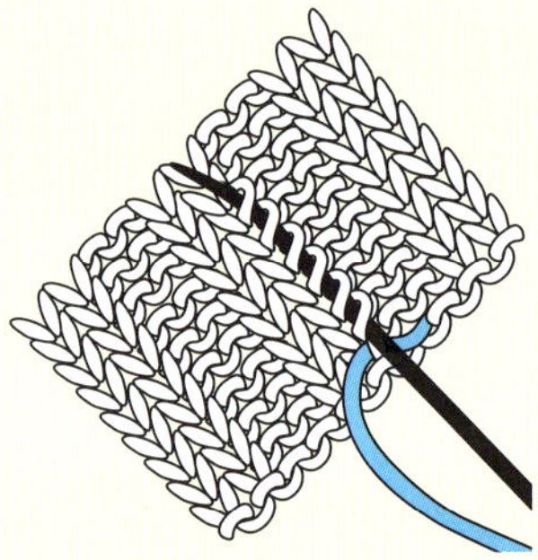

→ ***Um das Fadenende in einer Rippe zu verstecken, dieses je 5 cm nach oben und nach unten einnähen, bevor Sie den Faden abtrennen.***

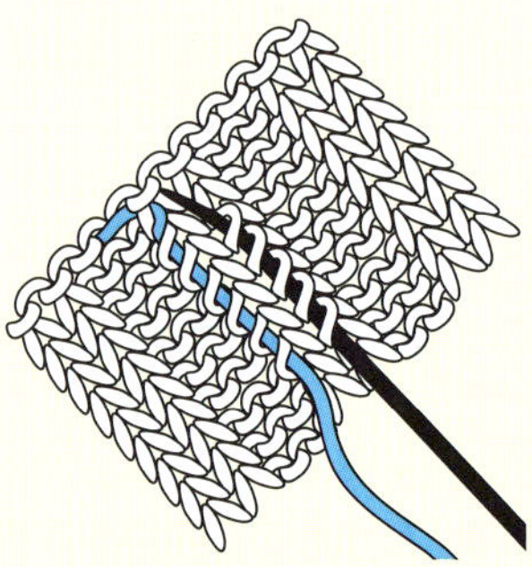

→ ***Bei fingerlosen Handschuhen oder Stulpen mit gerippten Bündchen müssen Sie an der oberen Kante nach der gleichen Methode verfahren.***

Fertigstellung

Wenn Sie fertig gestrickt haben, müssen Sie die Fäden vernähen und die Stücke spannen.

Diese Schritte machen nicht gerade Spaß, sind aber nicht weiter kompliziert. Sie sind wichtig, damit das Ergebnis so schön wie möglich wird. Bei Faust- und Fingerhandschuhen ist das Fädenvernähen außerdem eine gute Gelegenheit, dem strukturellen Problem der Lücken an den Fingerwurzeln beizukommen.

Es wird viel über die richtige Reihenfolge von Fädenvernähen und Spannen diskutiert. Solange beides passiert, ist dies aber nicht entscheidend. Wenn Sie vor dem Spannen die Fäden vernähen, sollten Sie die Enden stehen lassen, damit sie wieder eingearbeitet werden können, sollten sie sich beim Spannen lösen. Die Fäden erst nach dem Spannen abschneiden.

Ich vernähe Fäden erst ganz am Schluss. Mit ist es lieber, wenn das Gewebe schön glatt ist, bevor ich sie einarbeite, damit ich gleich sehe, wie alles aussieht.

LÜCKEN UND FÄDEN

Mit dem Ende des Anschlagfadens lassen sich lockere Stellen beim Rundenzusammenschluss und die dort unter Umständen entstandene Delle ausgleichen.

Abschlussfaden

Am Abschluss von Fausthandschuhen, Daumen oder Fingern fädeln Sie das Fadenende in eine Sticknadel und stechen diese in die „Rosette" in der Mitte des Abschlusses ein. Das Stück auf links wenden und den Faden von dieser Seite durch die Rosette ziehen. Dann diagonal durch die Spitze des Handschuhs ein paar mal kreuz und quer hin und her vernähen, bis mindestens 5 cm Faden fixiert sind. Dann erst abschneiden.

Fadenenden am Beginn von Daumen und Fingern

Wie bereits erwähnt kann es sein, dass an den Wurzeln der Finger und Daumen Lücken entstehen. Das ist ganz normal und kein Grund zur Besorgnis, da es an diesen Stellen auch Fäden zu vernähen gibt, mit denen Sie die Lücken schließen können.

→ ***Die Arbeit auf links wenden und den Faden durch die seitlichen Maschenglieder links und rechts der Lücke hin und herziehen. Dabei den Faden anziehen, bis die Lücke geschlossen ist.***

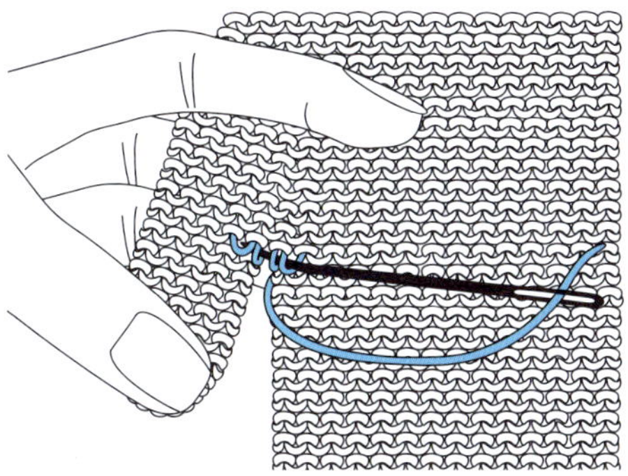

SPANNEN, DEHNEN UND GLÄTTEN

Bevor Sie ein Strickstück für fertig erklären, sollte es gewaschen und gespannt werden. werden. Das ist aus vielerlei Gründen wichtig: Man wird dabei Hundehaare und Kekskrümel los. Alle Handcremes, Lotionen oder Parfums, die Sie vor dem Stricken aufgetragen haben, haben sich inzwischen auf das Strickstück übertragen und müssen ebenfalls herausgewaschen werden. Falls Sie mit einem handgefärbten Garn arbeiten, färbt dieses unter Umständen noch ab, wenn es zum ersten Mal nass wird. Es ist besser, diesen Farbüberschuss vorher auszuwaschen anstatt ihn beim ersten Tragen an den Händen zu haben. Es ist auch gut, Strickarbeiten zu spannen, um das Gewebe zu glätten, die Maschen auszugleichen und die Muster in Form zu ziehen.

Spannen ist auch wichtig, wenn Sie ein Garn verstricken, das sich beim Waschen verändert. Sie wollen schließlich, dass Ihr Strickstück die richtige Form und Größe hat, wenn Sie es zum ersten Mal anziehen.

Bei den meisten Faust- und Fingerhandschuhen reicht es, sie einmal durchzuwaschen. Beachten Sie die auf der Banderole angegebene Waschanleitung – Maschinenwäsche oder Handwäsche? Für die Handwäsche füllen Sie eine Schüssel oder das Waschbecken mit lauwarmem Wasser, fügen einen Spritzer Wollwaschmittel, das man nicht auswaschen muss (lassen Sie sich dazu im Fachhandel beraten) hinzu, und weichen Sie die Stücke mindestens 20 Minuten ein, sodass sie sich richtig vollsaugen. Lassen Sie die Strickstücke im Wasser hin- und hergleiten, aber nicht zu heftig. Wenn Sie mit einem Garn gestrickt haben, das zum Verfilzen neigt, könnte das Waschen diesen Prozess beschleunigen.

Um die Flüssigkeit aus dem Gewebe zu entfernen, rollen Sie es in Handtücher und wringen Sie diese aus oder schleudern Sie die Strickstücke in der Waschmaschine an. Anschließend flach auf einem Handtuch oder einem Wäscheständer ausgebreitet trocknen lassen. Ich habe meine Stücke auch schon auf einem Handtuch über eine Handtuchstange im Bad gehängt oder eine Mini-Wäschespinne (mit Klammern für Unterwäsche und Socken) umgenutzt.

Wenn die Faust- oder Fingerhandschuhe ein Spitzenmuster haben, möchten Sie sie vielleicht etwas dehnen, damit das Muster gut zu sehen ist. Spitzenstrick (Lace) wird normalerweise etwas enger getragen – das heißt, die Stücke sind kleiner als die Hand, und dehnen sich beim Tragen aus. So kommt das Muster am besten zur Geltung. Wenn das Stück ausgewrungen, aber noch feucht ist, ziehen Sie es an, um es auf die Größe der Hand, an der es getragen werden soll, passend auszudehnen. Sie müssen es dazu nur ein paar Sekunden anlassen, dann können Sie es abnehmen und zum Trocknen flach ausbreiten.

Haben die Faust- oder Fingerhandschuhe in mehrere Farben gestrickt, ist wahrscheinlich eine Extrabehandlung nach dem Waschen notwendig, damit das Muster so gut wie möglich zur Geltung kommt. Genau wie bei Lace ziehen Sie die Handschuhe nach dem Auswringen kurz an und zupfen sie zurecht. Nach dem Trocknen können Sie die Stücke zusätzlich dämpfen – mit einem Dampfglätter oder dem Dampfbügeleisen – und anschließend mit der Hand glattstreichen. Achten Sie darauf, dass dabei auch die „Ecken", die in den Lücken zwischen den Stricknadeln entstehen können, geglättet werden.

Die Stücke vor dem Tragen zu waschen ist ein wichtiger Bestandteil der Fertigstellung. Nur so sehen die Handschuhe perfekt aus und passen richtig.

KAPITEL 4

GRUNDAN-LEITUNGEN

In diesem Kapitel finden Sie die Grundanleitungen mit ein paar Varianten sowie Formeln für die perfekte Passform.

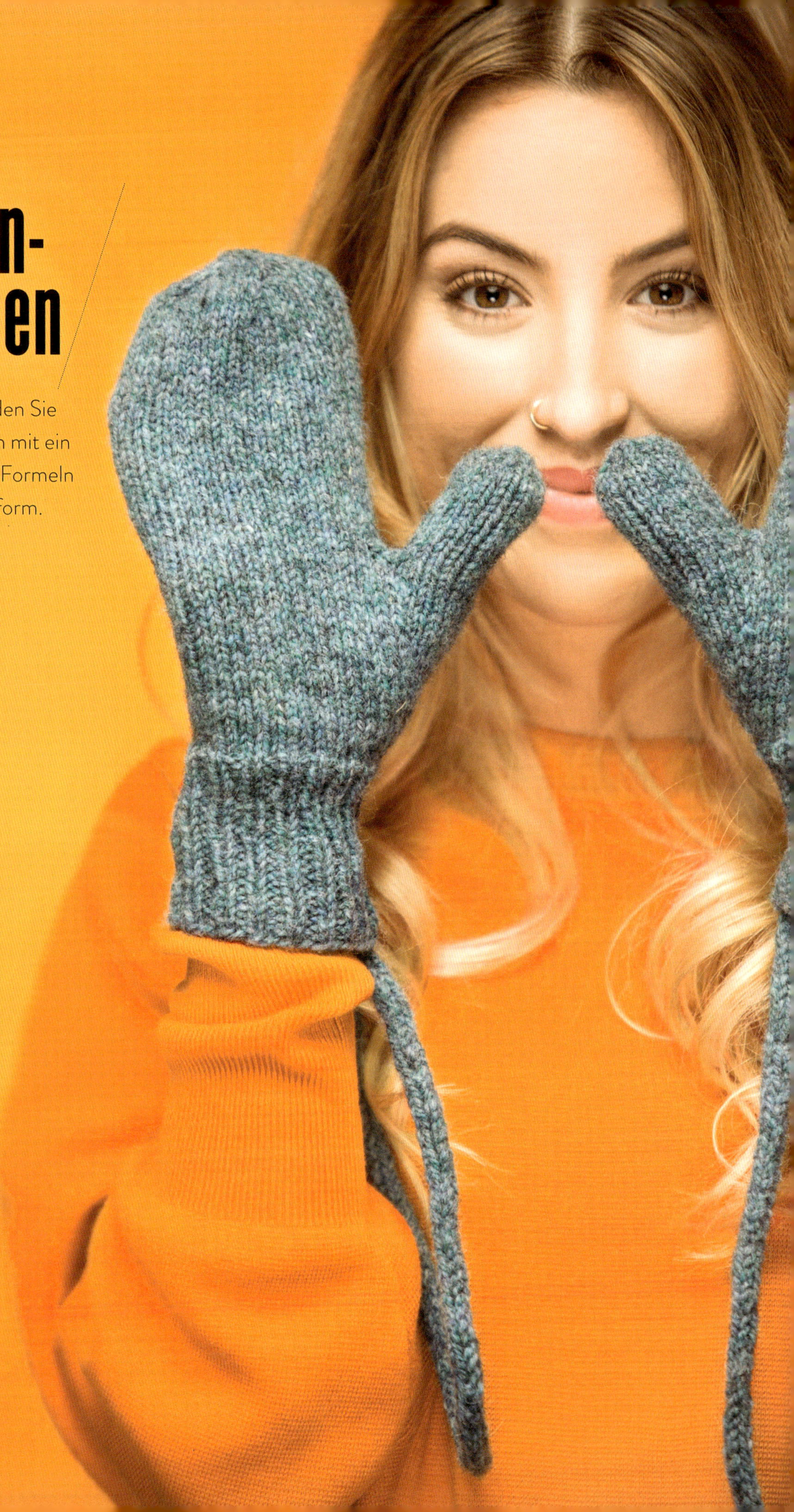

BEVOR ES LOSGEHT

Die Anleitungen, die jetzt folgen, sind eine Art Grundrezept, in dem Sie die Angaben je nach Größe und Maschenprobe verändern können. Bevor Sie loslegen, sollten Sie konrollieren, ob Sie alle Informationen und Utensilien zur Hand haben.

MASSE

Einzelheiten zum Vermessen der Hände können Sie in Kapitel 1 auf Seite 8 nachlesen. Der Tabelle 4.1 entnehmen Sie, welche Angaben für Ihre Maße die richtigen sind.

→ **Anm:** *Die Maße in den Tabellen beziehen sich auf die Handschuhe, nicht auf die Hände.*

GARN

Im Kapitel 2 finden Sie Anregungen, Empfehlungen und Richtwerte für die benötigte Menge.

STRICKNADELN

Im Kapitel 3 auf Seite 26 finden Sie Informationen zu Stricknadeln und Nadelkonfigurationen, die infrage kommen.

ZUBEHÖR

Neben Stricknadeln und Garn brauchen Sie Maschenhalter oder glattes, etwas dünneres Hilfsgarn in einer hellen Farbe, um Maschen stillzulegen, die später gestrickt werden.

Sollten Sie Handschuhe mit Fliptop stricken, brauchen Sie ein weiteres Hilfsgarn und einen Klettverschluss sowie Nadel und Faden, um diesen anzunähen. Sie können Klettband am Stück kaufen, es gibt aber auch vorgefertigte kleine runde oder eckige Stücke.

Wenn Sie Fingerhandschuhe stricken, brauchen Sie abnehmbare Maschenmarkierer.

MASCHENPROBE

Im Kapitel 3 auf Seite 25 finden Sie detaillierte Informationen zu Maschenproben.

ANLEITUNGEN UND METHODEN

Im Kapitel 3 finden Sie Informationen zum Anschlag, zu Zunahmen am Daumenkeil, zum Daumenstricken (einschließlich der Beseitigung der lästigen Lücken an den Daumen- und Fingerwurzeln) und vieles mehr.

Grundanleitung Fausthandschuh

Überblick

→ Die Grundanleitung für Fausthandschuhe ist für Handumfänge von 13–28 cm nach Fertigstellung bei Maschenproben von 2,5, 3, 3,5, 4, 4,5, 5, 5,5, 6, 6,5, 7, 7,5, 8 und 9 Maschen pro 2,5 cm geschrieben.

→ Alle Muster beginnen am Handgelenk.

→ Am oberen Ende des Bündchens erfolgt eine Zunahme, um die volle Maschenanzahl, die für die Handpartie benötigt wird, zu erreichen.

→ Der Daumenkeil wird am Rundenende gearbeitet. Es werden nach rechts oder links verschränkte Zunahmen gestrickt, um die V-Form zu erhalten.

→ Haben Sie die Daumenkeilzunahme abgeschlossen, legen Sie die Daumenmaschen still und vervollständigen die Handpartie in Runden.

→ Den geschlossenen Handschuh kennzeichnet ein halbrunder Abschluss, der sich um die Finger legt.

→ Der offene (fingerlose) Handschuh hat einen gerippten offenen Abschluss um Hand und Daumen.

→ Der Daumen wird zuletzt in Runden gearbeitet und kann offen oder geschlossen gearbeitet werden.

→ Dieser Handschuh kann auf der linken und rechten Hand getragen werden.

Nachdem Sie Ihre Maße ermittelt und eine Größe gewählt haben, nutzen Sie die Tabellen ab Seite 49, um die Angaben in der Anleitung zu ergänzen.

→ ***Grundaufbau Fausthandschuh***

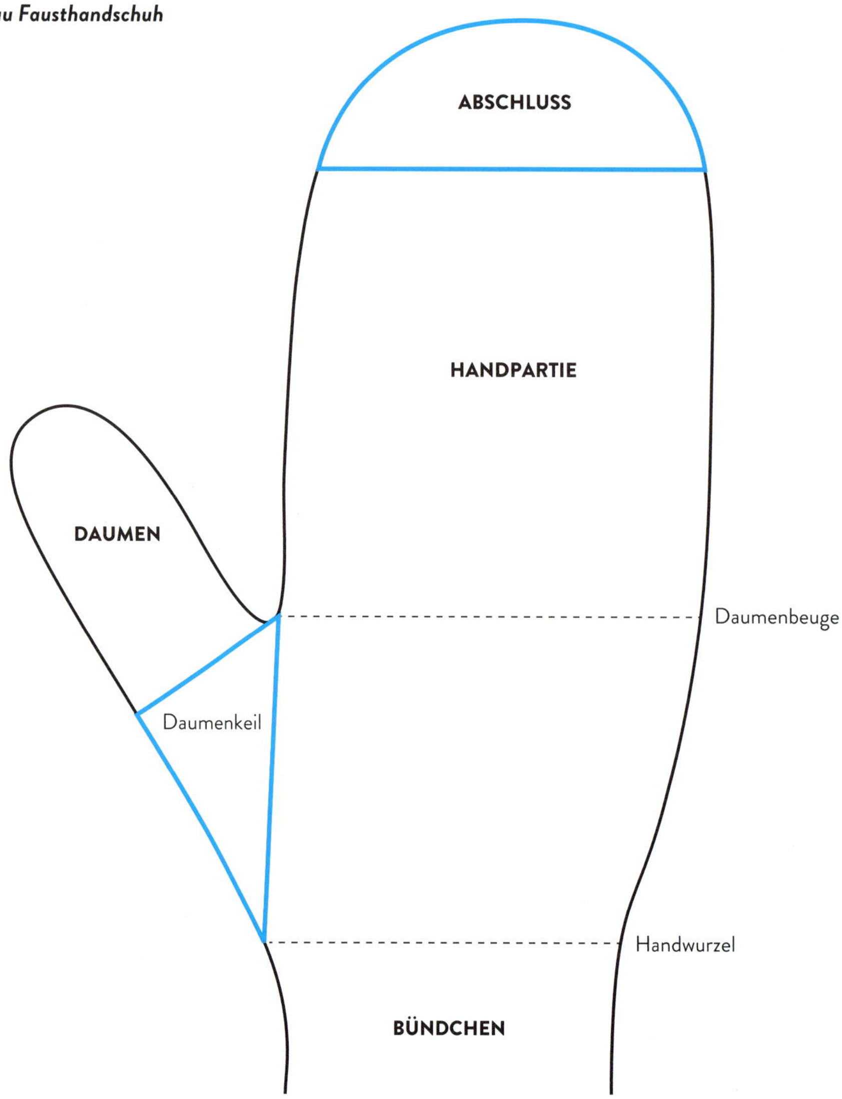

Das Bündchen

Das Bündchen besteht aus Rippenstrick – entweder (1M re, 1M li) oder (2M re, 2M li).

Schlagen Sie mit einer elastischen Anschlagtechnik (Seite 30) ____ Maschen für das Bündchen an. Die Maschen nach Belieben auf die Nadeln verteilen und Runde schließen. Notieren oder markieren Sie den Rundenanfang.

Rippenrunde, Option 1: [1M re, 1M li] rundum wdh.
Rippenrunde, Option 2: [2M re, 2M li] rundum wdh.

Bis zur gewünschten Länge weiterstricken.

→ ***Anm:*** *In den Anleitungen in diesem Buch ist die Maschenanzahl bei allen Bündchen durch vier teilbar, sodass Sie 1x1-Rippen oder 2x2-Rippen stricken können. Im Kapitel 5 finden Sie weitere Ideen für die Arbeit mit Rippenmustern.*

Nächste Rnd, Zunahme für Hand: re str, ____ M gleichmäßig verteilt bis zur benötigten Maschenanzahl zun. (siehe Tabelle 4.5) ____ Handmaschen.

Daumenkeil

Nächste Rnd, MM am Daumenkeil setzen: Rnd re str bis zur letzten M, MM setzen, 1M re. 1M für Daumenkeil.

In Tabelle 4.1 nachlesen, um die Anzahl der Keilmaschen und Keilrunden zu bestimmen.

____ Keilmaschen ____ Keilrunden

Aufgrund dieser Zahlen können Sie mit Tabelle 4.6 ausrechnen, wie die Wiederholungen der Zunahmen für den Keil aussehen müssen. Gehen Sie nach der Anleitung vor und stricken Sie die Zunahmerunde für den Keil wie folgt: Bis MM re str, MM abh, 1M re zun, re str bis Rundenende, 1M li zun – 2 M im Keil zugenommen.

Nach der letzten Zunahme (vor den gerade gestrickten Runden) können Sie die Maschen auf einen Hilfsfaden legen und den Handschuh anprobieren. Je nach gewünschter Länge des Daumenkeils mehr oder weniger Runden glatt weiterstricken.

→ ***Beispiel:*** *Sie brauchen 11 M im Keil und Sie haben 17 Runden. Sie stricken: 3 x [1 Zunahmerunde, 2 glatte Runden] = 9 Runden insgesamt, dann 2 x [1 Zunahmerunde, 3 glatte Runden] = weitere 8 Runden.*

Nächste Runde, Daumenpartie abteilen: Bis MM re stricken, MM entfernen, die Maschen für den Daumenkeil auf den Hilfsfaden legen, 1M über der Lücke anschl (Technik: in das rückwärtige Maschenglied, siehe Glossar) und diese neu angeschlagene M auf die letzte Nadel der Runde schieben. Handmaschen-Anzahl wieder hergestellt – ____ Maschen.

Handpartie

Bei diesem Grundmuster ist die Hand glatt rechts gestrickt.

Stellen Sie die Hand nach Belieben fertig: klassisch oben geschlossen, oder eine offene Handstulpe. Bei Stulpen kann man noch ein Fliptop zum Auf- und Zuklappen anfügen (Anleitungen für Fliptops siehe Seite 75).

SPIRALFÖRMIG ABNEHMEN

Beim geschlossenen Fausthandschuh verwendet man eine rechts geneigte Abnahme in Spiralform. Wenn Sie etwas Abwechslung möchten, können Sie beim zweiten Handschuh links geneigt stricken. Befolgen Sie die Anleitung mit folgender Veränderung bei der Abnahme.

Abnahmerunde: 5 x pro Runde [1A-lig, 1M re, re str bis zum Ende der Maschengruppe] – 5 M abgenommen.

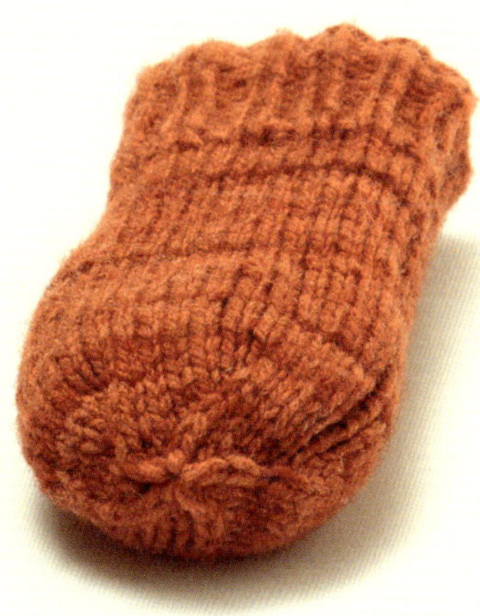

GESCHLOSSENE HANDSCHUHE

Gerade weiterstricken, bis die Handpartie der Handlänge minus der Spitze entspricht (gemessen von der Oberkante des Bündchens). Wenn Sie die Handlänge nicht kennen, gehen Sie davon aus, dass sie dem Handumfang entspricht. Wenn Sie für eine sehr große Person stricken, rechnen Sie etwa 1 cm hinzu.

Der Abschluss wird in zwei Schritten gestrickt. Falls notwenig erfolgt eine erste Abnahme, um auf eine Maschenanzahl zu kommen, die glatt durch fünf teilbar ist. Dann werden die Maschen in fünf Gruppen geteilt, und die Abnahme wird in Spiralform gestrickt. Ist die Anzahl bei der *ersten Abnahme vor dem Abschluss* Null, können Sie den Schritt überspringen.

Anfangsabnahme

Lesen Sie in der entsprechenden Spalte der Tabelle 4.1 zur Anfangsabnahme für den Abschluss und Maschen in der Abnahmegruppe nach.

Wo Sie die erste Abnahme platzieren ist nicht vorgeschrieben. Eine Spiralform ergibt sich wie folgt:

Erste Abnahmerunde: [____ re M in der Abnahmegruppe – 1] ____ x [2M zus] – das ist die Zahl der ersten Abnahme vor der Spitze, wie in Tabelle 4.1 aufgeführt. Den Rest der Runde re str.

→ ***Beispiel:*** *Bei einem Handschuh mit 19 cm Umfang sind das 2 Maschen pro cm. Die erste Abnahme ist 2, und die Maschenanzahl pro Abnahmegruppe ist 8. Sie stricken die erste Abnahmerunde wie folgt:*

– [7M re, 2M zus] x 2, bis Rundenende re str.

– Dies bringt Sie von 42 Handmaschen zu 40, der für den Abschluss benötigten Maschenanzahl, und leitet die ersten beiden Abnahmen so ein, dass eine Spiralform entsteht.

BEISPIEL: Grundmuster einfacher Fausthandschuh →

Designdetails

Bündchen in 1x1-Rippenmuster, Handpartie und Daumen glatt rechts gearbeitet, Kordel hinzugefügt

Handumfang nach Fertigstellung

20,5 cm

Wolle

Briggs and Little Regal (100 % reine Wolle, 248 m pro 113 g Strang), 1 Strang in Farbe Grey Heather, Verbrauch für Handschuhe und Schnur: 183 m/68 g

Maschenprobe

5 M pro 2,5 cm in glatt rechts gestrickt

Nadeln

4 mm

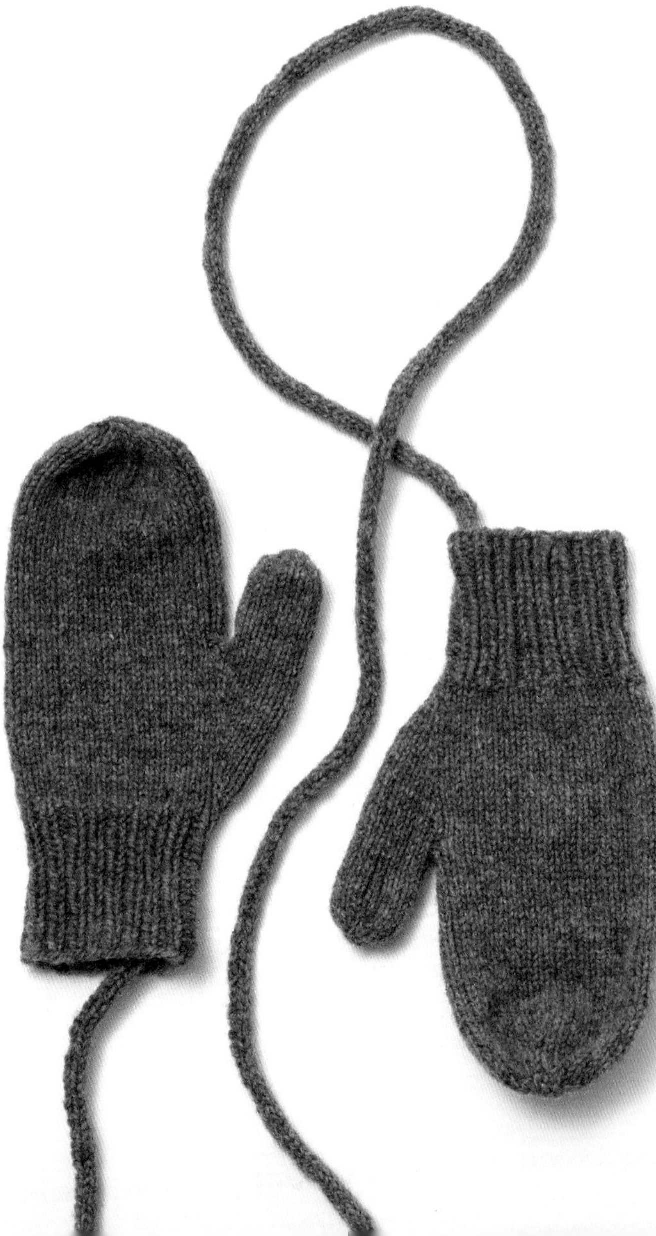

Abnahme am Abschluss
Jetzt müssen Sie die Maschen aus den Abnahmegruppen aus Tabelle 4.1 in fünf Gruppen aufteilen. MM setzen oder die Maschen so auf Ihren Nadeln anordnen, dass Sie die Gruppen auseinanderhalten können.

→ ***Beispiel:*** *Wenn Sie mit einem Magic Loop oder zwei Rundstricknadeln arbeiten, schieben Sie drei Gruppen auf eine und zwei auf die andere Seite, mit einem MM dazwischen. Haben Sie Ihre Maschen auf drei Strumpfnadeln, schieben Sie je zwei Gruppen mit einem MM getrennt auf zwei Nadeln, und die fünfte Gruppe auf die dritte Nadel. Wenn Sie mit vier Strumpfnadeln arbeiten, schieben Sie zwei Maschengruppen mit MM dazwischen auf die erste Nadel und je eine Gruppe auf die anderen drei Nadeln.*

Abnahmerunde: Je 5 x [bis zu den letzten 2 Maschen vor dem Ende der Gruppe stricken, dann 2M zus] – 5 Maschen abgenommen.

Diese Runde wiederholen, bis 5 Maschen übrigbleiben. Den Faden abschneiden und ein 15 cm langes Ende stehen lassen. Dieses Ende auf eine Sticknadel fädeln und durch die letzten 5 Maschen ziehen.

(FINGERLOSE) HANDSCHUHE MIT FLIPTOP

Wie bei einem normalen Fausthandschuh gerade stricken, bis die Handpartie die gewünschte Länge hat, dann das obere Bündchen beginnen. In Tabelle 4.6 finden Sie Empfehlungen für die Länge der oberen Handpartie.

→ ***Anm:*** *Für ein Fliptop müssen Sie mit einem Fadenrest die Stelle an den Fingerwurzeln markieren, an der Sie Maschen aufnehmen müssen.*
– NUR beim linken Handschuh: 1M re – das ist die Stelle, an der die neue Runde beginnt. Den Hilfsfaden auf eine Sticknadel fädeln und durch die erste Hälfte der Maschen dieser Runde ziehen.
– NUR beim rechten Handschuh: Die letzten 2 M der Runde wieder auftrennen – das ist die Stelle, an der die neue Runde beginnt. Den Hilfsfaden auf eine Sticknadel fädeln und durch die zweite Hälfte der Maschen dieser Runde ziehen.

Die obere Hälfte der Hand minus 2–2,5 cm im Rippenmuster weiter stricken. Wenn möglich, probieren Sie den Handschuh jetzt an. Ich empfehle, glatt rechts zu stricken, bis die Fingerknöchel gerade eben bedeckt sind und danach etwa 2–2,5 cm Rippe zu stricken.

Nächste Runde, Abnahme für oberes Rippenbündchen: Re stricken, dabei gleichmäßig verteilt abnehmen, um zu der Maschenanzahl zurückzukehren, die das Bündchen hatte. ____ Bündchenmaschen.

Im Rippenmuster abketten.

→ ***Tipp:*** *Wenn Sie fingerlose Handschuhe stricken, um damit am Computer zu arbeiten oder zu stricken, sollte die Handpartie nicht zu lang sein, bis zu den Fingerwurzeln etwa. Wenn die Stulpen wärmer sein sollen, können Sie fast bis an die Fingerspitzen weiterstricken. Die Oberkante kann umgeschlagen werden, wenn Sie die Finger frei haben wollen. Ich mag solche langen, fingerlosen Stulpen zum Autofahren. Zum Anschnallen oder Radiobedienen schlage ich die Bündchen um, aber bevor ich an das kalte Lenkrad greife, ziehe ich sie so weit hoch wie möglich..*

GEFÄLSCHTES 2X2-RIPPENMUSTER

Wenn Sie ein 2x2-Rippenmuster am oberen und unteren Bündchen stricken, möchten Sie wahrscheinlich, dass die Rippe am offenen Daumen genauso aussieht.

Wenn sich die Maschenanzahl am Daumen nach der Auf- und Abnahme durch 4 teilen lässt, haben Sie Glück – dann können Sie ein 2x2-Rippenmuster stricken ohne jegliche Abänderung. Wenn nicht, ist es besser, zu mogeln als das Rippenmuster abzuändern. Ein paar Maschen können einen deutlichen Unterschied in der Passform machen, zumal bei einem so kleinen Umfang.

Bei einem Vielfachen von 4 Maschen plus 1 (z. B. 13 M oder 21 M), arbeiten Sie Ihr Daumenrippenmuster wie folgt: 1M li, [2M re, 2M li] bis zum Reihenende.

Bei einem Vielfachen von 4 Maschen plus 2 (z. B. 14 M oder 22 M), arbeiten Sie Ihr Daumenrippenmuster wie folgt: 1M li, [2M re, 2M li] bis zur letzten M, 1M re.

Bei einem Vielfachen von 4 Maschen plus 3 (z. B. 15 M oder 23 M), arbeiten Sie Ihr Daumenrippenmuster wie folgt: [2M re, 2M li] bis zu letzten 3 M, 2M re, 1M li.

Daumen

Grundrunde 1: Die stillgelegten Maschen wieder aufnehmen. Mit der rechten Seite nach vorne neues Garn anschlingen und in der Lücke über den neu angeschlagenen Handmaschen 3 M anschlagen, bis zu den vorher stillgelegten Maschen rechts stricken und die erste neu aufgenommene Masche rechts stricken. Das ist der neue Rundenanfang.

Die Maschen nach Belieben auf die Nadeln verteilen und zur Runde schließen.

Grundrunde 2: 1M re, 2 M zus, bis zu den letzten beiden M re str, 2M abh, 1M re – 2 M abgenommen.

GESCHLOSSENER DAUMEN

Gerade weiter stricken, bis der Daumen lang genug ist. Wenn Sie die individuellen Maße nicht haben, richten Sie sich nach Tabelle 4.5.

Den Daumen oben abschließen, indem Sie rundum 2M zus stricken, bis noch 5 Maschen verbleiben. Das Garn mit etwa 15 cm Restfaden abtrennen. Den Faden auf die Sticknadel fädeln und durch die letzten fünf Maschen ziehen.

OFFENER DAUMEN

Rippenrunde: [1M re, 1M li] bis zum Rundenende.

Die Rippe bis zur gewünschten Länge stricken, für Kinder etwa 1,25 cm, für Erwachsene 2,5–3,25 cm oder bis zum mittleren Daumengelenk.

Im Rippenmuster abketten.

→ ***Tipp:*** *Es sieht schön und ordentlich aus, wenn die Länge der Rippe am Daumen der Länge der Rippe an der Handöffnung entspricht. Das ist aber kein Muss.*

FERTIGSTELLUNG

Die Handschuhe zum Glätten waschen.

Die Fäden vernähen, dabei mit dem Faden an der Daumenwurzel die Lücken an dieser Stelle schließen.

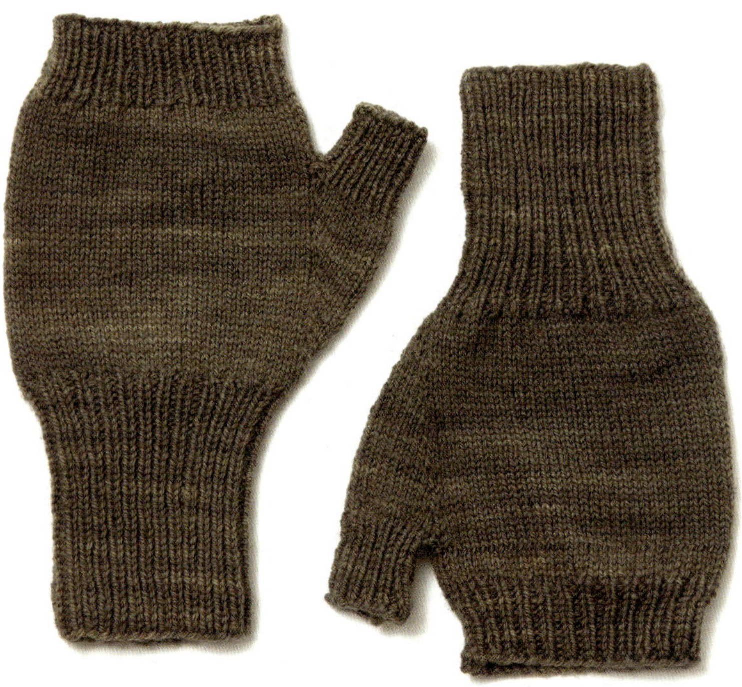

← BEISPIEL: Einfacher offener Fausthandschuh

Designdetails

Ein fingerloser Handschuh mit Bündchen, offenem Daumen und offener 1x1-Abschlussrippe, 7,6 cm Bündchen.

Handumfang nach Fertigstellung

18 cm

Wolle

Swan's Island Fingering (100 % zertifizierte biologische Merinowolle, 480 m pro 100 g Strang), 1 Strang in Farbe Shale, Verbrauch: 134 m/26 g

Maschenprobe

8 M pro 2,5 cm in glatt rechts gestrickt

Nadeln

2,5 mm

UMGANG MIT DEN TABELLEN

Ermitteln Sie mit Blick auf Ihre Maschenprobe in der Zeile „M pro cm" die richtige Spalte. Beispiel: Wenn Sie 7 Maschen pro 2,5 cm haben, ist es die vierte Spalte von rechts.

Dann suchen Sie unter „Umfang Handfläche nach Fertigstellung" in der linken Spalte den gewünschten Umfang. Beispiel: Wenn Sie einen Umfang von 20,5 cm stricken wollen, ist die siebte Zahlengruppe von oben die richtige.

In der Anleitung erfahren Sie, wie Sie die Angaben nutzen müssen.

→ **Anm:** *Sollte Ihre Rundengröße um mehr als 10 % von der angegebenen Größe abweichen, werden Sie die Tiefe des Daumenkeils anpassen müssen. Einzelheiten dazu finden Sie auf Seite 66.*

4.1 MASCHENANZAHL FÜR FINGER- UND FAUSTHANDSCHUHE

MASCHENPROBE	*M pro 2,5 cm*	**2,5**	3	**3,5**	4	**4,5**	5	**5,5**	6	**6,5**	7	**7,5**	8	**9**
	Rnd pro 2,5 cm	**3,5**	4	**4,5**	5	**6**	7	**7,5**	8	**8,5**	9	**10**	11	**12**
Handflächenumfang nach Fertigstellung														
12,5 cm	*Bündchen M*	12	12	16	16	20	20	24	24	28	28	32	32	36
	Hand M	12	16	18	20	22	26	28	30	32	36	38	40	46
	Daumenkeil M	5	5	7	7	9	9	11	11	13	13	15	15	17
	Daumenkeil Rnd	7	8	9	10	12	14	15	16	17	18	19	21	2
	M für Abschluss	10	15	15	20	20	25	25	30	30	35	35	40	45
	Abschlusslänge	0,25	0,5	0,5	0,5	0,5	0,5	0,5	0,75	0,5	0,75	0,5	0,75	0,75
	Abschl Anfangsabn	2	1	3	0	2	1	3	0	2	1	3	0	1
	M in Abngruppe	2	3	3	4	4	5	5	6	6	7	7	8	9
14 cm	*Bündchen M*	12	12	16	16	20	24	24	28	32	32	36	36	40
	Hand M	14	16	20	22	24	28	30	34	36	38	42	44	50
	Daumenkeil M	5	5	7	7	9	9	11	11	13	13	15	15	17
	Daumenkeil Rnd	8	9	10	11	13	15	16	17	18	19	22	24	26
	M für Abschluss	10	15	20	20	20	25	30	30	35	35	40	40	50
	Abschlusslänge	0,25	0,5	0,75	0,5	0,5	0,5	0,75	0,75	0,75	0,75	0,75	0,75	0,75
	Abschl Anfangsabn	4	1	0	2	4	3	0	4	1	3	2	4	0
	M in Abngruppe	2	3	4	4	4	5	6	6	7	7	8	8	10
15 cm	*Bündchen M*	12	16	16	20	24	24	28	32	32	36	36	40	44
	Hand M	16	18	22	24	28	30	34	36	40	42	46	48	54
	Daumenkeil M	5	7	7	9	9	11	11	13	15	15	17	17	19
	Daumenkeil Rnd	8	9	10	11	14	16	17	18	19	20	23	25	27
	M für Abschluss	15	15	20	20	25	30	30	35	40	40	45	45	50
	Abschlusslänge	0,5	0,5	0,75	0,5	0,75	0,75	0,75	0,75	0,75	0,75	0,75	0,75	0,75
	Abschl Anfangsabn	1	3	2	4	3	0	4	1	0	2	1	3	4
	M in Abngruppe	3	3	4	4	5	6	6	7	8	8	9	9	10

4.1 MASCHENANZAHL FÜR FINGER- UND FAUSTHANDSCHUHE *(Fortsetzung)*

MASCHENPROBE	*M je 2,5 cm*	2,5	3	3,5	4	4,5	5	5,5	6	6,5	7	7,5	8	9
	Rnd je 2,5 cm	3,5	4	4,5	5	6	7	7,5	8	8,5	9	10	11	12

Handflächenumfang nach Fertigstellung

16,5 cm	*Bündchen M*	12	16	20	20	24	28	32	28	36	36	40	44	48
	Hand M	16	20	22	26	30	32	36	40	42	46	48	52	58
	Daumenkeil M	5	7	9	9	11	11	13	13	15	17	17	19	21
	Daumenkeil Rnd	9	10	11	13	15	18	19	20	21	23	25	28	30
	M für Abschluss	15	20	20	25	30	30	35	40	40	45	45	50	55
	Abschlusslänge	0,5	0,75	0,75	0,75	0,75	0,75	0,75	1	0,75	1	0,75	0,75	0,75
	Abschl Anfangsabn	1	0	2	1	0	2	1	0	2	1	3	2	3
	M in Abngruppe	3	4	4	5	6	6	7	8	8	9	9	10	11
18 cm	*Bündchen M*	16	20	20	24	28	28	32	36	40	40	44	48	52
	Hand M	18	22	24	28	32	36	38	42	46	50	52	56	64
	Daumenkeil M	7	7	9	11	11	13	13	15	17	17	19	21	23
	Daumenkeil Rnd	9	11	12	13	16	19	20	21	23	24	27	29	32
	M für Abschluss	15	20	20	25	30	35	35	40	45	50	50	55	60
	Abschlusslänge	0,5	0,75	0,75	0,75	0,75	0,75	0,75	1	1	1	1	1	1
	Abschl Anfangsabn	3	2	4	3	2	1	3	2	1	0	2	1	4
	M in Abngruppe	3	4	4	5	6	7	7	8	9	10	10	11	12
19 cm	*Bündchen M*	16	20	24	24	28	32	36	36	40	44	48	48	56
	Hand M	18	22	26	30	34	38	42	46	48	52	56	60	68
	Daumenkeil M	7	9	9	11	13	13	15	17	17	19	21	21	25
	Daumenkeil Rnd	10	11	13	14	17	20	21	23	24	26	29	31	34
	M für Abschluss	15	20	25	30	30	35	40	45	45	50	55	60	65
	Abschlusslänge	0,5	0,75	1	1	0,75	0,75	1	1	1	1	1	1	1
	Abschl Anfangsabn	3	2	1	0	4	3	2	1	3	2	1	0	3
	M in Abngruppe	3	4	5	6	6	7	8	9	9	10	11	12	13
20,5 cm	*Bündchen M*	16	20	24	28	32	32	36	40	44	48	48	52	60
	Hand M	20	24	28	32	36	40	44	48	52	56	60	64	72
	Daumenkeil M	7	9	11	11	13	15	15	17	19	21	21	23	25
	Daumenkeil Rnd	11	12	14	15	18	21	23	24	26	27	30	33	36
	M für Abschluss	20	20	25	30	35	40	40	45	50	55	60	60	70
	Abschlusslänge	0,75	0,75	1	1	1	1	1	1	1	1	1	1	1
	Abschl Anfangsabn	0	4	3	2	1	0	4	3	2	1	0	4	2
	M in Abngruppe	4	4	5	6	7	8	8	9	10	11	12	12	14

4.1 MASCHENANZAHL FÜR FINGER- UND FAUSTHANDSCHUHE *(Fortsetzung)*

MASCHENPROBE	*M je 2,5 cm*	2,5	3	3,5	4	4,5	5	5,5	6	6,5	7	7,5	8	9
	Rnd je 2,5 cm	3,5	4	4,5	5	6	7	7,5	8	8,5	9	10	11	12
Handflächenumfang nach Fertigstellung														
21,5 cm	*Bündchen M*	16	20	24	28	32	36	40	44	48	48	52	56	64
	Hand M	22	26	30	34	38	42	46	52	56	60	64	68	76
	Daumenkeil M	7	9	11	13	13	15	17	19	19	21	23	25	27
	Daumenkeil Rnd	11	13	15	16	19	23	24	26	27	29	32	36	39
	M für Abschluss	20	25	30	30	35	40	45	50	55	60	60	65	75
	Abschlusslänge	,75	1	1	1	1	1	1	1,25	1,25	1,25	1	1	1,25
	Abschl Anfangsabn	2	1	0	4	3	2	1	2	1	0	4	3	1
	M in Abngruppe	4	5	6	6	7	8	9	10	11	12	12	13	15
23 cm	*Bündchen M*	20	24	28	32	36	36	40	44	48	52	56	60	68
	Hand M	22	28	32	36	40	46	50	54	58	64	68	72	82
	Daumenkeil M	9	9	11	13	15	17	19	21	21	23	25	25	29
	Daumenkeil Rnd	12	14	15	17	21	24	26	27	29	31	34	38	41
	M für Abschluss	20	25	30	35	40	45	50	50	55	60	65	70	80
	Abschlusslänge	0,75	1	1	1,25	1,25	1,25	1,25	1,25	1,25	1,25	1,25	1,25	1,25
	Abschl Anfangsabn	2	3	2	1	0	1	0	4	3	4	3	2	2
	M in Abngruppe	4	5	6	7	8	9	10	10	11	12	13	14	16
24 cm	*Bündchen M*	20	24	28	32	36	40	44	48	52	56	60	64	72
	Hand M	24	28	34	38	42	48	52	58	62	66	72	76	86
	Daumenkeil M	9	11	11	13	15	17	19	21	23	23	25	27	31
	Daumenkeil Rnd	13	14	16	18	22	25	27	29	31	32	36	40	43
	M für Abschluss	20	25	30	35	40	45	50	55	60	65	70	75	85
	Abschlusslänge	0,75	1	1	1,25	1,25	1,25	1,25	1,25	1,25	1,25	1,25	1,25	1,25
	Abschl Anfangsabn	4	3	4	3	2	3	2	3	2	1	2	1	1
	M in Abngruppe	4	5	6	7	8	9	10	11	12	13	14	15	17
25,5 cm	*Bündchen M*	20	24	28	32	36	40	44	48	52	56	60	64	72
	Hand M	26	30	36	40	46	50	56	60	66	70	76	80	90
	Daumenkeil M	9	11	13	15	17	19	19	21	23	25	27	29	33
	Daumenkeil Rnd	13	15	17	19	23	27	29	30	32	34	38	42	46
	M für Abschluss	25	30	35	40	45	50	55	60	65	70	75	80	90
	Abschlusslänge	1,25	1,25	1,25	1,5	1,25	1,25	1,25	1,5	1,5	1,5	1,5	1,25	1,5
	Abschl Anfangsabn	1	0	1	0	1	0	1	0	1	0	1	0	0
	M in Abngruppe	5	6	7	8	9	10	11	12	13	14	15	16	18

4.1 / MASCHENANZAHL FÜR FINGER- UND FAUSTHANDSCHUHE *(Fortsetzung)*

MASCHENPROBE	*M je 2,5 cm*	2,5	3	3,5	4	4,5	5	5,5	6	6,5	7	7,5	8	9
	Rnd je 2,5 cm	3,5	4	4,5	5	6	7	7,5	8	8,5	9	10	11	12
Handflächenumfang nach Fertigstellung														
26,5 cm	*Bündchen M*	20	28	32	36	40	44	48	52	56	64	68	72	80
	Hand M	26	32	36	42	48	52	58	64	68	74	78	84	94
	Daumenkeil M	9	11	13	15	17	19	21	23	25	27	29	31	35
	Daumenkeil Rnd	14	16	18	20	24	28	30	32	34	36	40	44	48
	M für Abschluss	25	30	35	40	45	50	55	60	65	70	75	80	90
	Abschlusslänge	1,25	1,25	1,25	1,5	1,25	1,25	1,25	1,5	1,5	1,5	1,5	1,25	1,5
	Abschl Anfangsabn	1	2	1	2	3	2	3	4	3	4	3	4	4
	M in Abngruppe	5	6	7	8	9	10	11	12	13	14	15	16	18
28 cm	*Bündchen M*	24	28	32	36	44	48	52	56	60	68	72	72	84
	Hand M	28	34	38	44	50	56	60	66	72	78	82	86	100
	Daumenkeil M	9	11	13	15	17	19	21	23	25	27	29	31	35
	Daumenkeil Rnd	14	16	18	20	24	28	30	32	34	36	40	44	48
	M für Abschluss	25	30	35	40	50	55	60	65	70	75	80	85	100
	Abschlusslänge	1,25	1,25	1,25	1,5	1,5	1,5	1,5	1,5	1,5	1,5	1,5	1,5	1,5
	Abschl Anfangsabn	3	4	3	4	0	1	0	1	2	3	2	3	0
	M in Abngruppe	5	6	7	8	10	11	12	13	14	15	16	17	20

4.2 / BÜNDCHENLÄNGE *(in cm)*

Tatsächlicher Umf Handfläche	12,7	14	15,2	16,5	17,8	19,1	20	21,2	23	24,1	25,4	26,7	27,9
Empfohlene Bündchenlänge	5,1	5,7	6,4	6,4	7,0	7,0	7,6	7,6	7,6	8,9	9,5	10,2	10,2

4.3 ZUNAHME BÜNDCHEN ZU HANDPARTIE

Zunahmebeginn & Anz der Endmaschen	Anleitung	Zunahmebeginn & Anz der Endmaschen	Anleitung
12 bis 14	*[6M re, 1ZM] 2x*	44 bis 52	*[5M re, 1ZM, 6M re, 1ZM] 4x*
12 bis 16	*[3M re, 1ZM] 4x*	44 bis 54	*[4M re, 1ZM, 5M re, 1ZM] 4x, [4M re, 1ZM] 2x*
12 bis 18	*[2M re, 1ZM] 6x*	48 bis 56	*[6M re, 1ZM] 8x*
16 bis 20	*[4M re, 1ZM] 4x*	48 bis 58	*[5M re, 1ZM] 8x, [4M re, 1ZM] 2x*
16 bis 22	*[2M re, 1ZM, 3M re, 1ZM, 3M re, 1ZM] 2x*	52 bis 60	*[6M re, 1ZM, 7M re, 1ZM] 4x*
20 bis 24	*[5M re, 1ZM] 4x*	52 bis 62	*[5M re, 1ZM] 8x, [6M re, 1ZM] 2x*
20 bis 26	*[3M re, 1ZM, 3M re, 1ZM, 4M re, 1ZM] 2x*	52 bis 64	*[4M re, 1ZM, 4M re, 1ZM, 5M re, 1ZM] 4x*
24 bis 28	*[6M re, 1ZM] 4x*	56 bis 66	*[5M re, 1ZM, 6M re, 1ZM] 4x, [6M re, 1ZM] 2x*
24 bis 30	*[4M re, 1ZM] 6x*	56 bis 68	*[4M re, 1ZM, 5M re, 1ZM, 5M re, 1ZM [4x*
28 bis 32	*[7M re, 1ZM] 4x*	60 bis 70	*[6M re, 1ZM] 10x*
28 bis 34	*[4M re, 1ZM, 5M re, 1ZM, 5M re, 1ZM] 2x*	60 bis 72	*[5M re, 1ZM] 12x*
28 bis 36	*[4M re, 1ZM, 3M re, 1ZM] 4x*	64 bis 74	*[6M re, 1ZM, 7M re, 1ZM] 4x, [6M re, 1ZM] 2x*
32 bis 36	*[8M re, 1ZM] 4x*	64 bis 76	*[5M re, 1ZM, 5M re, 1ZM, 6M re, 1ZM] 4x*
32 bis 38	*[5M re, 1ZM, 5M re, 1ZM, 6M re, 1ZM] 2x*	68 bis 78	*[7M re, 1ZM] 8x, [6M re, 1ZM] 2x*
32 bis 40	*[4M re, 1ZM] 8x*	72 bis 82	*[7M re, 1ZM] 8x, [8M re, 1ZM] 2x*
36 bis 42	*[6M re, 1ZM] 6x*	72 bis 84	*[6M re, 1ZM] 12x*
36 bis 44	*[4M re, 1ZM, 5M re, 1ZM] 4x*	72 bis 86	*[5M re, 1ZM] 12x, [6M re, 1ZM] 2x*
40 bis 46	*[6M re, 1ZM, 7M re, 1ZM, 7M re, 1ZM] 2x*	76 bis 90	*[5M re, 1ZM, 6M re, 1ZM] 6x [5M re, 1ZM] 2x*
40 bis 48	*[5M re, 1ZM] 8x*	80 bis 94	*[6M re, 1ZM] 10x, [5M re, 1ZM] 4x*
44 bis 50	*[7M re, 1ZM, 7M re, 1ZM, 8M re, 1ZM] 2x*	84 bis 100	*(6M re, 1ZM, [5M re, 1ZM] 3x) 4x*

4.4 ZUNAHME DAUMENKEIL *(x= Anzahl Wiederholungen)*

Daumenkeil M	**5**	**5**	**5**	**7**	**7**	**7**	**7**	**9**	**9**	**9**	**9**	**9**	**9**	**11**	**11**	**11**	**11**	**11**	**11**
Daumenkeil Rnd	**5**	**8**	**9**	**9**	**10**	**11**	**12**	**11**	**12**	**13**	**14**	**15**	**16**	**14**	**15**	**16**	**17**	**18**	**19**
Z erfolgt nach 1 geraden gestr Rnd	–	–	–	–	–	–	–	1x	–	–	–	–	–	1x	–	–	–	–	–
Z erfolgt nach 2 geraden gestr Rnd	1x	–	–	3x	2x	1x	–	3x	4x	3x	2x	1x	–	4x	5x	4x	3x	2x	1x
Z erfolgt nach 3 geraden gestr Rnd	1x	2x	1x	–	1x	2x	3x	–	–	1x	2x	3x	4x	–	–	1x	2x	3x	4x
Z erfolgt nach 4 geraden gestr Rn.	–	–	1x	–	–	–	–	–	–	–	–	–	–	–	–	–	–	–	–

4.4 ZUNAHME DAUMENKEIL *(x= Anzahl Wiederholungen) (Fortsetzung)*

Daumenkeil M	**13**	**13**	**13**	**13**	**13**	**13**	**13**	**15**	**15**	**15**	**15**	**15**	**15**	**17**	**17**	**17**	**17**	**17**	**17**
Daumenkeil Rnd	**15**	**16**	**17**	**18**	**19**	**20**	**21**	**19**	**20**	**21**	**22**	**23**	**25**	**23**	**24**	**25**	**26**	**27**	**28**
Z erfolgt nach 1 geraden gestr Rnd	3x	2x	1x	–	–	–	–	2x	1x	–	–	–	–	1x	–	–	–	–	–
Z erfolgt nach 2 geraden gestr Rnd	3x	4x	5x	6x	5x	4x	3x	5x	6x	7x	6x	5x	3x	7x	8x	7x	6x	5x	4x
Z erfolgt nach 3 geraden gestr Rnd	–	–	–	–	1x	2x	3x	–	–	–	1x	2x	4x	–	–	1x	2x	3x	4x

Daumenkeil M	**19**	**19**	**19**	**19**	**19**	**19**	**21**	**21**	**21**	**21**	**23**	**23**	**23**	**23**	**25**	**25**	**25**
Daumenkeil Rnd	**24**	**25**	**26**	**27**	**28**	**30**	**26**	**27**	**28**	**30**	**28**	**30**	**32**	**33**	**33**	**34**	**35**
Z erfolgt nach 1 geraden gestr Rnd	3x	2x	1x	–	–	–	4x	3x	2x	–	4x	3x	1x	–	3x	2x	1x
Z erfolgt nach 2 geraden gestr Rnd	6x	7x	8x	9x	8x	6x	6x	7x	8x	10x	7x	8x	10x	11x	9x	10x	11x
Z erfolgt nach 3 geraden gestr Rnd	–	–	–	–	1x	3x	–	–	–	–	–	–	–	–	–	–	–

Daumenkeil M	**27**	**27**	**27**	**29**	**29**	**29**	**31**	**31**	**31**	**33**	**35**
Daumenkeil Rnd	**36**	**38**	**39**	**36**	**40**	**41**	**39**	**42**	**44**	**45**	**48**
Z erfolgt nach 1 geraden gestr Rnd	3x	1x	–	6x	2x	1x	6x	3x	1x	3x	3x
Z erfolgt nach 2 geraden gestr Rn.	10x	12x	13x	8x	12x	13x	9x	12x	14x	13x	14x

4.5 EMPFOHLENE DAUMENLÄNGE *(in cm)*

Tatsächlicher Umf Handfläche	**12,7**	**14**	**15,2**	**16,5**	**17,8**	**19,1**	**20**	**21,2**	**23**	**24,1**	**25,4**	**26,7**	**27,9**
Tatsächliche Daumenlänge	**4,5**	**4,5**	**5,1**	**5,7**	**5,7**	**6,4**	**6,4**	**7,0**	**7,6**	**7,6**	**8,3**	**8,3**	**8,9**

4.6 EMPFOHLENE LÄNGE FÜR OBERE HANDPARTIE *(in cm)*

Tatsächlicher Umf Handfläche	**12,7**	**14**	**15,2**	**16,5**	**17,8**	**19,1**	**20**	**21,2**	**23**	**24,1**	**25,4**	**26,7**	**27,9**
*Empfohlene Länge für oH bei offenem Fausthandschuh**	**4,5**	**4,5**	**5,1**	**5,1**	**5,1**	**5,7**	**5,7**	**6,4**	**6,4**	**7,0**	**7,0**	**7,6**	**8,3**

** oberhalb des Daumens gemessen, inkl. Rippenmuster*

4.7 ABNAHME HANDPARTIE ZU OBEREM RIPPENBÜNDCHEN

Abnahmebeginn & Anz. der Endmaschen	Anleitung	Abnahmebeginn & Anz. der Endmaschen	Anleitung
14 bis 12	*[5M re, 2M re-zus] 2x*	54 bis 44	*[3M re, 2M re-zus, 4M re, 2M re-zus] 4x, [3M re, 2M re-zus] 2x*
16 bis 12	*[2M re, 2M re-zus] 4x*	56 bis 48	*[5M re, 2M re-zus] 8x*
18 bis 12	*[1M re, 2M re-zus] 6x*	58 bis 48	*[4M re, 2M re-zus] 8x, [3M re, 2M re-zus] 2x*
20 bis 16	*[3M re, 2M re-zus] 4x*	60 bis 52	*[5M re, 2M re-zus, 6M re, 2M re-zus] 4x*
22 bis 16	*[1M re, 2M re-zus, 2M re, 2M re-zus, 2M re, 2M re-zus] 2x*	62 bis 52	*[4M re, 2M re-zus] 8x, [5M re, 2M re-zus] 2x*
24 bis 20	*[4M re, 2M re-zus] 4x*	64 bis 52	*[3M re, 2M re-zus, 3M re, 2M re-zus, 4M re, 2M re-zus] 4x*
26 bis 20	*[2M re, 2M re-zus, 2M re, 2M re-zus, 3M re, 2M re-zus] 2x*	66 bis 56	*[4M re, 2M re-zus, 5M re, 2M re-zus] 4x, [5M re, 2M re-zus] 2x*
28 bis 24	*[5M re, 2M re-zus] 4x*	68 bis 56	*[3M re, 2M re-zus, 4M re, 2M re-zus, 4M re, 2M re-zus] 4x*
30 bis 24	*[3M re, 2M re-zus] 6x*	70 bis 60	*[5M re, 2M re-zus] 10x*
32 bis 28	*[6M re, 2M re-zus] 4x*	72 bis 60	*[4M re, 2M re-zus] 12x*
34 bis 28	*[3M re, 2M re-zus, 4M re, 2M re-zus, 4M re, 2M re-zus] 2x*	74 bis 64	*[5M re, 2M re-zus, 6M re, 2M re-zus] 4x, [5M re, 2M re-zus] 2x*
38 bis 32	*[5M re, 2M re-zus, 4M re, 2M re-zus, 4M re, 2M re-zus] 2x*	76 bis 64	*[4M re, 2M re-zus, 4M re, 2M re-zus, 5M re 2M re-zus] 4x*
40 bis 32	*[3M re, 2M re-zus] 8x*	78 bis 68	*[6M re, 2M re-zus] 8x, [5M re, 2M re-zus] 2x*
42 bis 36	*[5M re, 2M re-zus] 6x*	82 bis 72	*[6M re, 2M re-zus] 8x, [7M re, 2M re-zus] 2x*
44 bis 36	*[3M re, 2M re-zus, 4M re, 2M re-zus] 4x*	84 bis 72	*[5M re, 2M re-zus] 12x*
46 bis 40	*[5M re, 2M re-zus, 6M re, 2M re-zus, 6M re, 2M re-zus] 2x*	86 bis 72	*[4M re, 2M re-zus] 12x, [5M re, 2M re-zus] 2x*
48 bis 40	*[4M re, 2M re-zus] 8x*	90 bis 76	*[4M re, 2M re-zus, 5M re, 2M re-zus] 6x [4M re, 2M re-zus] 2x*
50 bis 44	*[6M re, 2M re-zus, 6M re, 2M re-zus, 7M re, 2M re-zus] 2x*	94 bis 80	*[5M re, 2M re-zus] 10x, [4M re, 2M re-zus] 4x*
52 bis 44	*[4M re, 2M re-zus, 5M re, 2M re-zus] 4x*	100 bis 84	*(5M re, 2M re-zus, [4M re, 2M re-zus] 3x) 4x*

FAUSTHANDSCHUH-VARIANTEN

Zwei gefütterte Varianten (mit Wollflusen oder mit Innenhandschuh) sorgen für eine bessere Wärmeisolation.

Handschuhe mit Wollflusen

Bei dieser Variante besteht das warme Futter aus Roving (unversponnener Wolle). Die Flusen, kleine Stücke Roving, werden in regelmäßigen Abständen mit dem Strickgarn verstrickt, um sie ins Gewebe einzuarbeiten. Beim Tragen verfilzen sie und die Handschuhe sind sehr gut isoliert und angenehm zu tragen, auch wenn sie unproportional groß aussehen. Mit der Zeit bilden die Flusen eine zusammenhängende, windundurchlässige Schicht.

ROVING AUSWÄHLEN

Warme Wolle und Wollgemische sind ideal. Es sollte kein Superwash-Garn sein, denn das Futter soll verfilzen. Mit buntem Roving kann man einfache Handschuhe sehr schön mit Farbtupfern versehen, wie das Beispiel auf der nächsten Seite oben zeigt.

Für durchschnittlich große Erwachsenenhandschuhe brauchen Sie ungefähr 60 g Roving. Dabei sollten Sie tendenziell großzügig mit dem Material sein.

ROVING ZU WOLLFLUSEN ZUPFEN

Die Wollflusen bereiten Sie vor dem Stricken vor wie folgt: Ziehen Sie eine etwa 20 cm lange Strähnen aus der Wolle. Beachten Sie, dass Roving gezupft werden muss, nicht gerissen werden darf – und keinesfalls geschnitten werden sollte! „Öffnen" Sie die Strähnen sanft, trennen Sie die Fasern und ziehen Sie diese in die Länge, bis die Stücke flauschig geworden sind. So können sie die warme Luft im Handschuh besser speichern. Jetzt sollte die Stücke je etwa 25–30 cm messen. Schlagen Sie die Enden mit einer leichten Drehbewegung zur Mitte hin ein, als wollten Sie das Wollstück verspinnen. Die Faustregel besagt, dass die Wollflusen etwa die gleiche Stärke haben sollten wie das Strickgarn – aber großzügig bemessene Flusen sind nicht das Schlechteste. Ihre Handschuhe werden dadurch nur wärmer. Mehr als doppelt so dick sollten sie nicht werden, sonst wird die Einarbeitung schwierig.

BEISPIEL: Einfacher Fausthandschuh mit Wollflusen-Futter →

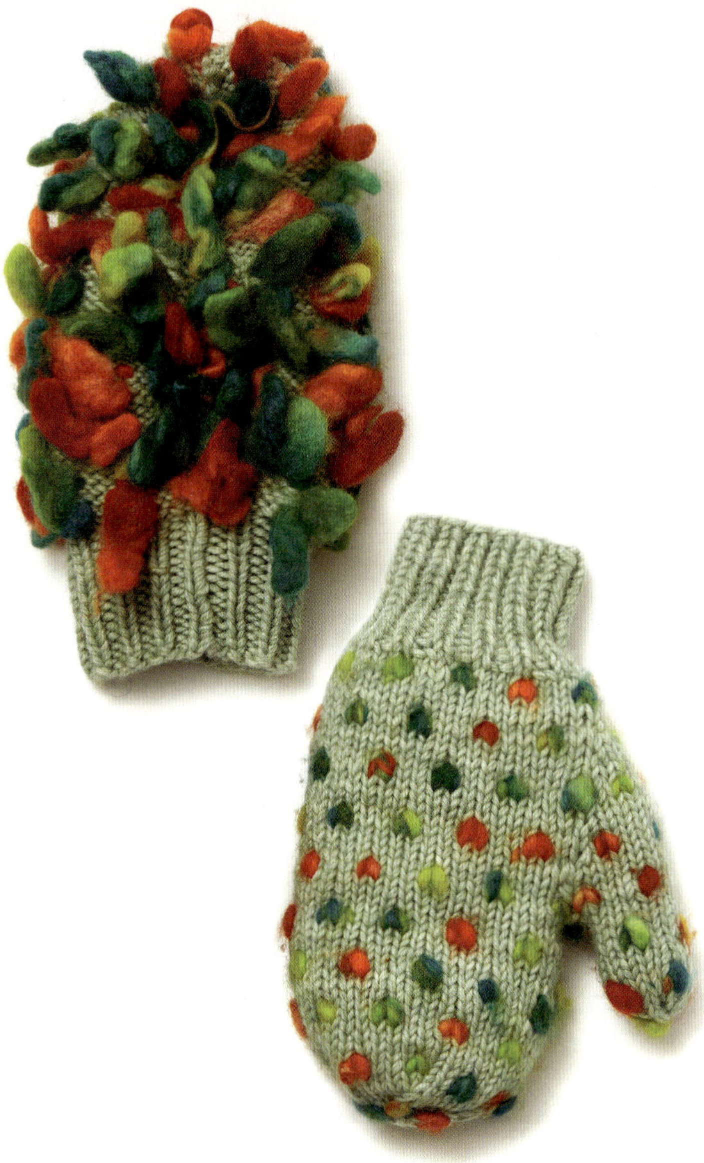

Designdetails

Einfacher Handschuh mit regenbogenfarbenem Roving in Schachbrettmuster gearbeitet

Handumfang nach Fertigstellung

23 cm

Wolle

Lisa Souza Dyeworks Blue-faced Leicester Worsted (100 % Wolle, 247 m pro Strang), 1 Strang in Farbe Celadon, Verbrauch: 247 m/115 g

Wollflusen

Lisa Souza Dyeworks Blue-faced Leicester Top Fiber (100 % Wolle, 113 g Päckchen), 1 Päckchen in Farbe Yah-Mon, Verbrauch: 55 g

Nadeln

5 mm

Maschenprobe

4 M je 2,5 cm; Garn wird doppelfädig verarbeitet

→ *Diagramm Platzierung Wollflusen*

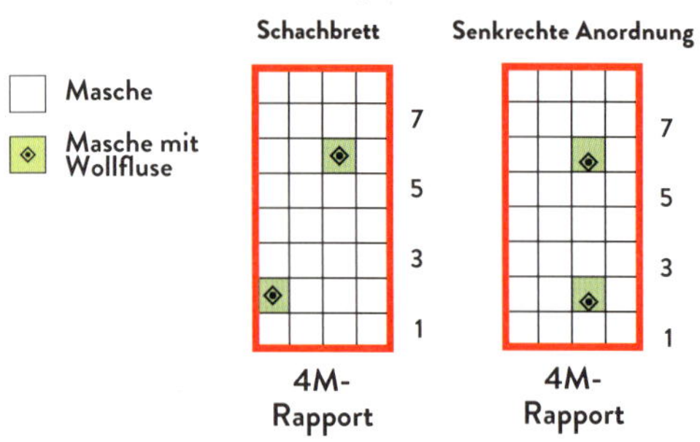

WOLLFLUSEN EINARBEITEN

Um die Flusen unterbringen zu können, müssen die Handschuhe groß genug gestrickt sein. Wählen Sie eine Größe mit 2,5–3,8 cm Spiel beim Handumfang.

Um eine Fluse einzuarbeiten, stechen Sie die rechte Stricknadel ein wie gewöhnlich. Schlingen Sie die Wollfluse um die Nadel, holen Sie dann den Arbeitsfaden und stricken Sie beides ein. In der nächsten Runde stricken Sie die Masche mit der Fluse durch das hintere Maschenglied, um sie zu fixieren.

Platzieren Sie die Flusen etwa alle vier Runden in jeder vierten Masche. Ich bevorzuge eine schachbrettartige Anordnung, aber die senkrechte Anordnung sieht auch gut aus. Sie können auch selbst eine Anordnung erfinden.

Es ist nicht schlimm, wenn die Maschenanzahl nicht ganz durch vier teilbar ist – das hier ist keine exakte Wissenschaft. Platzieren Sie die Wollflusen, wie Sie mögen.

Handschuh mit Innenhandschuh

Wenn Sie Handschuhe mit Futter stricken, kann das Obermaterial rauer und schwerer, dafür wunderbar warm sein, wie die hier abgebildete Lopi-Wolle, die etwas enger gestrickt ist als gewöhnlich, damit kein Luftzug durchdringt. Der innere Handschuh kann aus einem weichen, luxuriösen Garn gestrickt sein, beispielsweise einem Merino-Kaschmirgemisch. Er sollte etwas lockerer gestrickt sein, damit die warme Luft innen zirkulieren kann.

Den Innenhandschuh ohne Zugabe und den Außenhandschuh mit etwas Zugabe um den inneren Handschuh stricken.

EIGENE ENTWÜRFE MACHEN: DIE FORMEL

Obwohl die Tabellen die nötigen Angaben für eine ganze Reihe Größen und Handmaße liefern, kann es sein, dass Sie eine andere Größe oder Passform benötigen.

Arbeiten Sie mit folgender Formel, wenn Sie einen übergroßen Handschuh zum Verfilzen, einen Riesenhandschuh als Alternative zum Weihnachtsstrumpf oder einen Minihandschuh aus dünnem Garn zu Dekorationszwecken stricken wollen.

Man kann die Formel auch nutzen, um mit einer Maschenprobe zu arbeiten, die in den Tabellen nicht aufgelistet ist. So können zum Beispiel mehrfarbige Muster

BEISPIEL: Einfacher Fausthandschuh mit Innenhandschuh →

Designdetails

Das äußere Bündchen ist in glatt rechts gestrickt, das innere Bündchen in 1x1-Rippenmuster. Für den Rest der Grundanleitung für Fausthandschuhe folgen.

Handumfang nach Fertigstellung

Äußerer Handschuh: 20,5 cm

Innerer Handschuh: 16,5 cm

Wolle

Äußerer Handschuh: Istex Alafoss Lopi (100% reine Schurwolle, 100 m pro 100 g Knäuel), 1 Knäuel in Farbe 1233, Verbrauch: 83 m/83 g

Innerer Handschuh: Sweet Georgia Cashluxe Fine (70 % Superwash Merino, 20 % Kaschmir, 10 % Nylon, 366 m pro 115 g Strang), 1 Strang in Farbe Pistachio, Verbrauch: 128 m/40 g

Nadeln

5 mm für äußeren Handschuh

3,25 mm für inneren Handschuh

Maschenprobe

Äußerer Handschuh: 3,5 M pro 2,5 cm

Innerer Handschuh: 7 M pro 2,5 cm

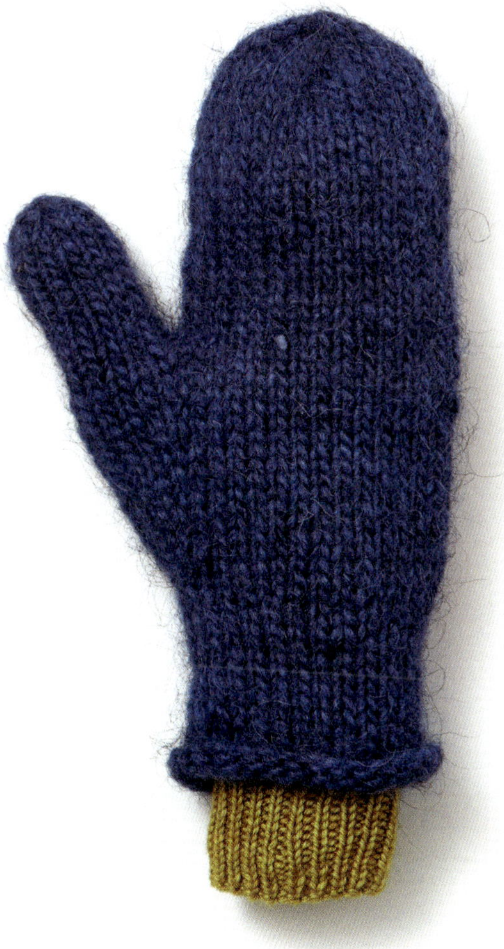

Masse schätzen für Fausthandschuhe

Wenn Sie ein Paar Handschuhe entwerfen ohne dabei eine konkrete Person vor Augen zu haben, der sie passen sollen, gehen Sie von einem beliebigen Handumfang oder einer beliebigen Handlänge aus und berechnen die Proportionen wie folgt:

Handlänge = Handumfang

Handgelenksumfang = Handumfang x 0,8

Länge des Daumenkeils = Handlänge x 0,38

Daumenumfang = Handumfang x 0,36

Daumenlänge = Handlänge x 0,33

Beispiel: Sie wollen als Dekorationsgegenstand einen Riesenhandschuh mit einem Umfang von 35,6 cm stricken. Folgende Maße ergeben sich:

Handlänge = Handumfang = 35,6 cm

Handgelenksumfang =
Handumfang x 0,8 =
35,6 x 0,8 = 28,5 cm

Länge des Daumenkeils =
Handlänge x 0,38 =
35,6 x 0,38 = 13,5 cm

Daumenumfang =
Handumfang x 0,36 =
35,6 x 0,36 = 12,8 cm

Daumenlänge =
Handlänge x 0,33 =
35,6 x 0,33 = 12 cm

aus mitteldickem Garn Maschenproben mit 10 Maschen pro 2,5 cm haben und auf der anderen Seite gibt es einige superdicke Garne ... Bei diesen Sonderfällen sind aber auch Einschränkungen zu bedenken: Kleine Maschenproben bedeuten sehr viel Strickarbeit, superdickes Garn bedeutet superdicke Handschuhe, was die Bewegungsfähigkeit der Hände beeinträchtigt.

Ob Sie die Maschenprobe oder die Größe angleichen müssen, Sie arbeiten immer mit zwei Angaben.

1. Maschenprobe: Maschen und Runden pro cm
2. Maße

Rechnen Sie mit den tatsächlichen Maßen, bis auf den Handflächenumfang. Die Zahlen sollten die gewünschte Dehnbarkeit mitberücksichtigen. Ziehen Sie für eng anliegende Fausthandschuhe etwa 10% vom tatsächlichen Handumfang ab. Für etwas lockerer sitzende Fausthandschuhe rechnen Sie 10% zu den Maßen hinzu.

Errechnen Sie die Zahlen für Ihre Handschuhe wie folgt:

Bündchenmaschen =
Handgelenksumfang x Maschen pro 1 cm

Auf die nächste gerade Zahl aufrunden, wenn Sie [1M re, 1M li] stricken. Auf das nächste Vielfache von 4 runden, wenn Sie [2M re, 2M li] stricken.

28,5 cm x 1,6 = 45,6

Hier würde ich auf 44 Maschen abrunden, da das bei [1M re, 1M li] und bei [2M re, 2M li] funktioniert.

Handmaschen =
gewünschter Handumfang des Handschuhs x Maschen pro 1 cm

Bei unserem Beispiel sind das 35,6 x 1,6 = 56,96 Maschen, die auf 56 Maschen abgerundet werden.

Keilmaschen =
Daumenumfang x Maschen pro 1 cm

Bei unserem Beispiel sind das 12,8 x 1,6 = 20,5 Maschen, was auf 20 Maschen abzurunden ist.

Keillänge =
Daumenkeillänge x Maschen pro 1 cm

Bei unserem Beispiel sind das 13,5 x 2,4 = 32 Runden.

Maschen zum Abschluss =
Die Handmaschen auf die nächste durch 5 teilbare ganze Zahl abrunden.

Bei unserem Beispiel sind das 55 Maschen.

Länge der Abschlusspartie =
[(Abschlussmaschen – 5) : 5] :
Runden pro 1 cm

Bei unserem Beispiel sind das:
([55 – 5] : 5) : 2,4 = (50 : 5) : 2,4 = 10 : 2,4 = 4,1 cm.

Erste Abnahme am Abschluss = Handmaschen – Maschen am Abschluss

Bei unserem Beispiel sind das 56 – 55 = 1 M.

Maschen in der Abnahmegruppe = Maschen am Abschluss : 5

Bei unserem Beispiel sind das 55 : 5 = 11 M.

Sie müssen noch eine, vielleicht zwei weitere Berechnungen anstellen: Die Zunahmen zwischen Bündchen und Hand und, falls der Handschuh fingerlos sein sollte, müssen die Abnahmen auch verteilt werden.

Zur Verteilung der Zunahmen lesen Sie den Kasten „Zunahmen gleichmäßig verteilen" auf Seite 11.

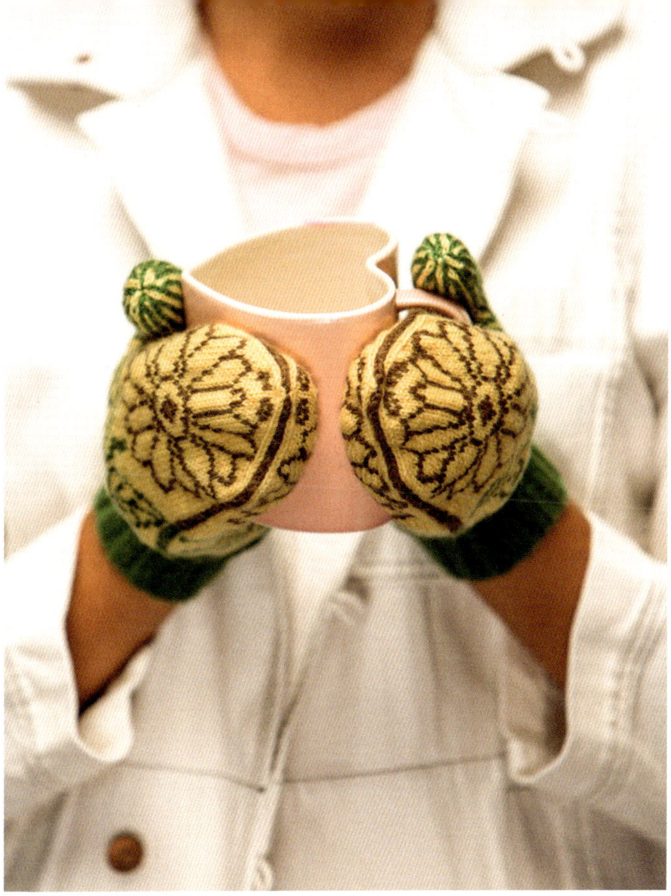

Abnahmen gleichmässig über die Runde verteilen

Die Abstände zwischen den Abnahmen werden wie folgt berechnet:

Handmaschen – Bündchenmaschen = Anzahl der abzunehmenden Maschen

Beispiel: Wenn Sie 60 Handmaschen und 48 Bündchenmaschen haben, müssen Sie 12 Maschen abnehmen.

60 – 48 = 12

Dann teilen Sie die abzunehmenden Maschen in Gruppen dieser Größe auf und stricken die nächste Runde wie folgt:

Handmaschen: Abnahmemaschen = Maschengruppe beim Abnehmen

Rundum [bis auf 2 M vor dem Ende der Gruppe re str, 2M zus], bis Sie die richtige Anzahl Maschen abgenommen haben und zum Ende der Runde kommen. In unserem Beispiel:

60 : 12 = 5

Ein rundes Ergebnis wie dieses macht das Abnehmen einfach: Sie teilen die Maschen in 5er-Gruppen auf und stricken die Abnahmerunde wie folgt: 12 x [bis auf 2 M vor dem Ende der Gruppe re str, 2M zus].

Bei dem Beispiel mit dem Riesenhandschuh (Kasten S. 58) sind es 56 Handmaschen und 44 Bündchenmaschen. Handmaschen – Bündchenmaschen = 12, was bedeutet, dass wir 12 Maschen abnehmen müssen. 56 : 12 = 4,67 – leider ist das Ergebnis eine krumme Zahl.

Die Zahl wird abgerundet. In diesem Fall haben wir also 12 4er-Gruppen, was 48 Maschen ergibt. Es bleiben 8 Maschen übrig. Die Maschen in 12 4er-Gruppen teilen, die Restmaschen ignorieren und die Abnahmerunde stricken wie folgt: 12 x [bis auf 2 M vor dem Ende der Gruppe re str, 2M zus], 8M re str. bis Rundenende.

Sie können es auch etwas ordentlicher machen, indem Sie die 8 Maschen nehmen und je eine zu 8 Abnahmerunden addieren, sodass Sie 8 5er-Gruppen und 4 4er-Gruppen haben. (Um zu prüfen, ob das aufgeht, rechnen Sie aus: 8 x 5 = 40 und 4 x 4 = 16, und 40 + 16 = 56 – stimmt also genau.)

Bedenken Sie, dass genau wie bei der „gleichmäßigen Zunahme in der Runde" die Maschen nicht perfekt gleichmäßig verteilt sein müssen, solange Sie am Ende die richtige Maschenanzahl haben!

Grundanleitung Fingerhandschuhe

Überblick

→ Die Grundanleitung für Fingerhandschuhe ist für Handumfänge von 15–28 cm nach Fertigstellung bei Maschenproben von 4,5 5, 5,5, 6, 6,5 7, 7,5, 8 und 9 Maschen je 2,5 cm geschrieben. Das ist eine etwas reduzierte Auswahl von Größen und Maschenproben, weil sie Kindergrößen oder dickere Bündchengarne nicht miteinbezieht, die für Fingerhandschuhe unpassend sind.

→ Arbeiten Sie wie für einen Fausthandschuh bis Sie die Handpartie erreichen.

→ Die Hand wird für ein kurzes Stück in Runden gearbeitet, bis Sie die Fingerwurzel erreichen.

→ Der kleine Finger wird zuerst (in Runden) gestrickt und anschließend einige wenige weitere Runden mit den verbleibenden Maschen, bis Sie die Fingerwurzel der übrigen Finger erreichen.

→ Die anderen Finger werden in Runden gearbeitet, vom Ringfinger zum Zeigefinger.

→ Alle Finger können geschlossen oder offen mit einer Rippenkante gestrickt werden.

→ Der Daumen wird zuletzt in Runden gestrickt, und kann offen oder geschlossen gearbeitet werden.

→ ***Grundaufbau und Maße Fingerhandschuh***

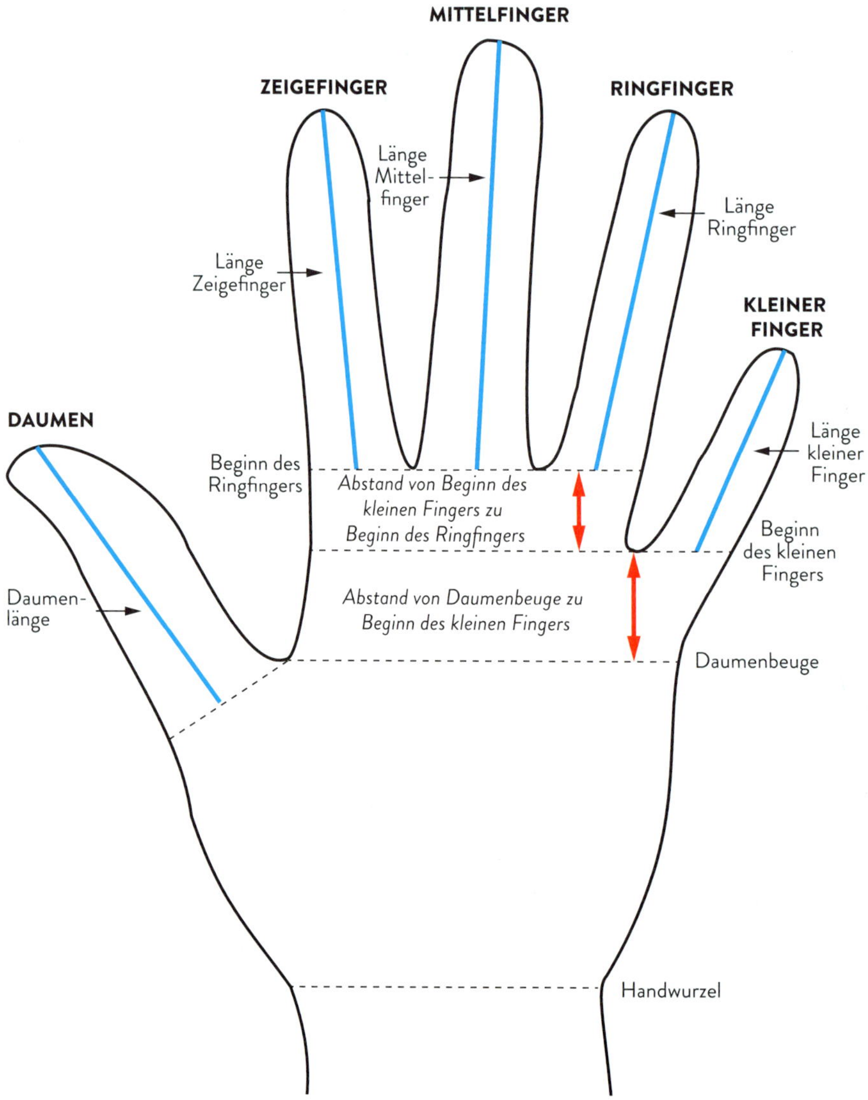

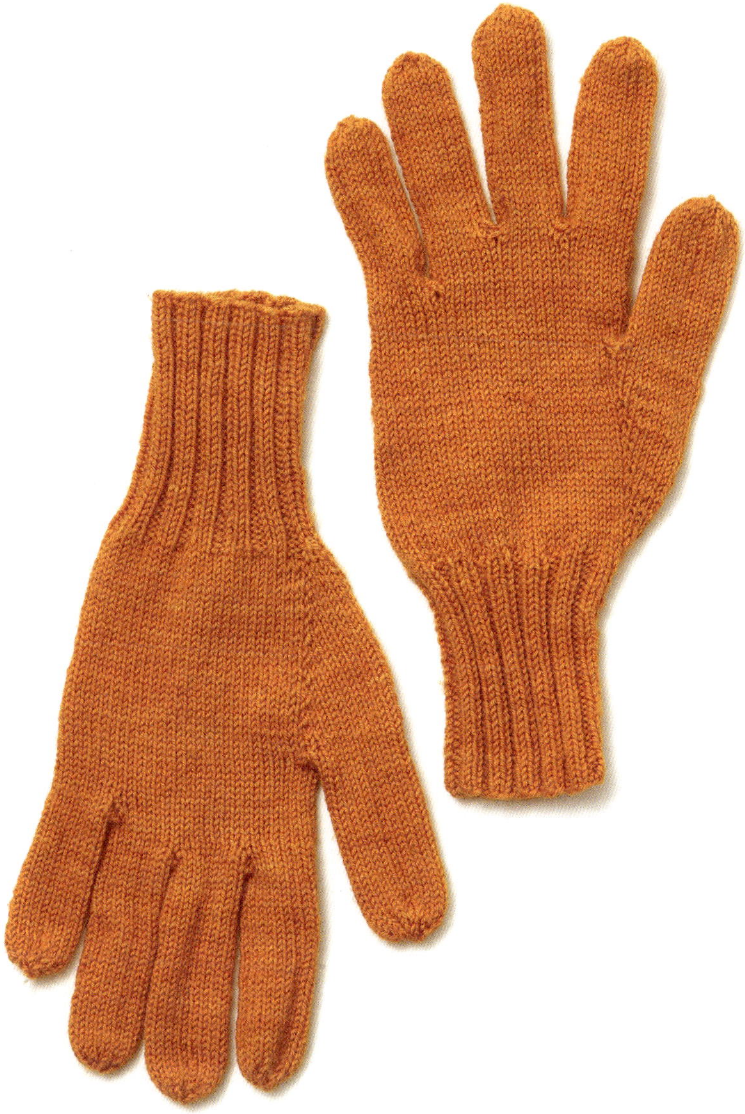

← BEISPIEL: Einfacher Fingerhandschuh

Designdetails
Ganzer Fingerhandschuh mit Bündchen in 2x2-Rippenmuster, Handpartie, Finger und Daumen glatt rechts gestrickt

Handumfang nach Fertigstellung
15 cm

Wolle
Indigodragonfly CaribouBaa (100% Superwash Merino; 398 m pro 100 g Strang), 1 Strang in Farbe Jaune D'Arc, Verbrauch: 159 m/42 g

Nadeln
2,25 mm

Maschenprobe
9,5 M pro 2,5 cm, glatt rechts gestrickt

→ Es gibt einen rechten und einen linken Handschuh. Der Dauemn ist leicht abgesetzt, für eine bessere Passgenauigkeit.

→ ***Anm:*** *Auch wenn Sie Bündchen und Handpartie mit dem Magic Loop oder auf zwei Rundstricknadeln stricken: Die Finger sollten Sie mit einem Nadelspiel stricken. Zu Einzelheiten siehe Kapitel 2, besonders ab Seite 26.*

Bündchen, untere Handpartie und Daumenkeil

Bis zum Stilllegen der Maschen für den Daumenkeil gehen Sie vor wie bei Fausthandschuhen. Sie haben jetzt ____ Handmaschen.

Gerade weiterstricken, bis die Handpartie bis zum kleinen Finger die gewünschte Länge erreicht hat. Wenn der Handschuh nicht anprobiert werden kann, richten Sie sich nach Tabelle 4.8.

GRUNDRUNDE FÜR DIE FINGER

NUR beim linken Fingerhandschuh: 1M re.

NUR beim rechten Fingerhandschuh: die letzten 2M der Runde wieder auftrennen.

Hier beginnt die nächste Runde, sobald Sie sicher sind, dass der Daumen gut hineinpasst.

Ausgehend von dem Beginn der Runde die Mitte der Runde finden: zählen Sie die Hälfte der Maschen ab und setzen Sie an die Stelle einen abnehmbaren Maschenmarkierer.

→ **Anm:** *Wenn Sie ein Fliptop stricken wollen, müssen Sie an dieser Stelle einen Hilfsfaden durch die Maschen des Handrückens fädeln, die dann später für die Spitze wieder aufgenommen werden. Fädeln Sie beim linken Handschuh den Hilfsfaden auf eine Sticknadel und ziehen Sie diesen durch die erste Hälfte der Maschen dieser Runde. Beim rechten Handschuh ziehen Sie den Hilfsfaden durch die zweite Hälfte der Maschen dieser Runde.*

In die Tabelle 4.9 zu Handmaschen schauen. In der folgenden Anleitung erfahren Sie, wie Sie die Angaben einsetzen müssen.

KLEINER FINGER

Nächste Runde: Bis zum in der Mitte der Runde platzierten MM rechts stricken, bis sich nur noch die für den kleinen Finger benötigte Maschenanzahl vor dem MM befindet. Die gerade gestrickten Maschen auf einem Hilfsfaden stilllegen. (Noch nicht zubinden, es kommen weitere Maschen hinzu.) Bis zur Mitte der Runde rechts stricken, den MM entfernen, und die Anzahl der für den kleinen Finger benötigten Maschen rechts stricken. Mit der Anschlagtechnik ins hintere Maschenglied (Wickelanschlag, siehe Glossar) die entsprechende Anzahl Aufnahme- & Anschlagmaschen anschlagen. Diese Maschen zwischen die gerade gestrickten und das Ende der Runde auf den Hilfsfaden schieben.

Die Anzahl der Maschen für den kleinen Finger sollte 2 x die Zahl für den kleinen Finger + Anzahl Aufnahme- & Anschlagmaschen sein. Beispiel: Wenn Ihre Handpartie aus 58 Maschen besteht, sollte der kleine Finger aus 16 Maschen bestehen. Die Zahl für den kleinen Finger ist 7 und die Aufnahme- & Anschlagszahl ist 2.

$$2 \times 7 + 2 = 16$$

Verteilen Sie die Maschen nach Belieben auf die Nadeln und schließen Sie die Runde.

Gerade weiterstricken bis zur gewünschten Länge – siehe dazu Tabelle 4.8 oder tatsächliche Maße.

„Geschlossene" Finger

Geschlossene Finger sollen knapp bis zu den Fingerspitzen reichen. Den Abschluss stricken, indem Sie rundum 2M re zus stricken, bis nur noch 5 Maschen übrig sind. Das Garn mit einem 15 cm langen Rest abschneiden, diesen mit der Sticknadel durch die 5 verbleibenden Maschen ziehen und vernähen.

„Offene" Finger

Etwa 2–2,5 cm oder bis zum mittleren Gelenk gerade weiterstricken.

Rippenrunde: [1M re, 1M li] rundum wiederholen.

Die Rippe bis zur gewünschten Länge so weiterstricken.

Im Rippenmuster abketten.

4.8 FINGERLÄNGE ORIENTIERUNGSHILFE *(in cm)*

Tatsächlicher Umf Handfläche	**15,2**	**16,5**	**17,8**	**19,1**	**20**	**21,2**	**23**	**24,1**	**25,4**	**26,7**	**27,9**
Abst von Handwurzel zu kl. Finger	**7,0**	**7,6**	**8,3**	**8,9**	**9,5**	**10,2**	**10,8**	**11,4**	**11,4**	**12,1**	**12,1**
Tatsächliche Länge kleiner Finger	**4,5**	**4,5**	**5,1**	**5,7**	**6,4**	**7,0**	**7,6**	**7,6**	**8,3**	**8,9**	**9,5**
Abst von kleinem Finger zu übrigen Fingern	**0,6**	**0,6**	**0,6**	**0,6**	**0,6**	**1,3**	**1,3**	**1,3**	**1,3**	**1,9**	**1,9**
Tatsächliche Länge Ringfinger	**5,1**	**5,7**	**6,4**	**7,0**	**7,6**	**8,3**	**8,9**	**9,5**	**10,2**	**10,8**	**11,4**
Tatsächliche Länge Mittelfinger	**5,7**	**6,4**	**7,0**	**7,6**	**8,3**	**8,9**	**9,5**	**10,2**	**10,8**	**11,4**	**12,1**
Tatsächliche Länge Zeigefinger	**5,1**	**5,7**	**6,4**	**7,0**	**7,6**	**8,3**	**8,9**	**9,5**	**10,2**	**10,8**	**11,4**
Tatsächliche Daumenlänge	**5,1**	**5,7**	**5,7**	**6,4**	**6,4**	**7,0**	**7,6**	**7,6**	**7,6**	**8,3**	**8,9**

OBERE HANDPARTIE

Die stillgelegten Maschen wieder aufnehmen und nach Bedarf auf Stricknadeln schieben. Mit der Vorderseite nach vorne neues Garn anschlingen, die entsprechende Anzahl Aufnahme- & Anschlagmaschen an der Fingerwurzel des kleinen Fingers aufnehmen und über die angeschlagenen Maschen rechts stricken. Die Maschen auf Nadeln verteilen und Runde schließen. Alle Maschen rechts stricken bis genau vor die aufgenommenen Maschen. Dort beginnt die neue Runde.

6 mm–2 cm (das Stück zwischen Fingerwurzel des kleinen Fingers und Fingerwurzel des Ringfingers) glatt rechts stricken. Wenn Sie unsicher sind, orientieren Sie sich an Tabelle 4.8.

RINGFINGER

Ab dem Rundenanfang die aufgenommenen Maschen und die Anzahl der Ringfingermaschen rechts stricken. Von hier aus die restlichen Maschen auf einen Hilfsfaden legen, bis am Ende der Runde nur noch die Ringfingermaschen übrig sind. Der Arbeitsfaden liegt jetzt zwischen den beiden aktiven Maschengruppen. Mit der Anschlagtechnik ins hintere Maschenglied die entsprechende Anzahl Aufnahme- & Anschlagmaschen anschlagen.

Die Gesamtanzahl der Ringfingermaschen sollte 2 x die Zahl für den Ringfinger + 2 x Aufnahme- & Anschlagmaschen sein. Beispiel: Wenn Sie 58 Handmaschen haben, sollten es 18 Ringfingermaschen sein. Die Zahl für den Ringfinger ist 7, und die Aufnahme- & Anschlagszahl ist 2.

$$(2 \times 7) + (2 \times 2) = 18$$

Die Maschen nach Belieben auf die Nadeln verteilen und Runde schließen. Weiter so verfahren wie beim kleinen Finger.

MITTELFINGER

Von den stillgelegten Maschen von beiden Seiten des Hilfsfadens die entsprechende Anzahl Mittelfingermaschen auf zwei Nadeln (eine für jede Seite) schieben. Mit der rechten Seite der Strickerei nach oben neues Garn anschlingen, die entsprechende Anzahl Aufnahme- & Anschlagmaschen an der Fingerwurzel des Ringfingers aufnehmen und über die angeschlagenen Maschen rechts stricken. Mit der Anschlagtechnik ins hintere Maschenglied die entsprechende Anzahl Aufnahme- & Anschlagmaschen anschlagen.

4.9 FINGER MASCHENANZAHL AUFNAHME & ANSCHLAG

Hand M	AU + AN #	Kleiner Finger #	Ringfinger #	Mittelfinger #	Zeigefinger#
28	1	3	3	4	4
30	1	4	3	4	4
32	1	4	3	4	5
34	1	4	4	4	5
36	1	4	4	5	5
38	2	4	4	5	5
40	2	5	4	5	6
42	2	5	5	5	6
44	2	5	5	6	6
46	2	6	5	6	6
48	2	5	5	7	7
50	2	6	6	6	7
52	2	6	6	7	7
54	2	7	6	7	7
56	2	7	6	7	8
58	2	7	7	7	8
60	3	7	7	8	8
62	3	8	7	8	9
64	3	8	7	8	8
66	3	8	8	8	9
68	3	8	8	9	9
70	3	9	8	9	9
72	3	9	8	9	10
74	3	9	9	9	10
76	3	9	9	10	10
78	3	10	9	10	10
80	3	9	9	11	11
82	3	10	10	10	11
84	3	10	10	11	11
86	3	11	10	11	11
88	3	11	10	11	12
90	3	11	11	11	12
94	3	12	11	12	12
100	3	12	12	13	13

Die Gesamtanzahl der aktiven Mittelfingermaschen sollte 2 x die Zahl für die Mittelfingermaschen + 2 x Aufnahme- & Anschlagmaschen sein. Beispiel: Wenn Sie 58 Handmaschen haben, sollten es 18 Mittelfingermaschen sein. Die Zahl für den Mittelfinger ist 7 und und die Aufnahme- & Anschlagszahl ist 2.

$$(2 \times 7) + (2 \times 2) = 18$$

Die Maschen nach Belieben auf die Nadeln verteilen und Runde schließen. Weiter so verfahren wie beim kleinen Finger.

→ ***(2x2) Rippenstrick bei Fingern:*** *Die Maschenanzahl muss immer gerade, aber nicht unbedingt durch vier teilbar sein. Wenn Sie am Bündchen 2x2-Rippen gestrickt haben, können Sie bei den Fingern entweder 1x1-Rippen stricken oder schummeln. Mehr Informationen finden Sie in dem Kasten zum gefälschten 2x2-Rippenmuster auf Seite 47.*

BEISPIEL: Einfacher fingerloser Handschuh →

Designdetails

Fingerhandschuh mit 1x1-Rippenkante, offenen Fingern mit gerippten Abschlussbündchen. Der Handschuh hat offene Finger und Daumen. Die Bündchen am Handgelenk und an den Fingern sind in 1x1- oder 2x2-Rippenmuster gestrickt.

Handumfang nach Fertigstellung

16,5 cm

Wolle

Mrs. Crosby Hatbox (75% Superwash Merino, 15% Seide, 15% Kaschmir; 290 m pro 100 g Strang), 1 Strang in Farbe Vintage Port, Verbrauch: 130 m/44 g

Nadeln

3,25 mm

Maschenprobe

7,5 M pro 2,5 cm glatt rechts gestrickt

ZEIGEFINGER

Die restlichen stillgelegten Maschen wieder auf die Nadeln schieben. Mit der Vorderseite nach vorne neues Garn anschlingen und die entsprechende Anzahl Aufnahme- & Anschlagmaschen an der Fingerwurzel des Mittelfingers aufnehmen und über die angeschlagene(n) Masche(n) rechts stricken.

Die Gesamtanzahl der aktiven Maschen für den Zeigefinger sollte 2 x die Zahl für den Zeigefinger + Anzahl Aufnahme- & Anschlagmaschen betragen. Beispiel. Wenn Sie 58 Handmaschen haben, sollten es 18 Zeigefingermaschen sein. Die Zahl für den Zeigefinger ist 8 und die Anzahl Aufnahme- & Anschlagmaschen ist 2.

$$(2 \times 8) + 2 = 18$$

Die Maschen nach Belieben auf die Nadeln verteilen und Runde schließen. Weiter so verfahren wie beim kleinen Finger.

DAUMEN

Siehe Grundanleitung Fausthandschuh, Seite 48.

Fertigstellung

Die Handschuhe zum Glätten waschen.

Die Fäden vernähen, dabei mit den Enden an den Daumen- und Fingerwurzeln die Lücken schließen.

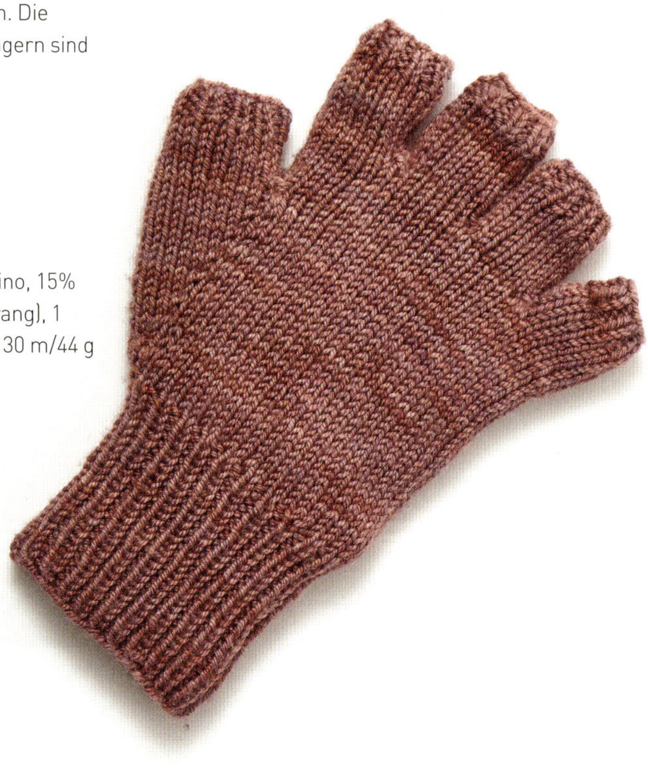

Nach Maß gestrickte Fingerhandschuhe

Mit ein sechs weitere Längenmaße kann man Fingerhandschuhe nach Maß anfertigen.

- → Vom Handgelenk bis zur Fingerwurzel des kleinen Fingers
- → Von der Fingerwurzel des kleinen Fingers bis zur Fingerwurzel des Ringfingers
- → Länge der einzelnen Finger: kleiner Finger, Ringfinger, Mittelfinger, Zeigefinger

Die Handmaschen müssen auf die einzelnen Finger aufgeteilt werden. Dazu schauen Sie in die Tabelle 4.9 zu Handmaschen. Liegt die Maschenanzahl für die Handpartie zwischen 28 und 90, kann man nach der Tabelle arbeiten. Maschenanzahlen unter 28 sind zu gering, um diese sinnvoll und proportional in Maschengruppen für Finger aufzuteilen – Sie sollten Ihren Plan, Fingerhandschuhe zu stricken, aufgeben. Bei 92, 96, 98 oder über 100 Maschen müssen Sie diese selbst aufteilen wie folgt:

Wenn die Anzahl der Handmaschen zwischen 90 und 100 liegt, ist die Anzahl der Aufnahme- & Anschlagmaschen 3; sind es mehr als 100, ist sie 4.

Die Anzahl der Handmaschen durch 8 teilen. Das ist die Grundzahl pro Finger. Beispiel

$$96 : 8 = 12$$

Es gibt vier mögliche Ergebnisse. Entweder endet das Ergebnis wie im Beispiel mit einer ganzen Zahl oder es endet auf 0,25, 0,5 oder 0,75.

Das Ergebnis ist eine glatte, gerade Zahl

Kleiner Finger und Ringfinger =
Grundanzahl pro Finger – 1

Mittelfinger und Zeigefinger =
Grundanzahl pro Finger + 1

Beispiel: Ist die Grundanzahl pro Finger 12, dann bekommen Ringfinger und kleiner Finger je 11, Mittel- und Zeigefinger je 13.

Die Zahl endet mit 0,25

Kleiner Finger, Mittelfinger, Ringfinger =
Grundanzahl pro Finger abgerundet

Zeigefinger =
Grundanzahl pro Finger aufgerundet

Beispiel: Die Grundanzahl ist 12,25. Kleiner Finger, Ringfinger und Mittelfinger bekommen je 12, der Zeigefinger 13.

Die Zahl endet mit 0,5

Kleiner Finger und Ringfinger =
Grundanzahl pro Finger abgerundet

Mittelfinger und Zeigefinger =
Grundanzahl pro Finger aufgerundet

Beispiel: Die Grundanzahl ist 12,5. Kleiner Finger und Ringfinger bekommen je 12, Mittel- und Zeigefinger je 13.

Die Zahl endet mit 0,75

Kleiner Finger, Mittelfinger, Zeigefinger =
Grundanzahl pro Finger aufgerundet

Ringfinger =
Grundanzahl pro Finger abgerundet

Beispiel: Die Grundanzahl ist 12,75. Kleiner Finger, Mittel- und Zeigefinger bekommen je 13, der Ringfinger 12.

Wenn Sie diese Zahlen berechnet haben, können Sie nach der Anleitung vorgehen.

Maße schätzen für Fingerhandschuhe

Wenn Sie Fingerhandschuhe ohne konkrete Maßangaben stricken wolllen, können Sie, ausgehend von einer beliebigen Handlänge, die Proportionen wie folgt kalkulieren:

Länge von der Handwurzel zum Beginn des kleinen Fingers = Handlänge x 0,45

Länge von Beginn des kleinen Fingers bis zu Beginn des Ringfingers = Handlänge x 0,04

Länge des kleinen Fingers = Handlänge x 0,31

Länge des Ringfingers = Handlänge x 0,38

Länge des Mittelfingers = Handlänge x 0,4

Länge des Zeigefingers = Handlänge x 0,38

KAPITEL 5

ACCESSOIRES & DESIGN NACH MASS

Hier finden Sie Anleitungen für maßgestrickte Babyfäustlinge, abgewandelte Rippenmuster und besonders geformte einzelne Handschuhpartien.

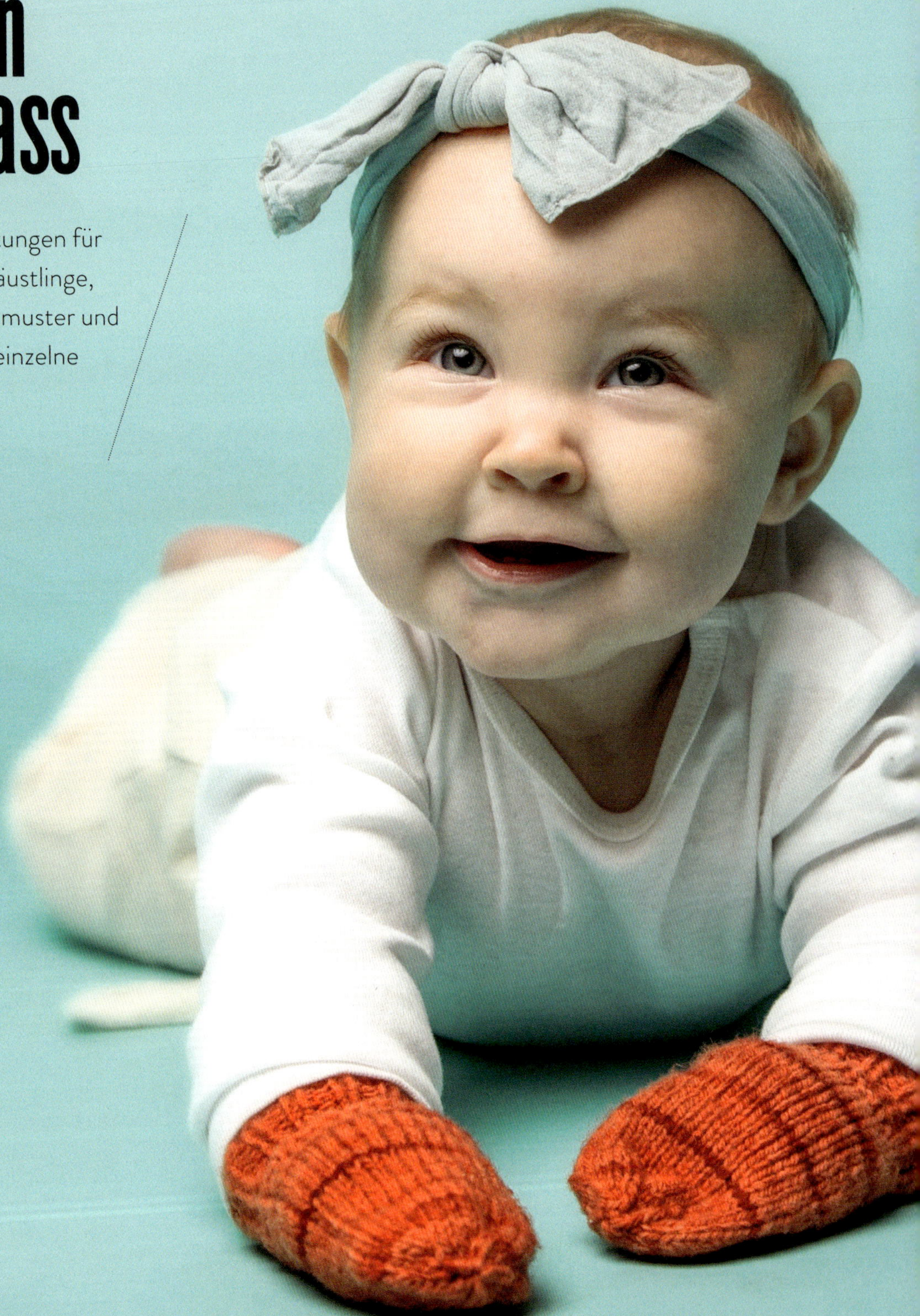

GRÖSSEN NACH MASS

Babyhandschuhe

Bis zum 15. oder 16. Lebensmonat brauchen Babys in der Regel keine Daumen an den Handschuhen, ihre Hände sind zu klein dafür und sie brauchen noch nicht die volle Bewegungsfreiheit. Dadurch sind die Fäustlinge sehr viel einfacher zu stricken!

Machen Sie auch hierfür eine Maschenprobe. Bei Babyhandschuhen sollten es 5–9 Maschen pro 2,5 cm sein. Ist das Garn zu dick, kann man die Handschuhe nicht über die kleinen Händchen ziehen.

GRUNDANLEITUNG FÜR BABYHANDSCHUHE

Die Maschenanzahl entsprechend Maschenprobe und Größe entnehmen Sie Tabelle 5.1.

Mit einer elastischen Anschlagtechnik (siehe Seite 30) schlagen Sie _____ Bündchen- und Handmaschen an. Teilen Sie die Maschen zum Rundstricken auf die Nadeln auf. Notieren oder markieren Sie den Rundenanfang.

Rippenrunde: [1M re, 1M li] rundum wiederholen.

Mit dem Rippenstrick fortfahren, bis das Bündchen 4 cm lang ist oder die gewünschte Länge erreicht hat.

Nächste Runde, Zunahme für Handpartie: Rechts stricken, die Zunahmen gleichmäßig in der Runde verteilen, um auf die notwendige Maschenanzahl für die Handpartie zu kommen. Siehe dazu Tabelle 4.3

Weiterstricken, bis der Handschuh die gewünschte Länge erreicht hat. Wenn Sie die Hände nicht messen können, richten Sie sich nach Tabelle 5.2.

Nach der Grundanleitung für Fausthandschuhe, Handpartie, geschlossene Handschuhe auf Seite 46 verfahren.

Bündchen anpassen

Siehe dazu auch „Anderer Handgelenksumfang" auf Seite 11.

KÜRZERE BÜNDCHEN

Bündchen zu kürzen ist einfach: Stricken Sie einfach weniger. Zu kurz sollten sie allerdings nicht werden, sonst sitzen die Handschuhe nicht richtig. Stricken Sie nicht weniger als die Hälfte der empfohlenen Länge.

LÄNGERE BÜNDCHEN

Radfahrer und andere aktive Menschen wünschen sich oft längere Bündchen – Ärmel können hochrutschen und die Handgelenke freilegen.

5.1 MASCHENANZAHL FÜR BABYHANDSCHUHE

MASCHENPROBE	*M pro cm*	12,7	14	15,2	16,5	17,8	19,1	20	22,9
	Rnd pro cm	17,8	19,1	20	21,2	22,9	25,4	27,9	30,5
ALTER/GRÖSSE	*Bündchen M*	20	20	24	24	28	28	32	32
Säugling bis 9 Monate:	*Hand M*	22	24	28	30	32	34	36	40
11,5 cm Handumfang nach Fertigstellung	*M für Abschluss*	20	20	25	30	30	30	35	40
	Abschluss Beginn Abn	2	4	3	0	2	4	1	0
	M in Abngruppe	4	4	5	6	6	6	7	8
9 bis 18 Monate:	*Bündchen M*	20	24	24	28	28	32	32	36
12,5 cm Handumfang nach Fertigstellung	*Hand M*	26	28	30	32	36	38	40	46
	M für Abschluss	25	25	30	30	35	35	40	45
	Abschluss Beginn Abn	1	3	0	2	1	3	0	1
	M in Abngruppe	5	5	6	6	7	7	8	9

5.2 LÄNGE DER HANDSCHUHE NACH ALTER

Alter	Länge Fäustling (ohne Bündchen)
0 bis 3 Monate	**8,3 cm**
3 bis 6 Monate	**8,9 cm**
6 bis 9 Monate	**9,5 cm**
9 bis 12 Monate	**10,2 cm**
12 bis 18 Monate	**11,4 cm**

Bei Bündchen von Kinderhandschuhen spielt die Länge keine Rolle, hier sollten Änderungen nicht notwendig sein. Bündchen für Erwachsenenhandschuhe können bis zu einer Länge von 13–15 cm gestrickt werden wie in der Anleitung beschrieben. Sollen die Bündchen länger sein, müssen Sie den größeren Umfang der Unterarme berücksichtigen und mit mehr Maschen beginnen.

EXTRALANGE BÜNDCHEN

Entscheiden Sie, wie lang das Bündchen werden soll und messen Sie ab, wie weit über dem Handgelenk es enden wird. Messen Sie an dieser Stelle den Umfang des Unterarms. Damit errechnen Sie den Umfang des Anschlags für das Bündchen.

Anschlagmaschen & oberes Bündchen = Armumfang x 0,9 x Maschen pro 2,5 cm

Abrunden auf das nächste Vielfache von 4. Dadurch bekommt das Bündchen ein leichtes negatives Spiel, sodass es nicht rutscht.

Soll das Bündchen lockerer sein, lassen Sie den Faktor 0,9 weg und rechnen wie folgt:

Anschlag & oberes Bündchen = Armumfang x Maschen pro 2,5 cm

Abrunden bis zum nächsten Vielfachen von 4.

Abnahme: Anzahl und Verteilung

Beispiel: Wenn Sie ein leicht anliegendes, längeres Bündchen stricken wollen, Ihr Armumfang am Rand des Bündchens 30 cm beträgt und Sie 6 M pro 2,5 cm haben, rechnen Sie Armumfang x 0,9 x Maschen pro 2,5 cm = 20 x 0,9 x 6 = 62. Das runden Sie auf 60 ab. (Wenn die Rechnung glatt aufgeht, nicht auf- oder abrunden!)

Berechnen Sie die Maschenanzahl, die Sie am Handgelenk haben müssen. Nutzen Sie dazu die Tabellen oder die Formel.

Dann müssen Sie über die Bündchenpartie verteilt abnehmen, um von den ____ Anschlag & oberes Bündchen zu ____ Bündchenmaschen zu gelangen.

Wenn Sie zum Beispiel mit 6 M pro 2,5 cm arbeiten und einen Handschuh von 18 cm Umfang stricken, brauchen Sie am Bündchen 36 Maschen. Ist die Zahl für Anschlag & oberes Bündchen 56, schlagen Sie 56 Maschen an und nehmen im Verlauf des Bündchens 20 davon ab, um auf 36 zu kommen.

Dabei gibt es zweierlei zu bedenken: Wie oft Sie abnehmen müssen und welches Muster Sie stricken, das heißt, wo und wie Sie abnehmen sollten.

Beginnen wir mit der Verteilung der Abnahmen. Es ist üblich, in einer Abnahmerunde je 2 Maschen abzunehmen, das ist gut zu rechnen. Stellen Sie zunächst fest, wie viele Runden das Bündchen hat.

Nehmen Sie die Länge mal der Maschenprobe der Runde. Beispiel: Ein 20 cm langes Bündchen mit 6M/8 Rnd pro 2,5 cm – 8 x 8 = 64 Runden. Dann rechnen Sie aus, in wie vielen Runden Sie abnehmen müssen. Nehmen Sie die Anzahl der abzunehmenden Maschen und teilen Sie diese durch 2.

In unserem Beispiel sind das 20 : 2 = 10. Sie haben also 10 Abnahmerunden, die Sie auf die 64 Runden verteilen müssen.

Die Runden werden in Abständen (Abnahmerunden + 1) gestrickt.

Wenn sich das glatt aufteilen lässt, können Sie loslegen.

Beispiel: Wenn Sie über 66 Runden 10 Abnahmen stricken müssen, funktioniert das so:

$$66 : (10 + 1) = 66 : 11 = 6$$

Das bedeutet, dass Sie vorgehen wie folgt: Stricken Sie alle sechs Runden eine Abnahme und nach der letzten Abnahmerunde noch sechs weitere Runden.

Das heißt: 10 x [5 glatte Runden, 1 Abnahmerunde], 6 glatte Runden.

Im Beispiel weiter oben geht die Rechnung nicht glatt auf.

$$64 : (10 + 1) = 64 : 11 = 5{,}81$$

Runden Sie das Ergebnis auf 5 ab.

In diesem Fall würden Sie also zehnmal in jeder fünften Runde abnehmen – 10 x [4 glatte Runden, 1 Abnahmerunde], bis die 64 Runden komplett sind.

[5 Runden x 10 ergibt 50 Runden, und dann noch 14 weitere glatt gestrickte Runden, um auf die vollen 64 Runden zu kommen].

Wenn Sie möchten, können Sie die zusätzlichen Runden auch in die Abstände einbauen, zum Beispiel so:

10 x [5 glatte Runden, 1 Abnahmerunde] und 4 glatte Runden.

Ein Vorteil ist, dass diese Partie nicht 100% akkurat sein muss. Solange Sie vor der Handpartie auf die benötigte Maschenanzahl kommen, ist alles in Ordnung.

Abnahme: Platzierung und Technik

Wenn Sie die Anzahl der notwendigen Abnahmen ermittelt haben, müssen Sie überlegen, wo Sie diese platzieren und welche Technik Sie anwenden wollen.

Wenn Sie ein Rippenmuster stricken (oder eine andere Kombination aus rechten und linken Maschen), sollte dieses soweit möglich erhalten bleiben, auch wenn Sie Abnahmen stricken. Bei 1x1-Rippen geht das am einfachsten und ordentlichsten.

Abnahmen im 1x1-Rippenmuster
Die Abnahmerunde bei 1x1-Bündchen sollte folgendermaßen aussehen:

Abnahmerunde: 2M abh, 1M re, Muster bis zu den letzten 3 M der Runde weiterstricken wie es erscheint, 2M zus, 1M li – 2 Maschen abgenommen.

Nach der ersten Abnahmerunde ist das Rippenmuster am Rundenanfang und -ende unregelmäßig, das reguliert sich aber nach der zweiten Abnahmerunde.

Abnahmen im 2x2-Rippenmuster
Wenn Sie in einer 2x2-Rippe abnehmen wollen, hängt die Verteilung davon ab, wie viele Abnahmerunden Sie stricken müssen.

Sehen Sie sich folgende Rechnung an:

(Anschlag & obere Bündchenmaschen - Bündchenmaschen): 8. Wenn sich eine glatte Zahl ergibt, beginnen Sie das Bündchen in 2x2-Rippen und stricken die Abnahmerunde wie folgt:

Abnahmerunde: 1M re, 2M abh, 1M re, bis zu den letzten 4 Maschen der Runde Maschen stricken, wie sie im Muster erscheinen, 2M zus str, 2M li – 2 Maschen abgenommen.

Nach der ersten, zweiten und dritten Abnahmerunde wird das Rippenmuster am Rundenanfang und -ende unregelmäßig sein, aber das reguliert sich nach der vierten Abnahmerunde wieder.

Wenn die Rechnung (Anschlag & obere Bündchenmaschen - Bündchenmaschen) : 8 keine glatte Zahl ergibt, macht geschicktes Anpassen das Ganze ordentlich.

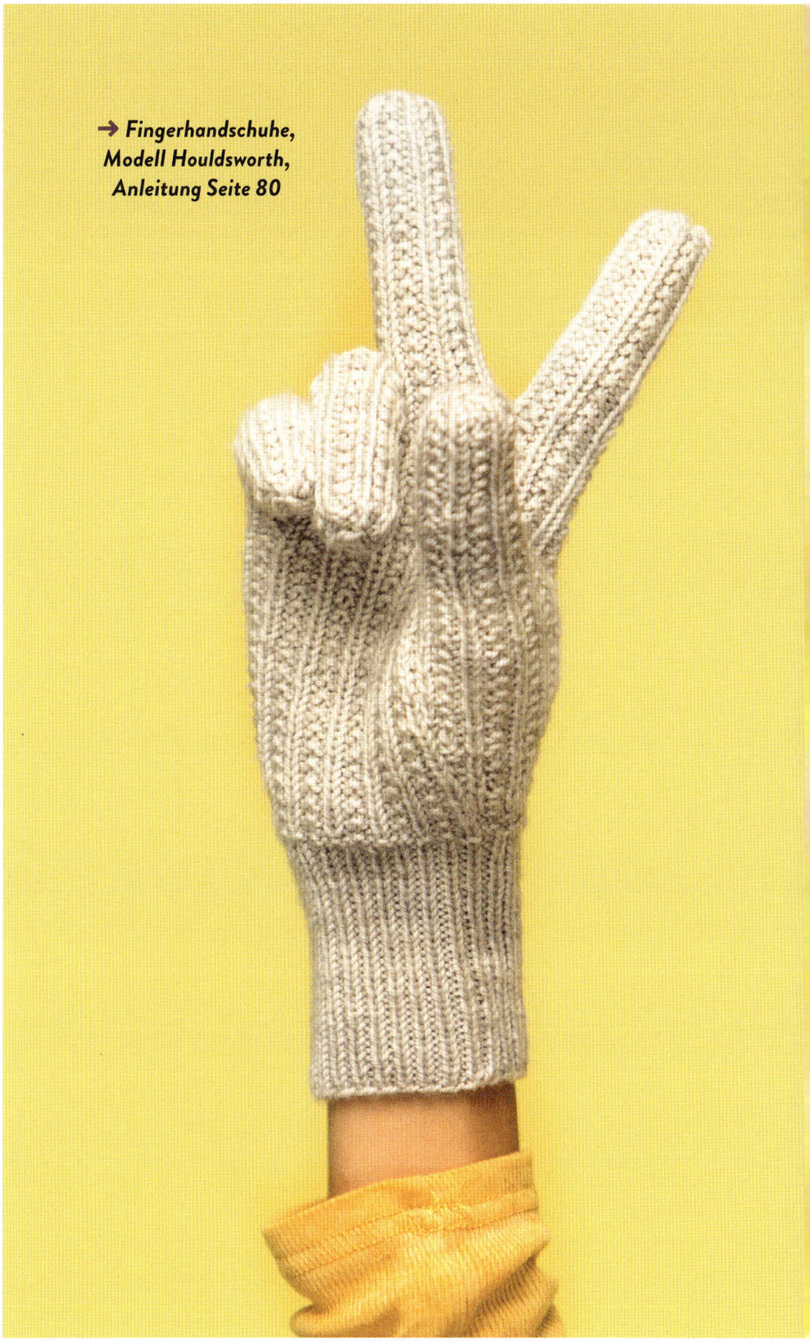

→ Fingerhandschuhe, Modell Houldsworth, *Anleitung Seite 80*

Verfahren Sie beim Bündchen wie folgt:

Rippenbündchen, obere Partie: 1M re, 1 M li, 1 M re, [2M li, 2M re] bis zu den letzten 5 Maschen, 2M li, 1Mre, 1M li, 1M re.

Stricken Sie dann die Abnahmerunde wie folgt: 2M abh, 1M re, Rippenmuster bis zu den letzten 2 M stricken wie es erscheint, 2M zus – 2 Maschen abgenommen.

Am Ende der Abnahmen haben Sie eine perfekte 2x2-Rippe.

Länge der Handpartie anpassen

Die Grundanleitungen für die Faust- und Fingerhandschuhe sind die Länge betreffend so konzipiert, dass sie gut sitzen. Die Länge lässt sich leicht variieren.

Siehe dazu auch „Handmaße und Passform" ab Seite 6.

In der Anleitung fangen Sie gleich nach dem Bündchen mit dem Daumenkeil an. Bei längeren Händen kann es sich anbieten, ein Stück glatt rechts zu stricken, bevor Sie für die Hand und die untere Partie des Keils zunehmen. Weitere Veränderungen sind nicht notwendig – stricken Sie einfach ein Stück glatt rechts, bevor Sie mit dem Keil beginnen.

Daumenkeil anpassen

Wenn sich Ihre Rundenprobe extrem von den in den Tabellen angebeben Maßen unterscheidet, oder Sie ungewöhnlich geformte Hände haben, können Sie auch die Form des Daumenkeils ändern.

Wenn Sie für ungewöhnlich geformte Hände stricken, messen Sie dazu die für den Keil wichtige Länge vom Handgelenk bis zur Daumenbeuge.

Sie können auch in Tabelle 1.1 die für den betreffenden Handumfang vorgesehene Länge des Daumenkeils nachschlagen.

Auf Basis der Rundenprobe können Sie die benötigte Anzahl Runden für die gewünschte Länge ausrechnen. Soll die Länge des Keils bei 5 cm liegen und sollte die Maschenprobe 8 Runden per 2,5 cm betragen, errechnen Sie die Zunahmen am Keil wie folgt: 2,5 x 8 = 20 Runden.

Mithilfe von Tabelle 4.1 können Sie die Anzahl der Keilmaschen ausrechnen.

DIE ZUNAHMEN FÜR DEN KEIL VERTEILEN

Der Keil beginnt mit einer Masche, und das Ziel ist immer eine ungerade Zahl.

Die Anzahl der Zunahmemaschen berechnen Sie, indem Sie 1 Masche von den Keilmaschen abziehen.

Beispiel: Wenn Sie 17 Keilmaschen haben, beträgt die Anzahl der Zunahmemaschen 17 - 1 = 16.

Die Anzahl der Zunahmerunden errechnet sich aus der „Anzahl der Zunahmemaschen" dividiert durch 2.

In dem Beispiel sind es 8 Zunahmerunden.

Dann müssen Sie die Zunahmerunden auf die Runden innerhalb des Keils verteilen.

In diesem Beispiel müssen Sie 8 Zunahmerunden auf 20 Keilrunden verteilen.

Nehmen Sie die Summe und teilen Sie diese durch die Zunahmerunden. Dann wissen Sie, in welchen Abständen die Zunahmen stattfinden müssen.

Beispiel: Wennn Sie 10 Zunahmerunden in insgesamt 20 Keilrunden stricken müssen, rechnen Sie 20 : 10 = 2, was bedeutet, dass Sie alle 2 Runden zunehmen müssen. 10 x (1 Zunahmerunde, 1 glatte Runde) = 20 Runden.

Aber die Wahrscheinlichkeit, dass die Rechnung nicht glatt aufgeht, ist größer.

In unserem Beispiel müssen Sie in 20 Runden 8 Zunahmerunden unterbringen.

20 : 8 = 2,5. Nehmen Sie die ganze Zahl, in diesem Fall die 2, als Ausgangszahl. Wenn Sie in jeder zweiten Runde eine Zunahmerunde stricken, haben Sie insgesamt 16 Runden:

8 x (1 Zunahmerunde, 1 glatte Runde) = 16 Runden.

Das sind aber 4 Runden weniger als die 20, die Sie insgesamt stricken müssen. Addieren Sie diese 4 Runden zu den Wiederholungen. Das ergibt:

4 x (1 Zunahmerunde, 1 glatte Runde), 4 x (1 Zunahmerunde, 1 glatte Runde) = 20 Runden.

Stricken Sie die näher zusammenliegenden Zunahmerunden, also die mit weniger glatten Zwischenrunden, immer zuerst.

Seien Sie nicht beunruhigt. Solange Sie die Gesamtanzahl benötigter Runden stricken und am Ende die richtige Maschenanzahl haben, ist alles im Lot! Wenn Sie ein bisschen mogeln müssen, wird das nicht auffallen.

Alternative Bündchenmuster

Bisher war immer nur von Bündchen im 1x1-oder 2x2-Rippenmuster die Rede. Bündchenmaschen sind immer ein Vielfaches von 4, jedes beliebige 2- oder 4-Maschen-Wiederholungsmuster ist denkbar.

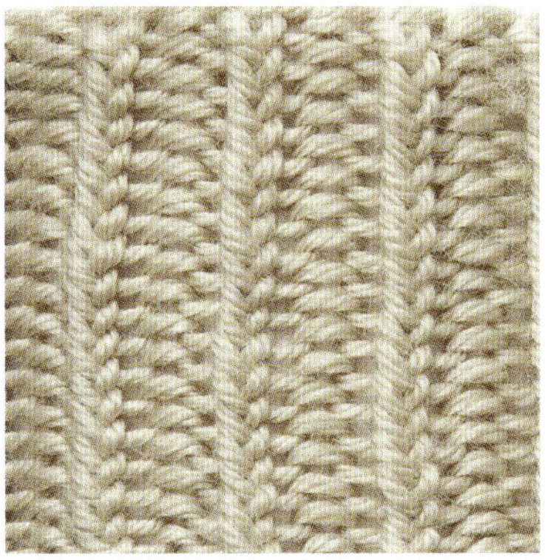

↑ Verschränkte 1x1-Rippe

Vielfaches von 2 Maschen

Alle Rnd: [1M re-hMG, 1M li] rundum wdh.

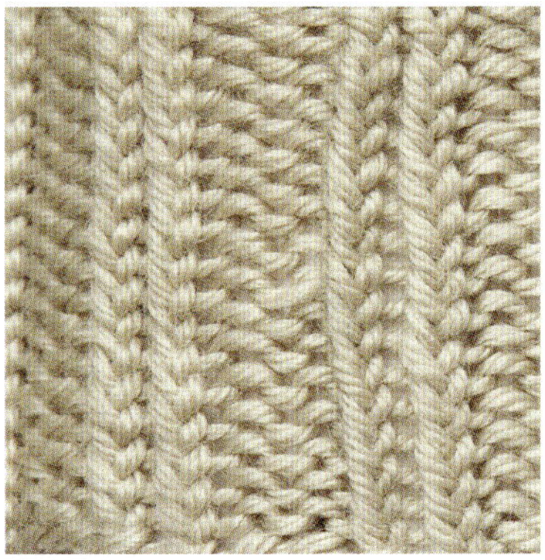

↑ Verschränkte 2x2-Rippe

Vielfaches von 2 Maschen

Alle Rnd: [1M re-hMG, 1M li] rundum wdh.

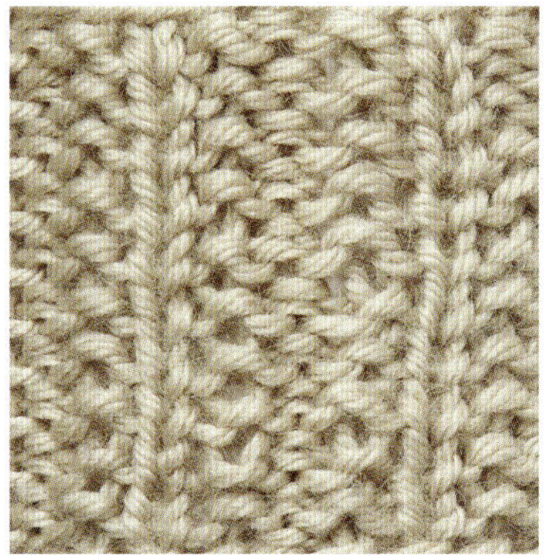

↑ Falsche Rippe

Vielfaches von 4 Maschen

Rnd 1: [2M re, 1M li, 1M re] rundum wdh.

Rnd 2: [1M re, 3M li] rundum wdh.

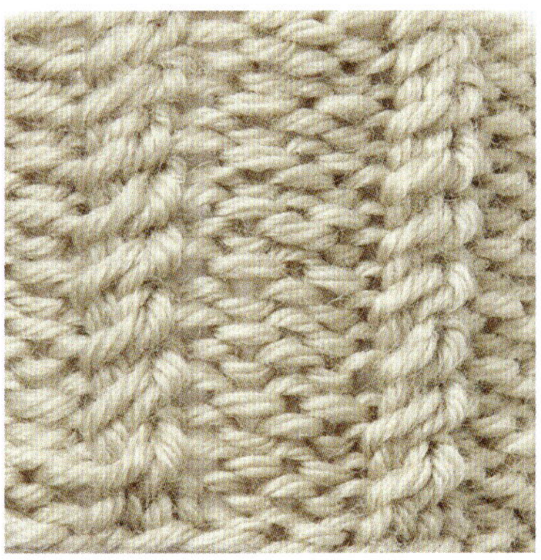

↑ Falsche enge Zopfrippe

Anleitung wie falsche Zopfrippe ohne Rnd 3 und 4.

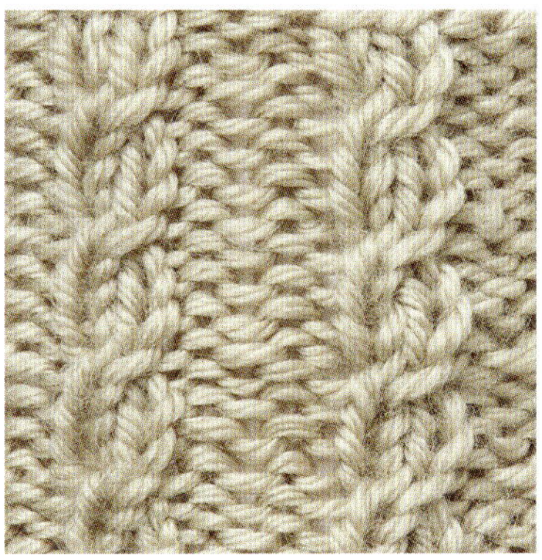

← Falsche Zopfrippe

Vielfaches von 4 Maschen, mit links oder rechts geneigten Zöpfen (2ZR oder 2ZL) (Abgebildet ist 2ZR.)

Rnd 1: [2M re, 2M li] rundum wdh.

Rnd 2: [2ZR, 2M li] rundum wdh.

Rnd 3 und 4: [2M re, 2M li] rundum wdh.

2ZR mit Zopfnadel gearbeitet: Nächste M auf Zopfnadel, hinter die Arbeit legen, 1M re, dann 1M re von Zopfnadel.

2ZR ohne Zopfnadel gearbeitet: Erste Masche überspringen und in das vordere Maschenglied der zweiten M stechen, die M auf der Nadel lassen. Kehren Sie zur ersten M zurück, stricken Sie sie und heben Sie beide M auf die li Nadel.

2ZL mit Zopfnadel gearbeitet: Nächste M auf die ZN gleiten lassen, vor die Arbeit legen, 1M re, dann 1M re von ZN.

2ZL ohne Zopfnadel gearbeitet: Erste M überspringen und zweite M durch das hintere Maschenglied stricken, aber M auf li Nadel belassen. Kehren Sie zurück zur ersten M, stricken Sie sie und heben Sie beide M auf die li Nadel.

ALTERNATIVE BÜNDCHENMUSTER *(Fortsetzung)*

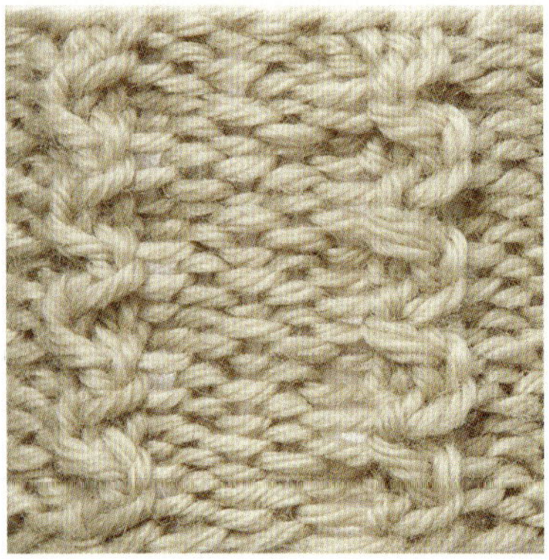

↑ Gewellte Rippe

(kombinieren Sie 2ZL und 2ZR, siehe falsche Zopfrippe)

Vielfaches von 4 Maschen.

Rnd 1: [2M re, 2M li] rundum wdh.

Rnd 2: [2ZR, 2M li] rundum wdh.

Rnd 3: [2M re, 2M li] rundum wdh.

Rnd 4: [2ZL, 2M li] rundum wdh.

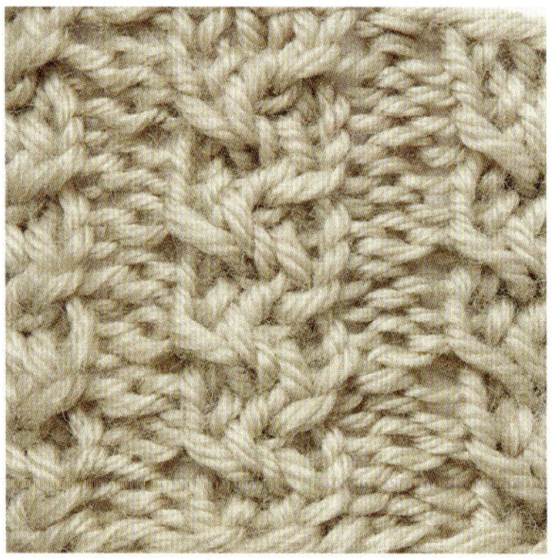

↑ 3-maschige falsche Zopfrippe

Vielfaches von 4 Maschen

Rnd 1: [3M re, 1M li] rundum wdh.

Rnd 2: [2ZR, 1M re, 1M li] rundum wdh.

Rnd 3: [3M re, 1M li] rundum wdh.

Rnd 4: [1M re, 2ZL, 1M li] rundum wdh.

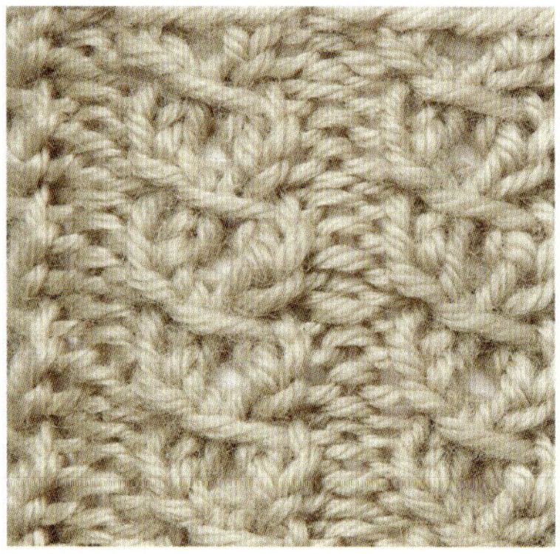

↑ Falscher Zopf mit Umschlag

Vielfaches von 4 Maschen

Rnd 1: [3M re, 1M li] rundum wdh.

Rnd 2: [1M li-abh, 2M re, abgeh M über gerade gearbeitete M heben, 1M li] rundum wdh.

Rnd 3: [1M re, 1U, 1M re, 1M li] rundum wdh.

Rnd 4: [3M re, 1M li] rundum wdh.

Handpartie nach Maß

In der Grundanleitung wird die Handpartie glatt rechts gestrickt. Sie können sie aber auch in einem Muster Ihrer Wahl stricken, wie auch in einigen der vorgestellten Modelle zu sehen ist.

Es gibt viele Muster, die sich für die Handpartie eignen, Muster mit viel Struktur wie große Zopfmuster oder sehr zarte Lacemuster sind jedoch am Handrücken besser aufgehoben. Die Modelle Hannett (Seite 114) und Forsyte (Seite 104) sind gute Beispiele. Bedenken Sie, ob ein Muster Sie dabei behindern könnten, die Hundeleine oder eine Tasse zu halten. In diesem Fall stricken Sie die Handfläche besser glatt rechts. Auch ein sehr kompliziertes Muster lohnt sich vor allem dort, wo man es am ehesten sieht (am Handrücken).

Wenn ein Muster einen Einfluss auf die Passform hat, müssen Sie gegebenenfalls die Maschenanzahl der Hand angleichen. Ist die Passform mit dem Muster lockerer, benötigen Sie weniger Maschen an der Handpartie. Ist sie enger, müssen Sie mit mehr Maschen arbeiten.

Wenn Sie das Muster auf der gesamten Handpartie stricken möchten, sehen Sie sich die Formeln zur Berechnung von Fausthandschuhen im Kapitel 4 an: Berechnen Sie die Bündchen nach der glatt rechts gestrickten Vorlage und die Handpartie nach der Mustervorlage.

Für eine nur zur Hälfte im Musterstrick gehaltene Handpartie müssen Sie zweimal rechnen: einmal die glatt rechts gestrickte Maschenprobe und einmal die für das Muster. Rechnen Sie für die Handfläche mit der Hälfte der glatt rechts gestrickten Maschenprobe und für den Handrücken die Hälfte der Muster-Maschenprobe. Stricken Sie Daumenkeil und Daumen ebenfalls glatt rechts und arbeiten Sie mit den Angaben in Tabelle 4.1.

ZUBEHÖR

Leitende Fasern

Beim Bedienen von Touchscreen-Geräten wie Smartphones fungiert die Haut als Leiter mit sehr niedriger Spannung. Gängige Garne bilden eine Barriere, durch die diese Spannung unterbrochen wird, weshalb die meisten Handschuhe das Bedienen solcher Geräte unmöglich machen. Wenn man aber an den Fingerspitzen der Handschuhe einen leitenden Faden mitlaufen lässt, wird die Spannung aufrechterhalten, und Sie können Ihr Telefon auch mit Handschuhen bedienen.

Es gibt solche Fäden auf verschieden großen Spulen im Fachhandel. Die Fasern basieren auf stark leitenden Materialien wie Kohlenstoff, Nickel, Silber oder rostfreiem Stahl, die oft mit Fasern wie Baumwolle oder Nylon versponnen sind, damit sie einfacher zu verarbeiten sind. Sie sind sehr dünn und können auf zweierlei Weise in Handschuhe eingearbeitet werden: den leitenden Faden an den betreffenden Stellen mit dem Strickgarn mitlaufen lassen, oder nachträglich einsticken. Wenn Sie den Faden mitlaufen lassen möchten, lassen Sie je 30 cm lange Restfäden stehen, wenn Sie den Faden anschlingen und abtrennen. Vernähen Sie diese an den Fingerkuppen, die Sie zum Bedienen des Telefons brauchen.

Überlegen Sie, wie Sie Ihr Smartphone bedienen: Vermutlich benutzen Sie überwiegend den Zeigefinger und den Daumen Ihrer dominanten Hand.

Kordel

Eine Kordel ist eine wunderbare Methode, Handschuhe nicht zu verlieren. (Kinder schaffen es trotzdem, weshalb Sie besser gleich drei Paare stricken.)

ANLEITUNG UMHÄNGEKORDEL

Sie brauchen:

- → 2 Strumpfnadeln oder eine kurze Rundstricknadel gleicher oder ähnlicher Stärke wie die für die Handschuhe verwendete – Stricken ist keine exakte Wissenschaft.
- → Eine etwas dünnere Häkelnadel
- → Zwei Knöpfe ø 1,25 cm
- → Zu den Knöpfen passendes Nähgarn
- → Nähnadel

4 Maschen anschlagen und dabei einen 20–25 cm langen Faden stehen lassen.

Die Kordel stricken wie folgt: *4M re, diese 4M zurück auf die linke Stricknadel schieben, ohne die Arbeit zu wenden; ab * wdh. Wenn das Stück fast die gewünschte Länge hat, fest abketten und ein weiteres langes Ende stehen lassen, wie am Anfang.

Einen Laufknoten in das abgekettete Fadenende machen. Sie müssen die beiden Enden unterscheiden können.

Die Kordel waschen.

An beiden Enden eine Knopfschlinge machen wie folgt: Mit der Häkelnadel durch das Ende des Fadens stechen, das Fadenende holen und eine Schlinge machen. Umschlag und den Faden durch die Schlinge ziehen – 1 Luftmasche gehäkelt. 4–5 Luftmaschen häkeln – gerade

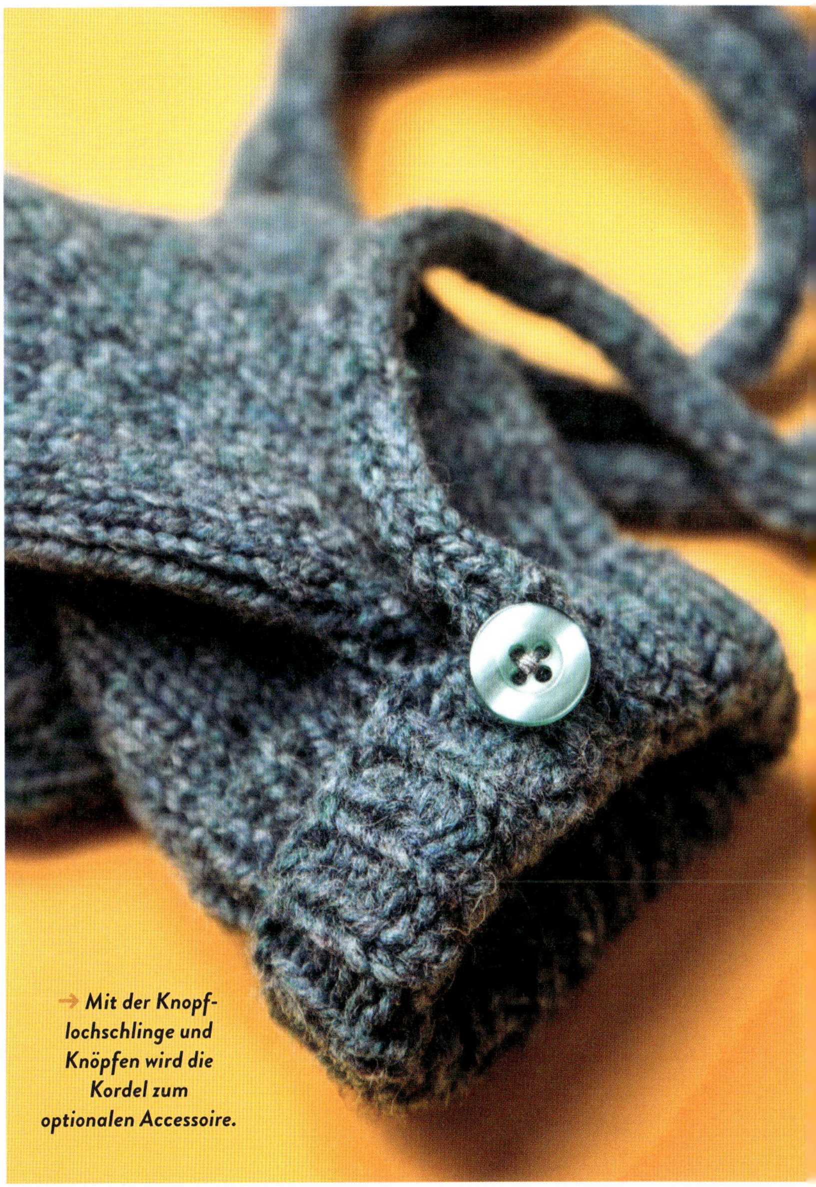

→ *Mit der Knopflochschlinge und Knöpfen wird die Kordel zum optionalen Accessoire.*

→ **Der Brustgurt wird über der Jacke getragen.**

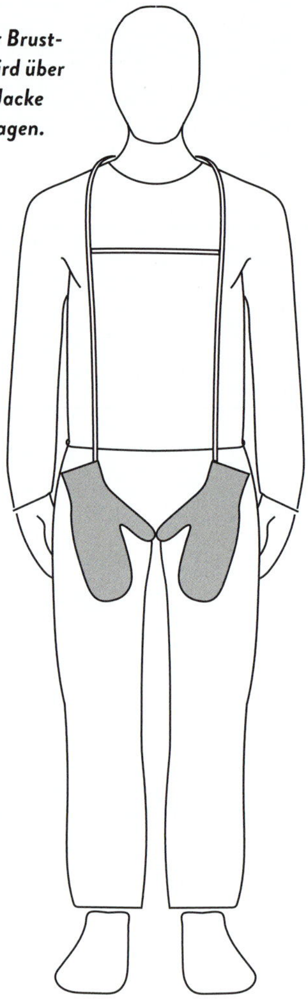

eben lang genug, um die Luftmaschenkette um den Knopf zu schlingen – dann die Luftmaschenkette und das Ende des Fadens verbinden, indem Sie die Häkelnadel durch das Fadenende stechen, diesen einholen und ganz durchziehen, um die Luftmaschenkette zu beenden.

Am Ende des Anschlags das Fadenende in der Kordel vernähen. Bevor Sie den Faden abschneiden, machen Sie einen kleinen Überhandknoten in das Fadenende, sodass es von der Kordel absteht, und schneiden es so ab, dass hinter dem Knoten noch etwa 6 mm Faden stehen bleiben. Sie werden sehen, dass die Kordel sich mit der Zeit unweigerlich in die Länge zieht, und mit diesem Trick können Sie ganz einfach das Ende erkennen, um es ein bisschen aufzutrennen und die Kordel zu kürzen.

Nähen Sie die Knöpfe an der Daumenseite etwa 1,25 cm unterhalb der Kante innen an die Bündchen. Knöpfen Sie die Kordel an die Handschuhe. Alternativ können Sie die Kordel auch mit Sicherheitsnadeln an den Handschuhen befestigen.

LÄNGE DER KORDEL

Bei Erwachsenen sollte die Kordel so lang sein wie die Arme der Person. Eine der symmetrischen Proportionen des menschlichen Körpers besteht darin, dass bei den meisten Erwachsenen die Spanne der Arme der Körpergröße entspricht.

Für die meisten Männer sollte demnach die Kordel 1,70–1,80 m lang sein. Für die meisten Frauen sollte sie 1,60–1,70 m lang sein. Wenn sie radfahrtauglich sein soll, gleichen ein paar Zentimeter mehr die zur Lenkstange ausgestreckte Armhaltung aus.

Für Kleinkinder können solche Kordeln gefährlich sein, aber dafür gibt es zwei einfache Lösungen.

Stricken Sie eine Kordel in voller Länge und befestigen Sie diese an der Innenseite der Jacke, zum Beispiel auf Höhe der Handgelenke, unter den Achseln und an ein paar Stellen am Rücken. Sie können die Kordel mit Sicherheitsnadeln befestigen oder annähen.

Oder Sie stricken zwei kürzere Kordeln, die Sie innen an den Armbündchen der Jacke befestigen. Es gibt spezielle Klammern zum Befestigen von Handschuhen, sie sind aber nicht unbedingt sicher. Benutzen Sie lieber Sicherheitsnadeln oder nähen Sie die Handschuhe an die Jacke.

BRUSTGURT

Der Brustgurt ist eine traditionelle Methode, Handschuhe griffbereit zu haben. Auf Fotos sieht man, dass er sogar zur Ausrüstung der Entdecker der Antarktis bei ihren Expeditionen in die Kälte gehörte.

Die Konstruktion wird nicht an der Jacke befestigt, sondern außen getragen, sodass man sie sofort abnehmen kann, wenn keine Handschuhe benötigt werden.

ANLEITUNG BRUSTGURT

Zwei Kordeln stricken. Die eine sollte von Achsel zu Achsel quer über die Brust reichen, die andere von Handgelenk zu Handgelenk, wenn die Arme nach unten hängen. Befestigen Sie die längere Kordel wie oben beschrieben an den Handschuhen und die kürzere in Höhe der Achseln zwischen den beiden Enden der längeren.

STOFFFUTTER

Man kann Handschuhe auch mit Stofffutter versehen, statt das Innenfutter zu stricken. Mit der Nähmaschine geht das sehr schnell und man braucht auch nur rudimentäre Nähkenntnisse.

Fleece, Flanell oder Wollfilz sind gut geeignet, außerdem kann man ausrangierte dünne Wollpullover zu ausgezeichnetem Handschuhfutter verarbeiten. Die Voraussetzung: Sie dürfen nicht maschinenwaschbar sein. Heiß gewaschen ergeben sie ein wunderbares, windundurchlässiges Futter für Ihre Handschuhe. Unten abgebildet ist ein Futter aus mitteldickem Polyesterfleece.

Sie brauchen:

- Papier und Bleistift für das Muster
- Etwa 0,5 m Stoff
- Passendes Nähgarn
- Stecknadeln und Stoffschere
- Eine Nähnadel zum Fertigstellen

Legen Sie den bereits gespannten Außenhandschuh auf ein Stück Papier und zeichnen Sie den Umriss ab. Das ist Ihre Schnittlinie.

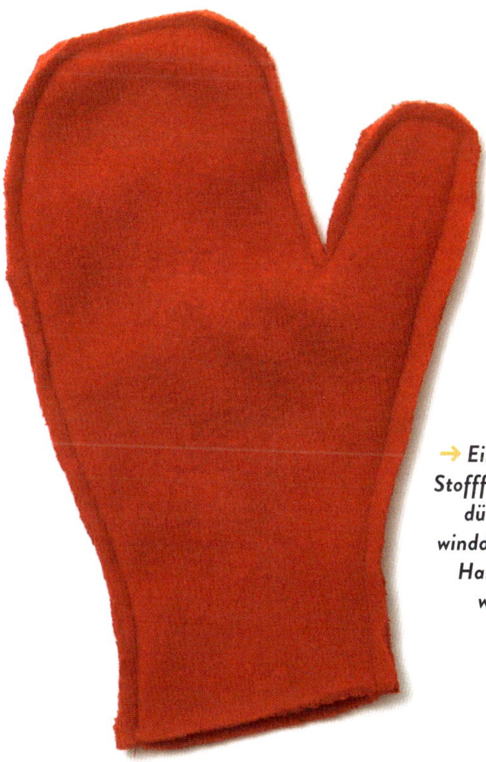

Ein einfaches Stofffutter macht dünne oder winddurchlässige Handschuhe wärmer.

Legen Sie den gewaschenen Stoff rechts auf rechts, stecken Sie die Schablone darauf und schneiden Sie zwei Formen aus. Wiederholen Sie diesen Schritt, sodass Sie vier Stücke haben.

Wenn Sie Flanell oder Webstoff verwenden, der sich auftrennen kann, nähen Sie eine schmale Zickzackumrandung oder Overlock an die Kanten.

Rechts auf rechts mit einer Nahtzugabe von 1,25 cm die Seitenkanten nähen.

Das Futter probehalber in den gestrickten Handschuh stecken, um die Länge zu prüfen und den Saum zu stecken. Schlagen Sie den Saum so um, dass er etwas kürzer ist als der Außenhandschuh und das Bündchen des Futters genau in das des Außenhandschuhs passt. Holen Sie das Futter wieder heraus und nähen Sie das Bündchen mit einmal umgeschlagener Oberkante fest.

Wenn das Futter an manchen Stellen etwas zu dick ist, können Sie die Nahtzugabe abschneiden. Sie sollten insbesondere die Ecke an der Beuge des Daumens genau zuschneiden, um Beweglichkeit und Passform sicherzustellen.

Das Futter mit Überwendlingsstich an den Handschuh nähen. Bei Bedarf zusätzlich von außen den Daumen und die obere Spitze annähen.

FLIPTOP

Sie brauchen zwei Zahlen: Die Bündchen M und die M der Handpartie jeweils geteilt durch 2. Nehmen Sie den Hilfsfaden, auf den Sie die M des Handrückens gelegt hatten. Mit diesem Garn als Vorlage ziehen Sie die Nadel durch diese M. Schlingen Sie den Arbeitsfaden an und stricken Sie die M re ab. Wenden Sie die Arbeit und schlagen Sie mit dem Zopfanschlag die Hälfte der Bündchen M an. Wieder wenden, sodass die VS nach vorne zeigt. Verteilen Sie die M nach Wunsch auf die N und schließen Sie die Rnd. Setzen Sie einen MM oder verteilen Sie die M so, dass Sie erkennen, wo die Handrücken M beginnen (die Sie aufgenommen haben) sowie den Anfang der Handfläche (die M, die Sie angeschlagen haben). Die Rnd beginnt am Anfang der Handrücken M.

Wenn Sie ein 1x1-Bündchen gestrickt haben, stricken Sie den unteren Rand der Aufklapp-Spitze wie folgt:

Unterkante Rnd: 1M li, re stricken bis zum Beginn der Handflächen M, [1M li, 1M re] bis zum RndE.

Wenn Sie das Bündchen in 2x2-Rippenmuster gestrickt haben, können Sie so fortfahren, auch für die untere Kante des Fliptops. Dann können Sie eins von zwei möglichen Mustern stricken. Ist die Anzahl angeschlagener Maschen (Hälfte der Bündchen M) durch 4 teilbar, arbeiten Sie wie folgt:

Unterkante Rnd: Um die Handflächen M zu beginnen, stricken Sie 1M li, [2M re, 2M li] bis zu lzt 2M, 2M re, 1M li.

Ist die Anzahl angeschlagener Maschen nicht durch 4 teilbar, arbeiten Sie wie folgt:

Unterkante Rnd: Um die Handflächen M zu beginnen, stricken Sie 2M li, [2M re, 2M li] bis zum Ende.

Für Kindergrößen arbeiten Sie 1,25 cm, für Erwachsenengrößen 2,5 cm, wie die M erscheinen.

Nächste Rnd, Z Handflächen M, glatt rechts: Stricken Sie re bis zum Beginn der Handflächen M. Dabei so zun, dass Sie die gesamte Maschenanzahl der Handpartie für die Spitze erreichen. Arbeiten Sie verkürzte R, um die Handflächenseite wie folgt zu formen.

Rnd 1: (VS) Re M bis 1 Handflächen M übrig bleibt, u&w.

Rnd 2: (RS) Li M bis 1 M vor Rückhand M, u&w.

Für Maße von 2,5–4,5 M pro 2,5 cm hier enden.

Rnd 3: (VS) Re str bis 1 M vor der zuvor gearbeiteten Wickel M, u&w.

Rnd 4: (RS) Li str bis 1 M vor der zuvor gearbeiteten Wickel M, u&w.

Für Maße von 5–7,5 M pro 2,5 cm hier enden. Für Maße von 8-9 M pro 2,5 cm die lzt beiden Rnd noch einmal arbeiten.

Alle Größen hier fortsetzen: rundum re str, dabei die Wickel M mit ihrem U zusammenstr.

Nur für rechten Handschuh, Abn: Re M bis zu Beginn der Handflächen M. Das ist der neue Reihenbeginn.

Nach der Grundanleitung für Fausthandschuhe, Handpartie, geschlossene Handschuhe auf Seite 46 verfahren.

Sie können die Spitze mit Klettverschluss sichern. Bei Klettband genügen 2,5 cm. Befestigen Sie die weiche Seite außen an der Handflächenseite der gerippten

BEISPIEL: Einfacher fingerloser Handschuh mit Fliptop →

Designdetails
Ein Fliptop (Handumschlag) an einem fingerlosen Fausthandschuh oder offenem Fingerhandschuh mit entsprechendem Fliptop-Daumen (siehe Anleitung auf Seite 75).

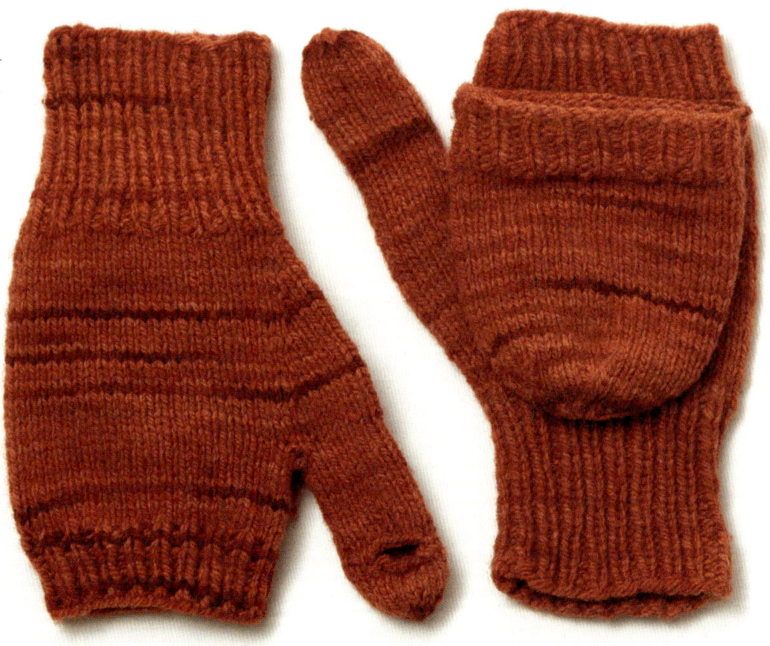

Handumfang nach Fertigstellung
16,5 cm

Wolle
Jill Draper Mohonk (100% New York State Cormo Wolle, 338 m/113 g Strang), 1 Strang in Farbe Blood Orange, Verbrauch: 178 m/60 g

Maschenprobe
6,5 M pro 2,5 cm glatt rechts gestrickt

Nadeln
2,75 mm

Oberkante des Handschuhs, die rauc Seite an der Innenseite der Rippe am aufklappbaren Teil der Spitze. Dieses Stück hakt sich fest, wenn die Spitze offen ist und verhindert, dass die Widerhaken das Gestrick beschädigen.

Ist die Spitze offen, schlagen Sie diese um, sodass ein kleiner Aufschlag entsteht.

Knopfloch am Fliptop

Gerade weiterstricken bis 2,5 cm unterhalb der Daumenspitze. Wenn Sie keine individuellen Maße haben, der Angabe in Tabelle 1.1 folgen.

M so verteilen, dass Sie auf einer Stricknadel die Handflächen M und auf der anderen die Handrücken M haben.

→ ***Tipp:*** *Wenn Sie unsicher sind,wo Handflächen- und Handrücken M geteilt werden müssen, schieben Sie die M auf einen Hilfsfaden oder ein Stück der Rundstricknadel und legen Sie den Handschuh mit ausgebreitetem Daumen flach hin. Dann sehen Sie den Übergang.*

Ist die Maschenanzahl kleiner als 16, verfahren Sie wie folgt:

Rnd 1: Bis zu den Daumen M an der Handflächenseite re str. Die M an der Handflächenseite abk – d. h., die Hälfte der Daumen M.

Rnd 2: Die restlichen M re str. In der Ecke am Anfang der beim Abketten entstandenen Lücke 1 M aufnehmen und re str. Mit der Anschlagtechnik ins hintere MG die gleiche Anzahl M anschl, die Sie abgekettet haben, dann zusätzlich am Ende der durch das Abketten entstandenen Lücke 1 M aufnehmen und re str, genau unterhalb der lzt abgeketteten Masche. Sie haben jetzt 2 M mehr als am Anfang der Rnd.

Rnd 3: Die M an der Handrückenseite re str bis zur ersten aufgn M, 2M zus, bis zur lzt aufgn Masche re str, dann die lzt angeschl M und die aufgn M zus str. Sie haben jetzt wieder die ursprüngliche Maschenanzahl am Daumenkeil.

Ist die Maschenanzahl 16 oder mehr, verfahren Sie wie folgt:

Rnd 1: Bis zu den Daumen M an der Handflächenseite re str. 1M re, dann alle bis zur lzt M an der Handflächenseite abketten – das heißt, die Hälfte der Daumen M minus 2.

Rnd 2: Die restlichen M re str. In der Ecke am Anfang der beim Abketten entstandenen Lücke 1 M aufn und re str; mit der hi MG-Methode die gleiche Anzahl M anschl, die Sie abgekettet haben, dann zusätzlich am Ende der durch das Abketten entstandenen Lücke 1 M aufnehmen und re str, genau unterhalb der lzt abgeketteten M. Sie haben jetzt 2 M mehr als am Anfang der Rnd.

Rnd 3: Die M an der Handrückenseite und die zusätzlich aufgn M an der Handflächenseite re str, 2 M zus, bis zur lzt aufgn Masche re str, dann die lzt angeschl M und die aufgn M zus str, 1M re. Sie haben jetzt wieder die ursprüngliche Maschenanzahl am Daumenkeil.

Daumen Fertigstellung

Gerade weiterstricken, bis der Daumen die gewünschte Länge hat. Wenn Sie keine individuellen Maße haben, der Angabe in Tabelle 1.1 folgen.

Den Daumen abschließen, indem Sie rundum 2M re zus str, bis nur noch 5 M stehenbleiben. Das Garn abschneiden und einen 15 cm langen Restfaden stehenlassen. Den Restfaden mit der Sticknadel durch die restlichen M fädeln und festziehen.

ZU- UND ABNAHMEN

Mithilfe der Tabellen rundum gleichmäßig zunehmen, wie es am Übergang vom Bündchen zur Handpartie und am Rippenbündchen am Fliptop erforderlich ist. Die Abnahmen, die am Übergang von der Handpartie zum Bündchen am oberen Rand von offenen Handschuhen erforderlich sind, ebenfalls mithilfe der Tabellen vornehmen.

Zunahme beim Fliptop

Die Unterkante des Fliptops bekommt an der Handflächenseite ein Rippenmuster und hat weniger Maschen. Beim Übergang zur glatt rechts gestrickten Partie wird wieder zugenommen, sodass die Maschenanzahl des gesamten Fliptops (Handrücken und Handfläche) die gleiche ist wie bei der Handpartie.

Beim Zunehmen gehen Sie wie bei den Zunahmen zwischen Bündchen und Handpartie nach der Methode 1ZM (siehe Glossar) vor. Siehe dazu auch Zu- und Abnahmetabellen 4.4 und 4.7.

KAPITEL 6

MODELLE

Wenn Sie bereit sind, die Grundanleitungen hinter sich zu lassen, wird es Zeit, weitere Techniken auszuprobieren, die in diesem Buch vorgestellt wurden. In diesem Kapitel finden Sie eine Reihe von Modellen, von leichten finger-losen Stulpen bis zu robusten, wärmeisolierenden Faust-handschuhen für Kinder und Erwachsene.

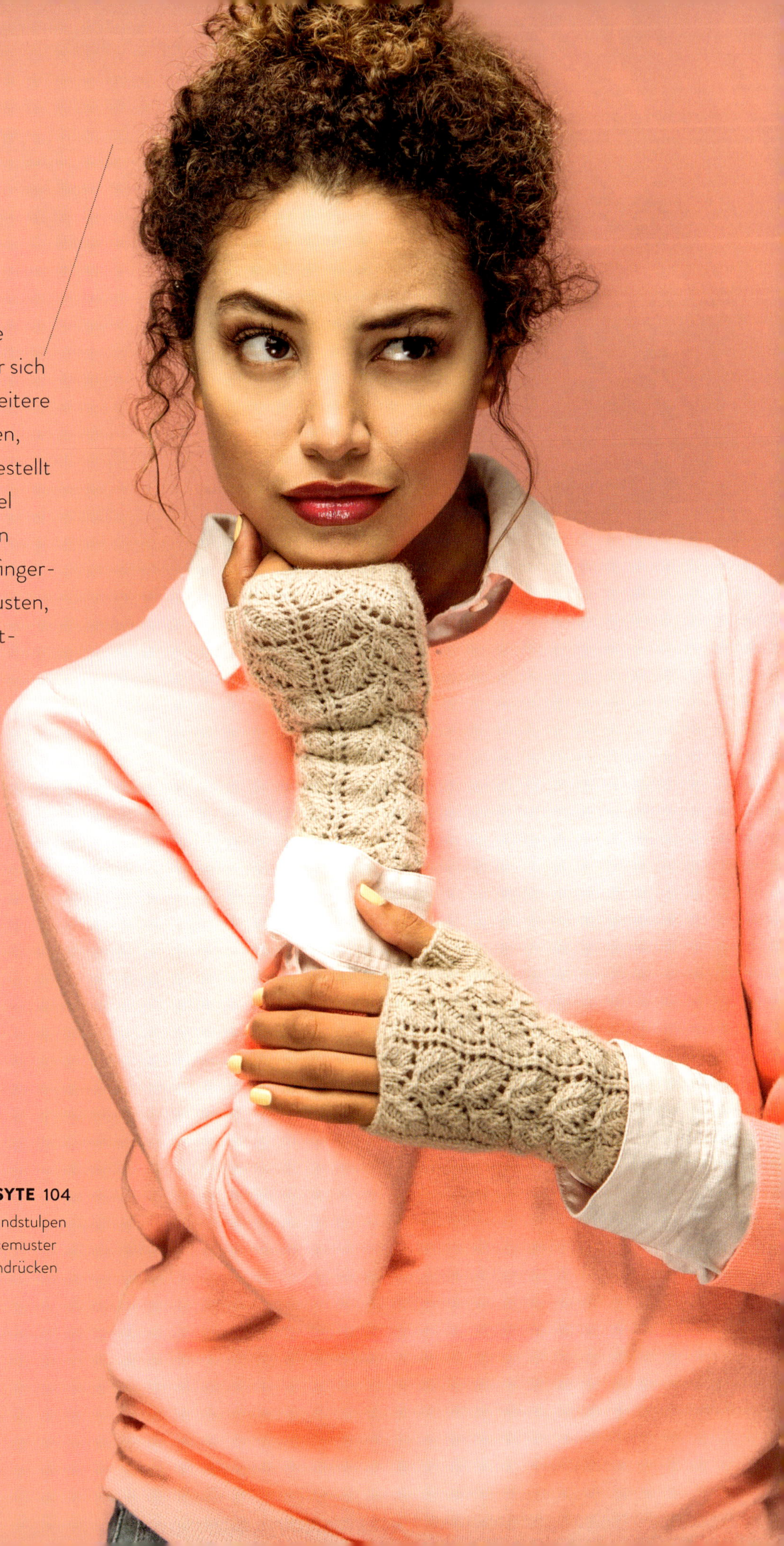

→ **FORSYTE** 104
Zarte Handstulpen mit Lacemuster am Handrücken

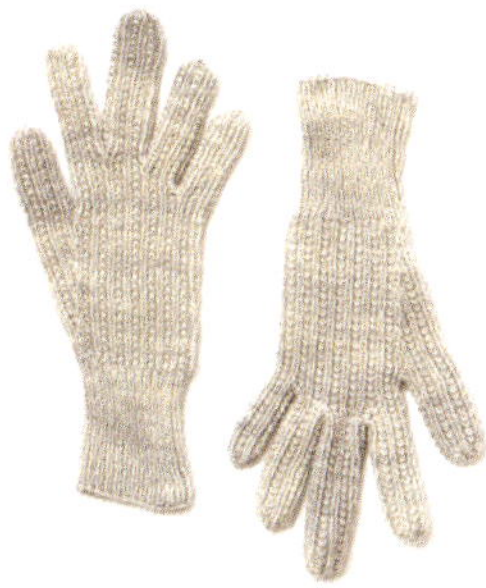

HOULDSWORTH 80

Klassische Fingerhandschuhe mit Rippenmuster

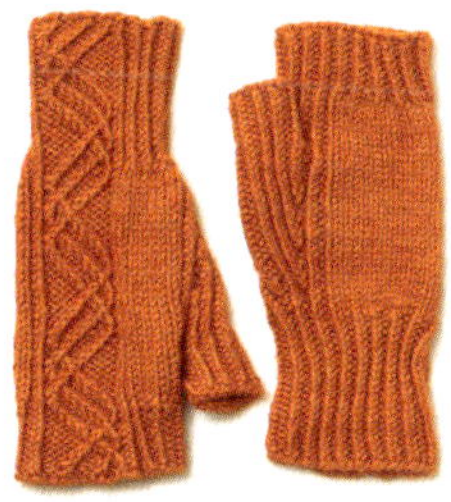

TWISTING 86

Fingerlose Handstulpen mit verschränktem Zopfmuster

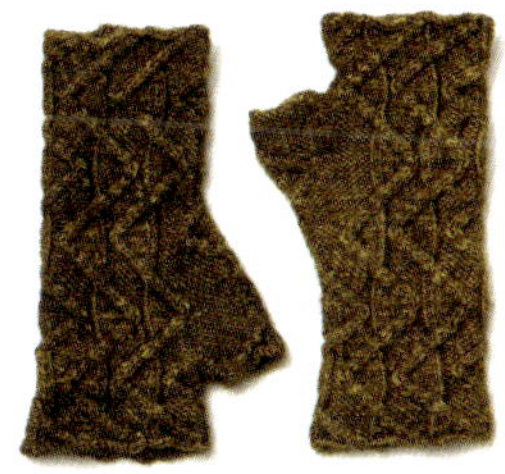

WINSTANLEY 92

Fingerlose Handstulpen mit Zopfmuster und besonderem Daumenkeil

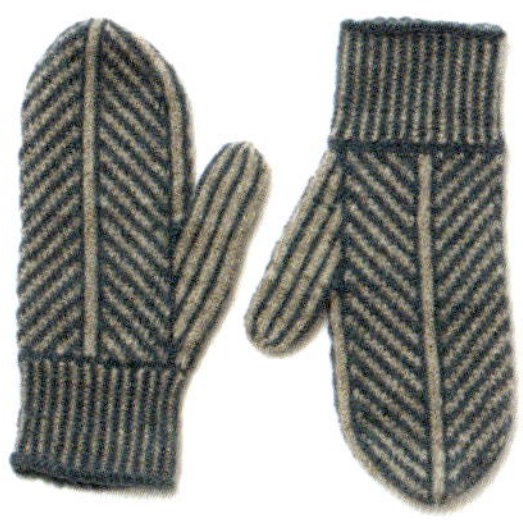

GUILLEMET 98

Fausthandschuhe mit geometrischem Muster

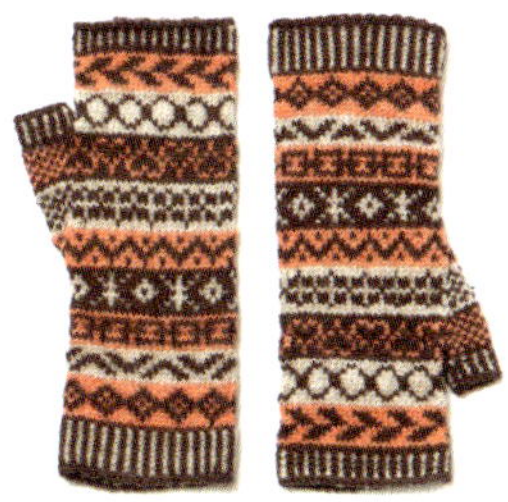

BRAEWICK 108

Fingerlose Handstulpen mit Fair-Isle-Muster und geriffelter Rippe

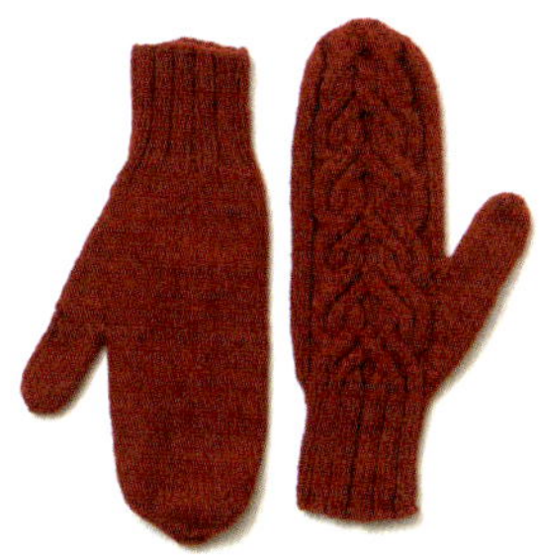

HANNETT 114

Fausthandschuhe mit dickem Zopfmuster

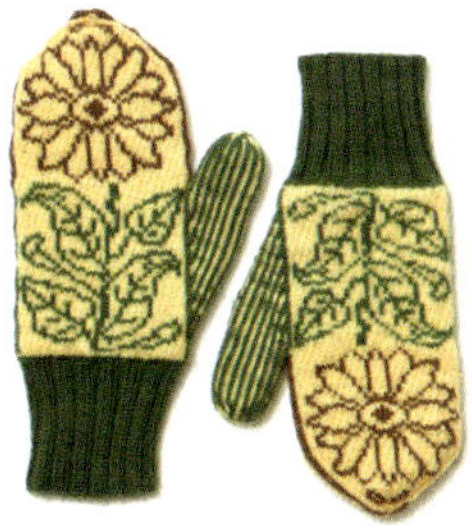

SONNENBLUMEN 120

Fausthandschuhe in Jacquardtechnik mit Sonnenblumenmotiv

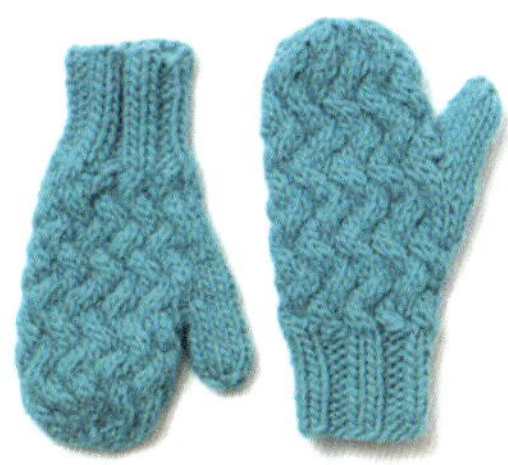

OZEAN 128

Fausthandschuhe in Kindergröße mit komplettem Zickzack-Zopfmuster

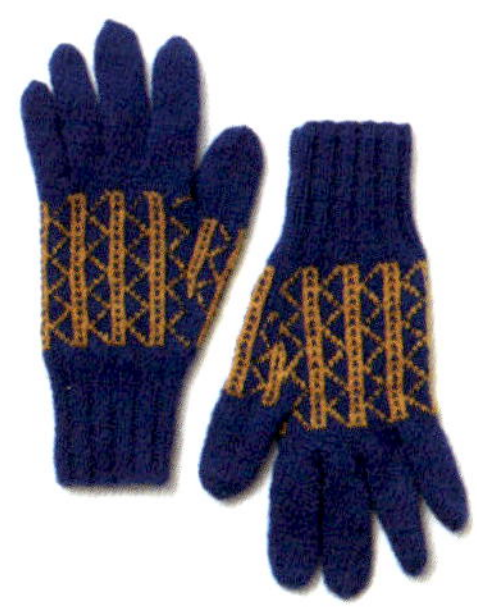

ROEBLING 132

Fingerhandschuhe mit Handpartie in Jacquardtechnik

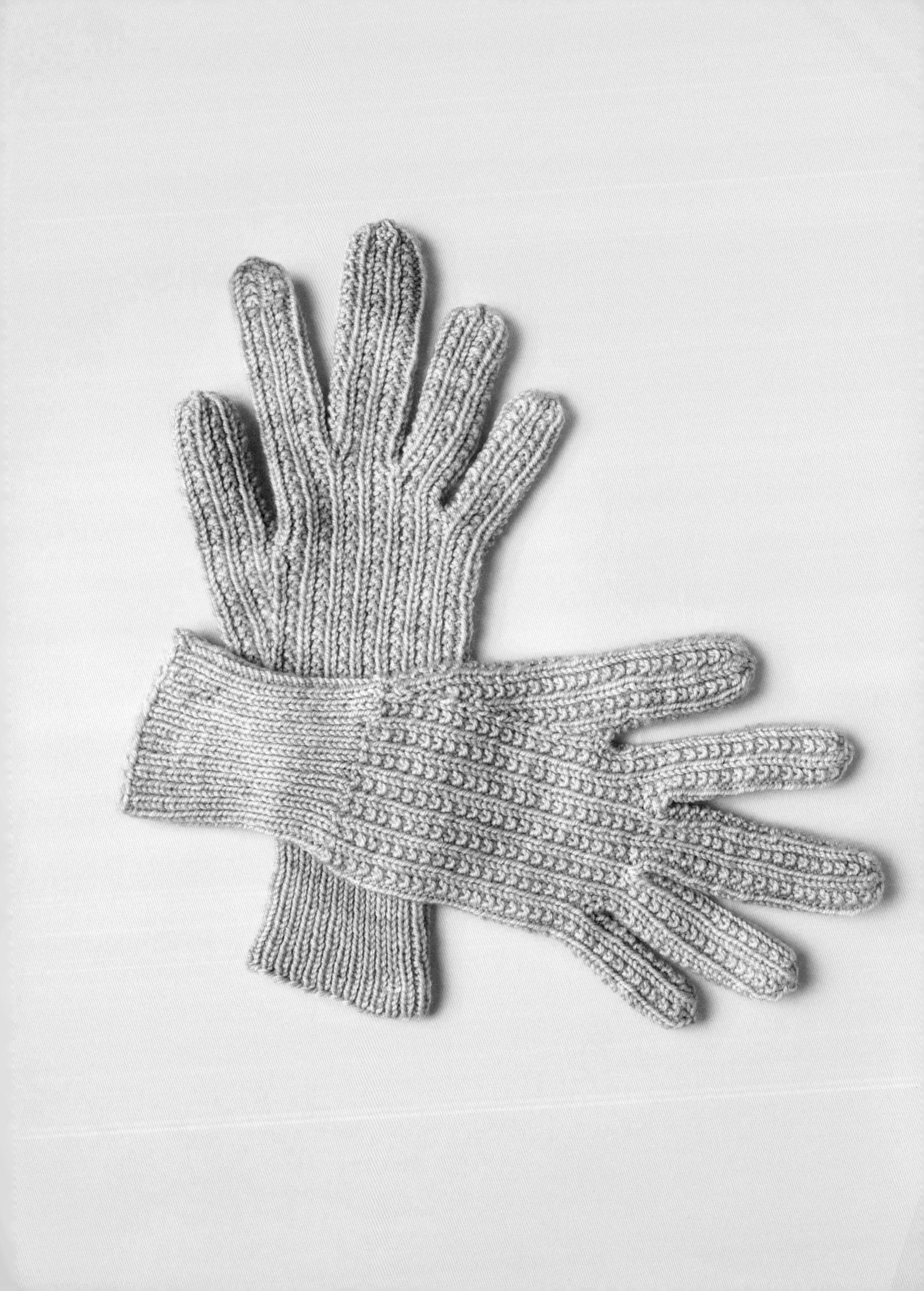

HOULDSWORTH

Hier sehen wir ein klassisches Rippenmuster an eleganten Fingerhandschuhen. Sie sind nicht schwer zu stricken – achten Sie auf eine saubere Rechts-Links-Rippe und Sie werden zufrieden sein.

Die Handschuhe sind unisex und sehen auch mit offenen Fingern gut aus. Ich empfehle einfarbige oder weitgehend einfarbige Wolle. Wenn das Garn zu bunt ist, geht das Strickmuster unter.

Endgröße

Handumfang: 12 (13,5, 14, 15, 16,5, 17, 18,5) cm

Handschuhlänge: 26,7 cm, Passform veränderbar

Wolle

Musterbeispiel: Space Cadet Yarns Aurora (70% Superwash Wolle, 20% Kaschmir, 10% Nylon; 320 m pro 100 g Strang): 1 Strang in Farbe Silber

Nadeln

Strumpfstricknadeln 2,5 mm, 2 Rundstricknadeln oder 1 lange Rundstricknadel

Zubehör

Maschenmarkierer, Restgarn oder Maschenhalter für die Daumenmaschen

Maschenprobe

32 M und 48 Runden = 10 cm glatt rechts

40 M und 48 Runden = 10 cm im Muster, leicht gedehnt

Anmerkungen

- Der Handschuh sollte eng anliegen: Wählen Sie eine Größe, die etwa 1,15 cm schmaler ist als der tatsächliche Handumfang.
- Das Musterbeispiel ist in Größe 4 gearbeitet. Verbrauch: 65 g / 208 m.
- Für die Finger empfehle ich Strumpfstricknadeln.

STRICKHILFE

GEBROCHENE RIPPE

Mit einem Vielfachen von 4 M gearbeitet.

Rnd 1: [1M re, 1M li] rundum wdh.

Rnd 2: [1M re, 3M li] rundum wdh.

Wiederholen Sie Runde 1 und 2.

4-Maschen-Rapport: Eine Säule von rechten Maschen, eine Säule von linken Maschen, eine Säule von kraus rechten Maschen (rechts/links Wechsel in jeder Runde) und eine weitere Säule von linken Maschen.

DAUMENKEIL ZUNAHME

Wenn Sie für den Daumenkeil zunehmen, müssen Sie die Zunahmemaschen in das Muster einarbeiten. Die Zunahme aus dem hinteren Maschenglied ist dafür am besten geeignet. Während der folgenden Runden werden diese Zunahmen Teil des Musters. Die erste Keilzunahme wird eine rechte Masche und bildet die rechte Maschensäule auf beiden Seiten der drei Grundmaschen. Die zweite Keilzunahme wird eine linke Masche und bildet die Säule der linken Masche auf beiden Seiten. Die dritte Zunahme wird die kraus rechts gestrickte Säule. Arbeiten Sie sie rechts oder links, abhängig davon, in welcher Musterreihe Sie sich gerade befinden. Die vierte Keilzunahme wird eine linke Maschensäule und schließt damit eine vollständige Musterwiederholung ab. Von diesem Punkt an wiederholen Sie diese Mustersequenz: die Fünfte ist rechts, die Sechste ist links, die Siebte ist rechts, die Achte ist links usw.

Anleitung

BÜNDCHEN

40 (44, 48,52, 52, 56, 60) AM. Verteilen Sie die Maschen auf die Nadeln, wie Sie es bevorzugen und schließen Sie, um in Runden arbeiten zu können.

Grundrnd: [1M re, 1M li] rundum wdh.

Arbeiten Sie im Rippenmuster wie angegeben 6,5, 6,5, 7, 7, 7,5, 7,5, 8,5 cm oder gewünschte Länge.

HAND

Nächste Rnd für Hand wie folgt zunehmen:

Nur für Größe 1: [5M li, 1ZM-li] 8x – 48 M.

Nur für Größe 2: [5M li, 1ZM, 6M li, 1ZM-li] 4x – 52 M.

Nur für Größe 3: [6M li, 1ZM-li] 8x – 56 M.

Nur für Größe 4: [6M li, 1ZM-li, 7M li, 1ZM-li] 4x – 60 M.

Nur für Größe 5: [4M li, 1M li-zus, 5M li, 1M li-zus, 1M li-zus] 4x – 64 M.

Nur für Größe 6: [4M li, 1M li-zus, 5M li, 1M li-zus, 5M li, 1M li-zus] 4x – 68 M.

Nur für Größe 7: [5M li, 1M li-zus] 12x – 72 M.

Alle Größen

Nächste Rnd, Handmuster einführen: Arbeiten Sie Runde 1 in gebrochenem Rippenmuster. [Siehe Kasten.]

DAUMENKEIL

Nächste Rnd, Position Daumenkeil einrichten: Arbeiten Sie Rnd 2 des gebrochenen Rippenmusters bis letzte 4 M, 1M re, MMs, 3M li – 3 Keilmaschen zwischen MM und RndE.

Daumenkeil Zunahmerunde: Arbeiten Sie das Muster wie begonnen bis zum MM, MMa, 1ZM, arbeiten Sie im Muster wie eingeführt bis Ende der Rnd, 1ZM – 2 Keilmaschen zugenommen.

Arbeiten Sie die zugenommenen Maschen in das gebrochene Rippenmuster. (Lesen Sie dazu den Kasten.)

Arbeiten Sie 2 (2, 2, 2, 2, 2, 1, 1,) Rnd gerade hoch.

Wiederholen Sie die letzten 3 (3, 3, 3, 3, 2, 2) Rnd 6 (3, 7, 9, 10, 2, 2) weitere Male – 17 (11, 19, 23, 25, 9, 9) Keilmaschen.

Nur für Größen 1, 2 und 3: Lassen Sie den Zunahmerunden des Daumenkeils 3 gerade Rnd 1 (4,1) x folgen – 19 (19,21) Keilmaschen.

Nur für Größen 6 und 7: Lassen Sie den Zunahmerunden des Daumenkeils 2 gerade Rnd 9 (10) x folgen – 27 (29) Keilmaschen.

Alle Größen

Nächste Rnd, Handpartie stilllegen: Arbeiten Sie im Muster wie begonnen bis zum MM, MMe, geben Sie die nächsten 19 (19, 21, 23, 25, 27, 29) M auf einen Restfaden oder einen MH, benutzen Sie die Hintere-Maschenglied-Methode, schlagen Sie 3 M über der Lücke auf – 48 (52, 56, 60, 64, 68, 72) M vrbl.

OBERE HANDPARTIE

Arbeiten Sie im Muster gerade hoch bis zu Beginn des kleinen Fingers oder 7 (7,5 8,5, 9, 9,5, 10, 11) cm von der Oberkante des Bündchens.

Nur rechte Hand, Maschen für die Finger neu anordnen:

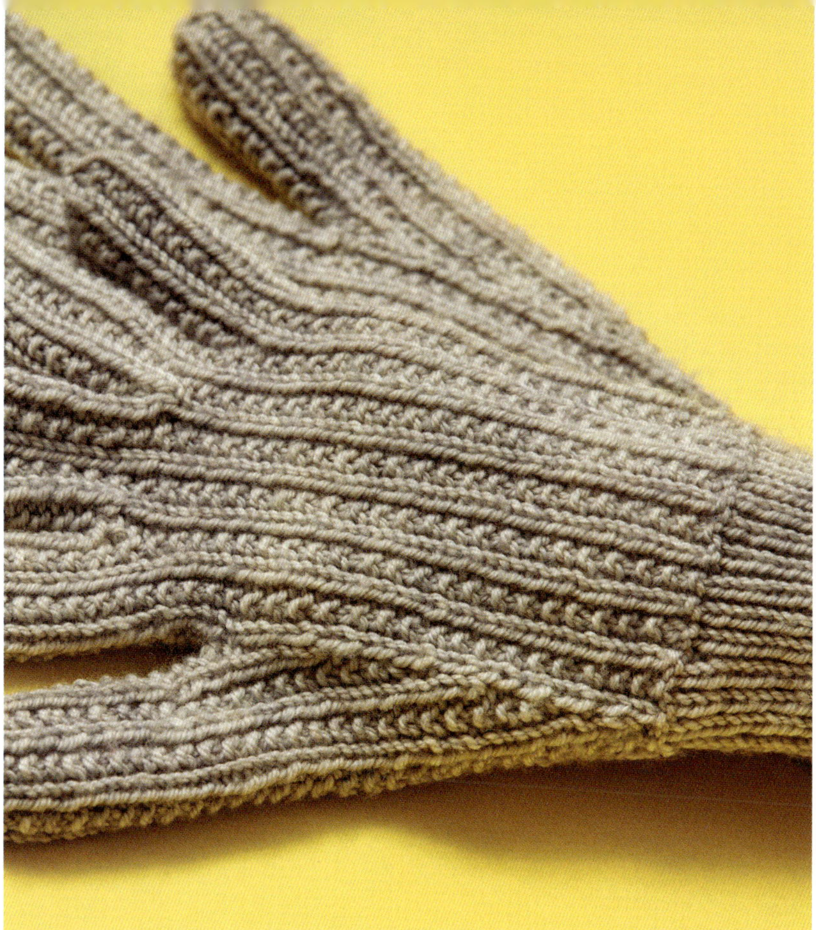

GEBROCHENE RIPPE

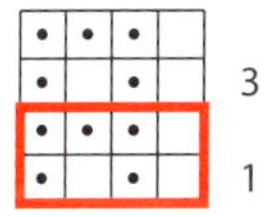

4M-Rapport

- ☐ **1M re**
- ⊡ **1M li**
- ☐ **Musterrapport**

→ ***Anm:*** *Wenn Sie die Finger erreicht haben, müssen Sie darauf achten, das Muster in Linien angeordnet zu stricken. Das ist nicht besonders kompliziert, aber volle Konzentration und gute Lichtverhältnisse sind ratsam.*

Die letzten 3 M der Endrunde nicht stricken. Das ist der Beginn der neuen Runde. (Die linke Hand benötigt keine Neuanordnung der Maschen.)

→ ***Anm:*** *Wenn Sie den Rest der Handpartie und die Finger stricken, müssen Sie sehr konzentriert arbeiten, um das Säulenmuster aufrecht zu erhalten, denn Sie werden Abschnitte arbeiten, die möglicherweise mit teilweisen Wiederholungen beginnen und/oder enden.*

KLEINER FINGER

Kleiner Finger Aufbau: Arbeiten Sie das Muster wie angegeben für 24 (26, 28, 30, 32, 34, 36 M). Das ist der zentrale Punkt der Rnd. Arbeiten sie weitere 5 (6, 7, 7, 8, 8, 9) M im Muster wie angelegt. Geben Sie die 10 (12, 14, 14, 16, 16, 18) zuletzt gearbeiteten M für den kleinen Finger auf SN. Benutzen Sie die Hintere-Maschenglied-Methode. Schlagen Sie 2 (2, 2, 2, 4, 4, 2) M an – 12 (14, 16, 16, 20, 20, 20) M. Schließen Sie zur Runde. Die übrigen 38 (40, 42, 46, 48, 52, 54) M werden für die obere Handpartie benötigt – wenn Sie möchten, benutzen Sie einen MH.

Nur für Größe 2, kleiner Finger Rnd 1: Arbeiten Sie im Rippenmuster bis zu letzten 3 M, 2M re-zus 2x – die zweite Abnahme geht über den Rundenanfang hinaus – 12 M vrbl.

Alle Größen

Arbeiten Sie gerade weiter, bis Sie die gewünschte Fingerlänge oder 4,5 (4,5, 5, 5,5, 6,5, 7, 7,5) cm erreicht haben.

Abnahme

Am Anfang der Abnahme muss die erste M der Rnd eine rechts gestrickte Säule sein. Fallls nötig, arbeiten Sie bis zu diesem Punkt und ordnen Sie Ihre Maschen neu.

Abnrnd 1: [1A-lig, 2M li-zus] rundum wdh – 6 (6, 8, 8, 10, 10, 10) M vrbl.

Abnrnd 2: 1A-lig rundum wdh – 3 (3, 4, 4, 5, 5, 5,) M vrbl. Schneiden Sie den Faden ab und ziehen Sie ihn zum Abschluss durch die Endmaschen.

OBERE HANDPARTIE

VS nach vorne, Faden wieder anschlingen und 2 (4, 2, 2, 4, 4, 2) M an der Aufnahmekante am Beginn des kleinen Fingers aufnehmen und stricken, MM in die Mitte dieser M setzen, die stillgelegten Handpartiemaschen im Muster rundum weiterstricken – 40 (44, 44, 48, 52, 56, 56) M. Arbeiten Sie in Rnd gerade hoch bis zur gewünschten Länge zu Beginn des Ringfingers oder 0,6 (0,6, 0,6, 0,6, 0,6, 1,3, 1,3) cm über den Beginn des kleinen Fingers hinaus.

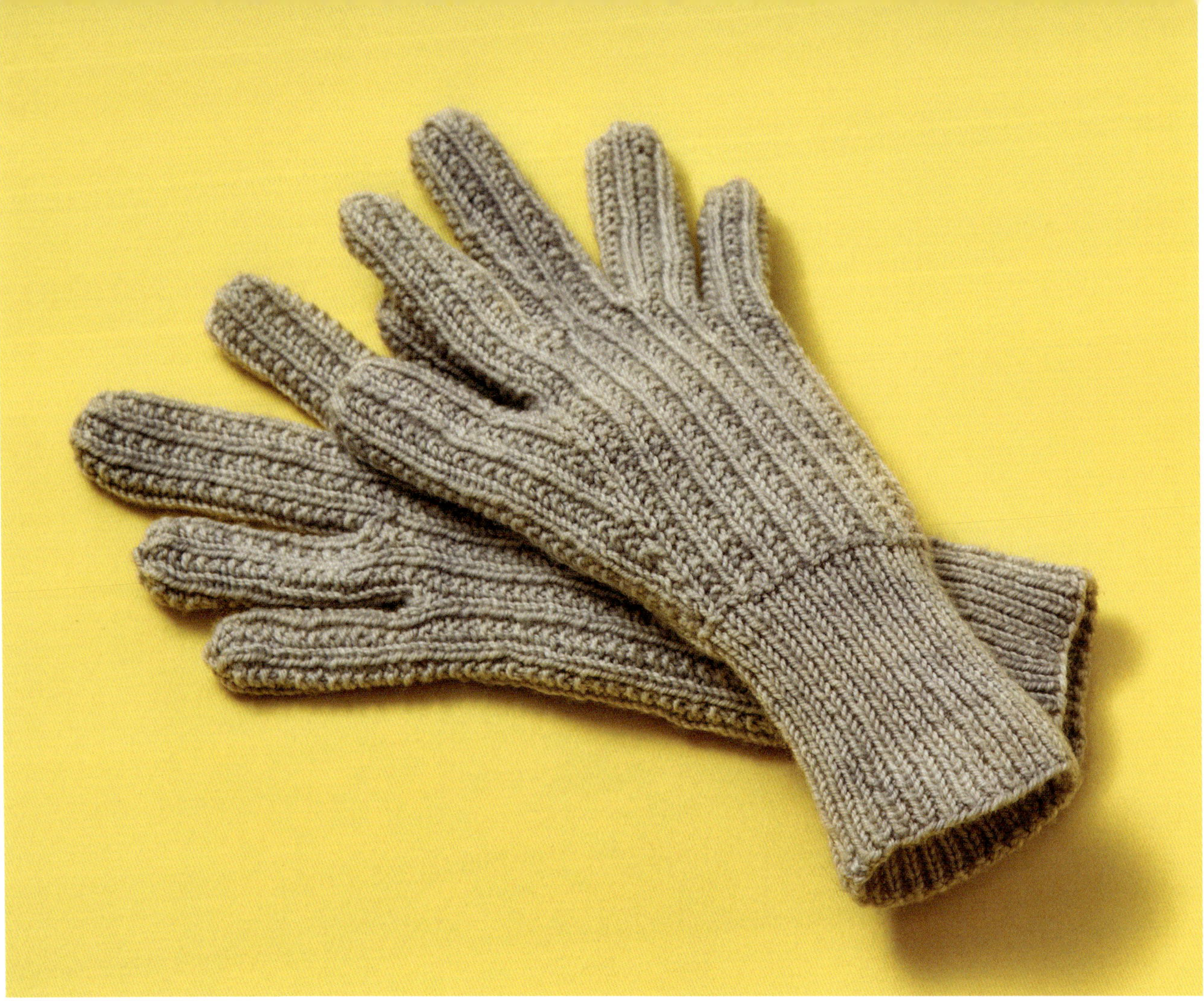

RINGFINGER

Ringfinger Aufbau: Arbeiten Sie bis zum MM, arbeiten Sie 7 (7, 7, 8, 9, 9, 9) M über den MM hinaus. Geben Sie die lzt gerade gearbeiteten 14 (14, 14, 16, 18, 18, 18) M auf Strumpfstricknadeln für den Ringfinger. Schlagen Sie mit der Hintere-Maschenglied-Methode 2 (2, 2, 4, 2, 2, 2) M an – 16 (16, 16, 20, 20, 20, 20) M. Runde schließen. Die verbliebenen 26 (30, 30, 32, 34, 38, 38) M werden für die anderen Finger stillgelegt, auf die Nadeln verteilt oder auf einen MH gelegt.

Arbeiten Sie bis zur Spitze der gewünschten Fingerlänge oder 5 (5,5, 6,5, 7, 7,5, 8,5, 9) cm gerade hoch im Muster.

Abnahme

Wenn Sie anfangen abzunehmen, muss die erste M der Rnd eine rechts gestrickte Säule sein. Falls nötig, arbeiten Sie bis zu einem solchen Punkt und ordnen Sie die Maschen neu an.

Abnrnd 1: [1A-lig, 2M li-zus] rundum wdh – 8 (8, 8, 10,10, 10, 10) M vrbl.

Abnrnd 2: 1A-lig rundum wdh – 4 (4, 5, 5, 5, 5) M vrbl. Schneiden Sie den Faden ab und ziehen Sie ihn zum Abschluss durch die Endmaschen.

MITTELFINGER

Mittelfinger Aufbau: VS nach vorne. Garn neu anschlingen, an der Anschlagskante zu Beginn des Ringfingers entlang 2 M aufnehmen und re stricken 2 (2, 2, 4, 4, 2, 2) M. Die nächsten 6 (7, 7,8, 8,9, 9) M im Muster weiterstr, die nä 14 (16, 16, 16, 18, 20, 20) M auf eine Nadel oder einen MH heben, über die Lücke 2 (4, 4, 4, 4, 4, 4) M anschl – 16 (20, 20, 24, 24, 24, 24) M. Schließen Sie zur Runde.

Arbeiten Sie im Muster gerade hoch wie M erscheinen bis zur gewünschten Fingerlänge oder bis Sie 5,5 (6,5, 7, 7,5, 8,5, 9, 9,5) cm erreicht haben.

Abnahme

Wenn Sie anfangen abzunehmen, muss die erste M der Rnd eine rechts gestrickte Säule sein. Falls es nötig ist, arbeiten Sie bis zu einem solchen Punkt und ordnen Sie Ihre Maschen neu an.

Abnrnd 1: [1A-lig, 2M li-zus] rundum wdh – 8 (10,10, 12, 12, 12, 12) M vrbl.

Abnrnd 2: 1A-lig rundum wdh – 4 (5, 5, 6, 6, 6) M vrbl. Schneiden Sie den Faden ab und ziehen ihn zum Abschluss durch die Endmaschen.

ZEIGEFINGER

Zeigefinger Aufbau: VS nach vorne. Garn neu anschlingen, an der Anschlagskante zu Beginn des Ringfingers entlang 2 M aufnehmen und 2 (4, 4, 4, 2, 4, 4) M an der Aufnahmekante zu Beginn des Mittelfingers re stricken. Die 14 (16,16, 16, 18, 20, 20) stillgelegten M der Runde abstricken –16 (20, 20, 20, 20, 24, 24) M. Zur Runde schließen.

Arbeiten Sie im Muster gerade hoch wie M erscheinen, bis Sie die gewünschte Fingerlänge oder 5 (5,5, 6,5, 7, 7,5, 8,5, 9) cm erreicht haben.

Abnahme

Wenn Sie anfangen abzunehmen, muss die erste M der Rnd eine rechts gestrickte Säule sein. Falls es nötig ist, arbeiten Sie bis zu einem solchen Punkt und ordnen Sie Ihre Maschen neu an.

Abnrnd 1: [1A-lig, 2M li-zus] rundum wdh – 8 (10, 10, 10, 10, 12, 12) M vrbl.

Abnrnd 2: 1A-lig rundum wdh – 4 (5, 5, 5, 5, 6, 6) M vrbl. Schneiden Sie den Faden ab und ziehen ihn zum Abschluss durch die Endmaschen.

DAUMEN

Geben Sie die 19 (19, 21, 23, 25, 27, 29) stillgelegten Daumenmaschen zurück auf die Nadeln. VS nach vorne. Den Faden an der Daumenbeuge wieder anschlingen und 5 (5, 3, 3, 3, 5, 3) M in der Lücke aufnehmen und rechts str – 24 (24, 24, 26, 28, 32, 32) M. Verteilen Sie die M nach Belieben auf die Nadeln und schließen Sie zur Runde.

→ ***Anm:*** *Bei einigen großen Größen brauchen Sie mehrere Grundrunden, um die Maschenanzahl auf ein glattes Vielfaches von Vier zu bringen und den Daumen in der passenden Größe zu stricken. Sie müssen zweierlei beachten: Wie Sie abnehmen und wo Sie die Abnahmen platzieren. Behalten Sie das Muster der stillgelegten Keilmaschen bei; die neuen Maschen werden in das Muster eingearbeitet, wenn Sie abnehmen.*

– In diesem Zusammenhang bedeutet „2M zus" entweder re zus oder li zus, je nach dem, was im Muster als nächstes erscheint. Wenn das Muster eine rechte Masche vorsieht, stricken Sie 2M re zus, wenn das Muster eine linke Masche vorsieht, stricken Sie 2M li zus.

Nur für Größe 4

Daumen Grnd: Arbeiten Sie im Muster wie begonnen bis zu ltz 4M, 2M-zus, 1M im Muster arbeiten, 2M-zus (über die lzt aufgenommene M und 1. Daumenmasche) – 24 M vrbl. Das ist der neue Rundenbeginn.

Nur für Größe 6

Anm: Die Daumenkeilmaschen beginnen und enden mit einer li gestr Säule.

Daumen Grnd 1: Arbeiten Sie im Muster bis zu lzt 6 M, 2M-zus, 3M li; geben Sie die Endmasche der Rnd auf die erste N für Rundenbeginn – 31 M vrbl.

Daumen Grnd 2: 2M-zus (das ist die letzte der aufgenommenen M und die erste Daumenmasche), arbeiten Sie im Muster bis zu den lzt 4 M, 2M-zus, 1M li; geben Sie die Endmasche der Rnd auf die erste N für Rundenbeginn – 29 M vrbl.

Daumen Grnd 3: 2M-zus, im Muster arbeiten bis RndE – 28 M vrbl.

Nur für Größe 7

Anm: Die Daumenkeilmaschen beginnen und enden mit der re gestr Säule.

Daumen Grnd 1: Arbeiten Sie im Muster bis zu lzt 4 M, 1A-lig, 1M li; geben Sie die Endmasche der Rnd auf die erste N für Rundenbeginn – 31 M vrbl.

Daumen Grnd 2: 2M re-zus, geben Sie diese M auf die letzte N der Rnd, arbeiten Sie im Muster wie begonnen bis zu lzt 3 M (miteingerechnet die M, die Sie gerade zum Ende der Arbeit verschoben haben), DÜA – 28 M vrbl.

Alle Größen

Arbeiten Sie gerade hoch im Muster wie begonnen bis zur gewünschten Daumenlänge oder 5 (5,5, 5,5, 6,5, 6,5, 7, 7,5) cm.

Abnahme

Um mit der Abnahme beginnen zu können, muss die erste M der Rnd eine rechts gestrickte Säule sein. Sollte es nötig sein, stricken Sie bis zu diesem Punkt und ordnen Sie die M neu.

Abnrnd 1: [1A-lig, 2M li-zus] rundum wdh – 12 (12, 12, 12, 14, 14, 14) M vrbl.

Abnrnd 2: 1A-lig rundum wdh – 6 (6, 6, 6, 7, 7, 7) M vrbl. Schneiden Sie den Faden ab und ziehen Sie ihn zum Abschluss durch die Endmaschen.

FERTIGSTELLUNG

Dämpfen Sie die fertigen Stücke, vernähen Sie die Fäden und schließen Sie die Lücken am Daumenkeil.

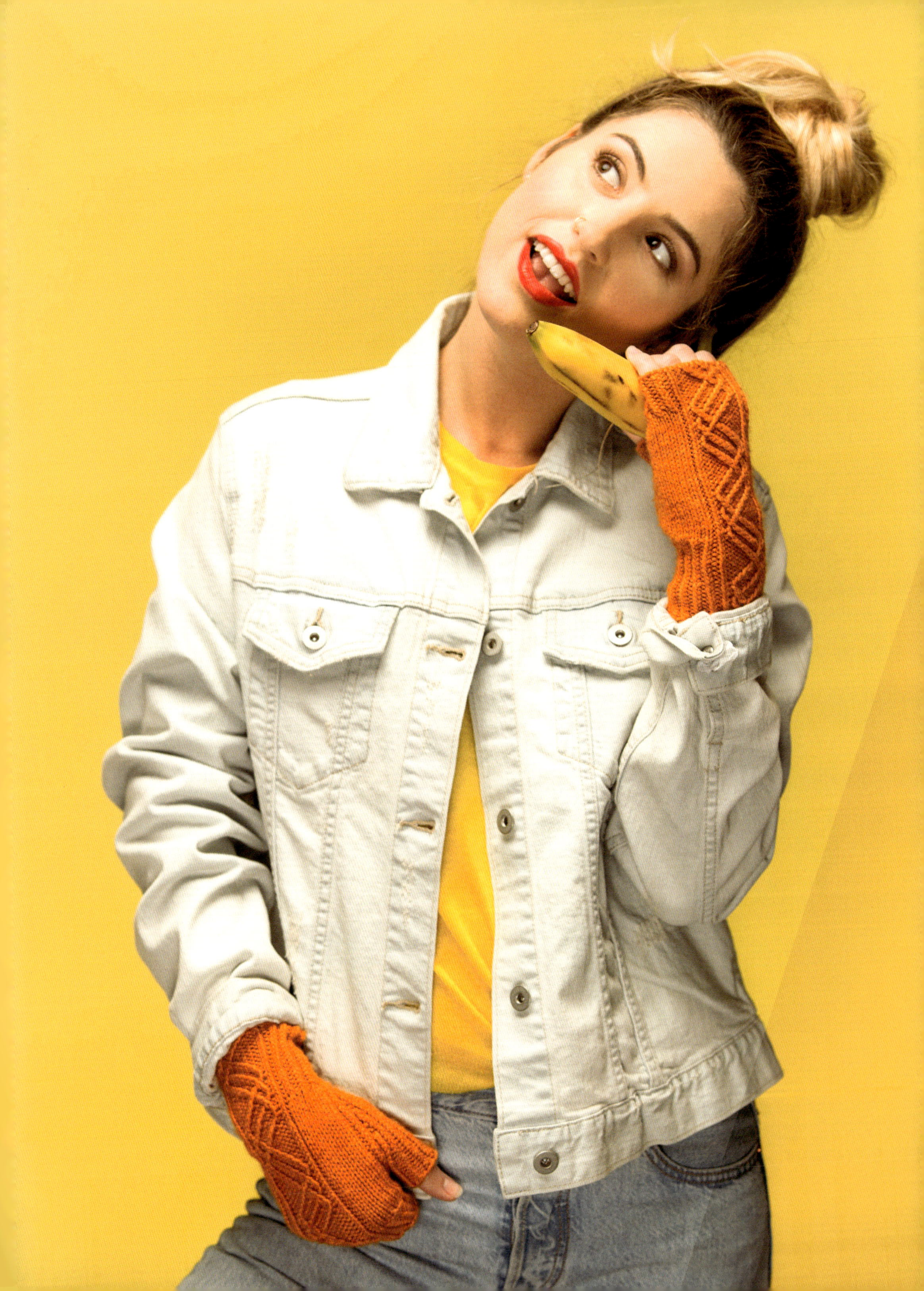

TWISTING

Stulpen wie diese kann man vom Herbst bis zum Frühling jeden Tag tragen. Wenn es draußen kühl ist, sind sie ausreichend, im Winter kann man ein Paar Handschuhe darüber tragen. Das Wolle-Seide-Gemisch ist zweierlei: besonders warm und besonders edel. Die leuchtende Farbe hellt auch den trübsten Tag auf.

Endgröße

Handumfang: 15 (16,5, 18, 19, 20,5, 21,5) cm

Handschuhlänge: 19 cm, Passform veränderbar

Wolle

Musterbeispiel: Mountain Colors Winter Silk (50% Wolle, 50% Seide; 183 m pro 90 g Strang): 1 Strang in Marigold

Nadeln

Strumpfstricknadeln 3,75 mm, 2 Rundstricknadeln oder 1 lange Rundstricknadel

Zubehör

Maschenmarkierer, Zopfnadel

Maschenprobe

22 M und 32 Runden = 10 cm glatt rechts

Anmerkungen

- Ein verschränktes Rippenmuster verbraucht mehr Wolle als ein 1x1- oder 2x2-Rippenmuster.
- Wählen Sie eine Größe mit 1,25–2,5 cm negativer Zugabe.
- Das Musterbeispiel ist in Größe1 gearbeitet. Verbrauch: 50 g / 102 m.

Anleitung

BÜNDCHEN

35 (37, 39, 41, 43, 45) M anschlagen. Maschen nach Belieben verteilen und zur Runde schließen.

Grnd: Die ersten 14 M der linken oder rechten Hand abstricken, (1M re-hMG, 1M li) bis zur letzten M, 1M re-hMG.

Stricken Sie 7,5 (7,5, 7,5, 8,5, 8,5, 9) cm nach Strickschrift.

HAND

Linker Handschuh Aufbau

Nur für Größen 1 u 2, nä Rnd, Z für Handpartie: Stricken Sie die ersten 14 M nach Strickschrift, 3M re, 1ZM-reg, 3M re (5), 1ZM-lig, 3M re, 1M li, (1Mre-hMG, 1M li) 3x, 1ZM-reg, 5M re, 1ZM-lig – 39 (41) M.

Nur für Größe 3, nä Rnd, Z für Handpartie: Stricken Sie die ersten 14 M nach Strickschrift, [3M re, 1 ZM] 3x, 4M re, 1M li, [1M re-hMG, 1M li] 3x, 1ZM-reg, 5M re, 1M-lig – 44 M.

Nur für Größe 4, nä Rnd, Z für Handpartie: Stricken Sie die ersten 14 M nach Strickschrift, 3M re, [1ZM, 4M re] 3x, 1M li, [1M re-hMG, 1M li] 3x, [1M re, 1ZM] 2x, 2M re, 1ZM, 1M re – 47 M.

Nur für Größe 5, nä Rnd, Z für Handpartie: Stricken Sie die ersten 14 M nach Strickschrift, [3M re, 1ZM] 4x, 3M re, 1M li, [1M re-hMG, 1M li] 3x, [2M re, 1M li] 3x, 1M re – 50 M.

Nur für Größe 6, nä Rnd, Z für Handpartie: Stricken Sie die ersten 14 M nach Strickschrift, 2M re, [1ZM, 3M re] 5x, 1M li, [1M re-hMG, 1M li] 3x, 2M re, [1ZM, 1M re] 4x, 1M re – 54 M.

Rechter Handschuh Aufbau

Nur für Größen 1 u 2, nä Rnd, Z für Handpartie: Stricken Sie die ersten 14 M nach Strickschrift, 1ZM- reg, 5M re, 1ZM-lig, 1M li, [1M re-hMG, 1M li] 3x, 3M re, 1ZM-reg, 3M re (5), 1ZM-lig, 3M re – 39 (41) M.

Nur für Größe 3, nä Rnd, Z für Handpartie: Stricken Sie die ersten 14 M nach Strickschrift, 1ZM rev, 5M re, 1ZM-lig, 1M li, [1M re-hMG, 1M li] 3x, [3M re, 1ZM] 3x, 4M re – 44 M.

Nur für Größe 4, nä Rnd, Z für Handpartie: Stricken Sie die ersten 14 M nach Strickschrift, 1M re, 1ZM, 2M re, [1ZM, 1M re] 2x, 1M li, [1M re-hMG, 1M li] 3x, [4M re, 1ZM] 3x, 3M re – 47 M.

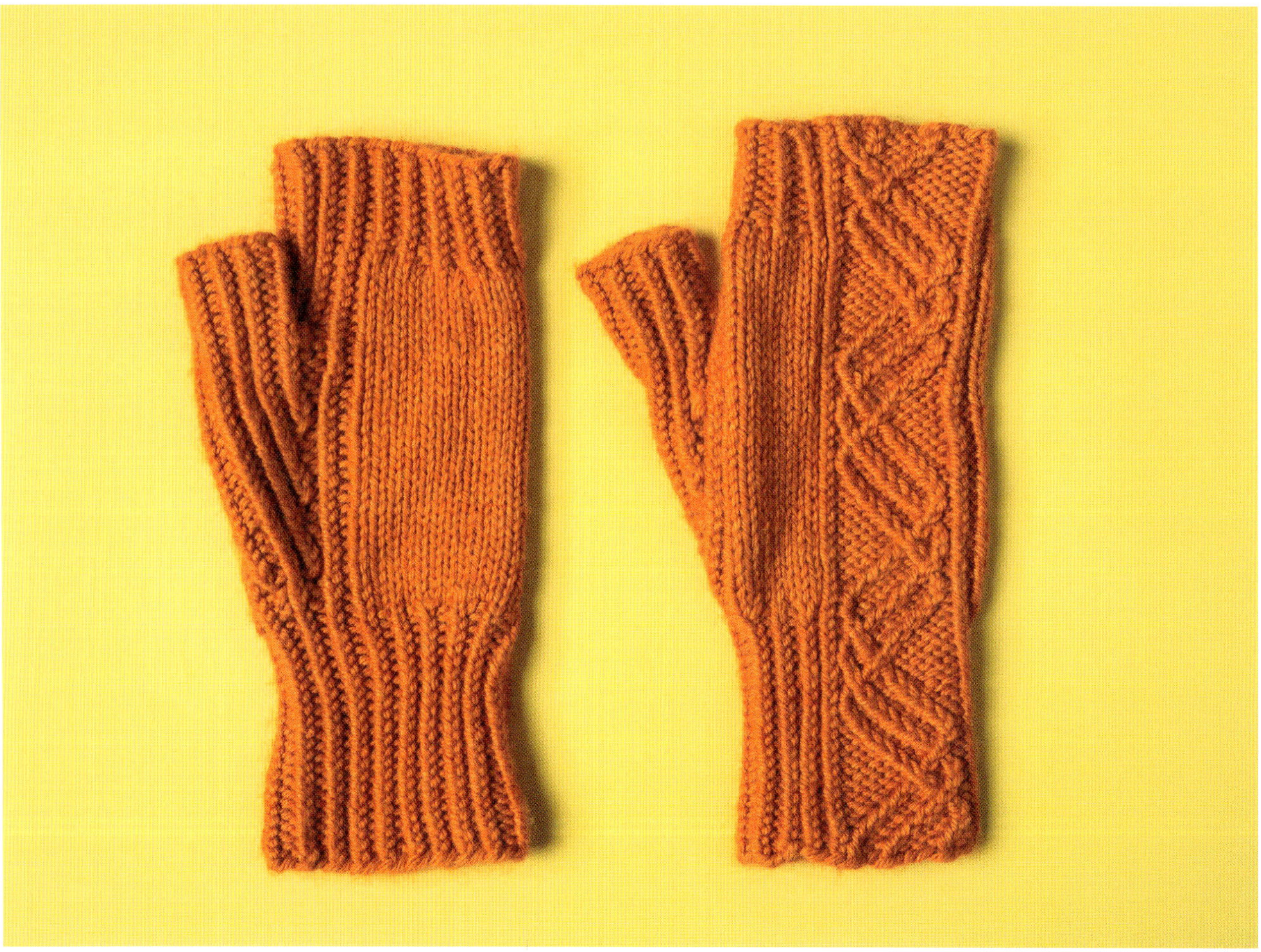

LINKE HAND

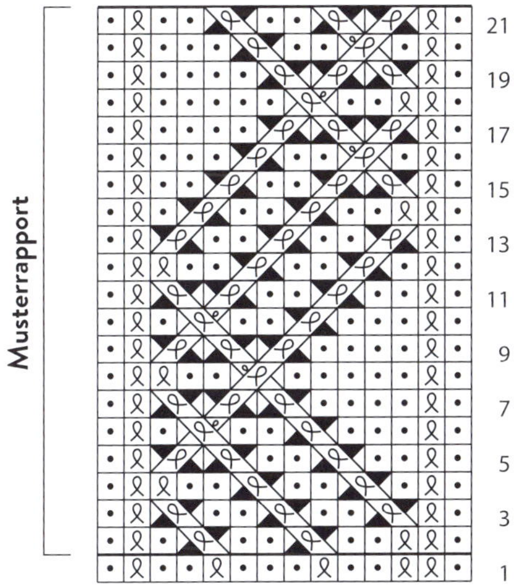

14 M

RECHTE HAND

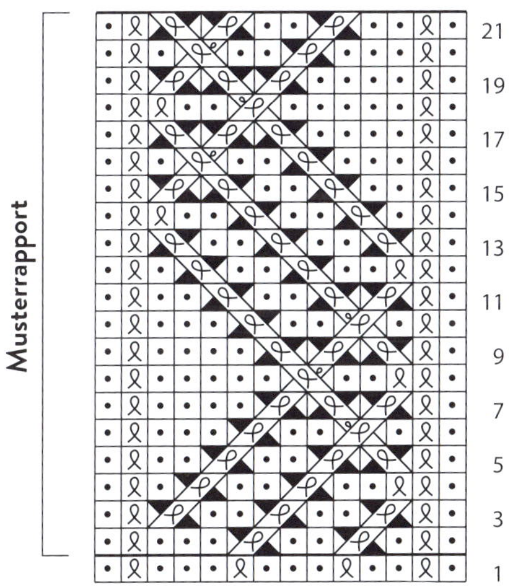

14 M

- 1M re
- 1M li
- 1M re-hMG
- 1M auf ZN, hdA, 1M re-hMG, 1M li von ZN
- 1M auf ZN, vdA, 1M li, 1M re-hMG von ZN
- 1M auf ZN, vdA, 1M re-hMG, 1M re-hMG von ZN
- 1M auf ZN, hdA, 1M re-hMG, 1M re-hMG von ZN

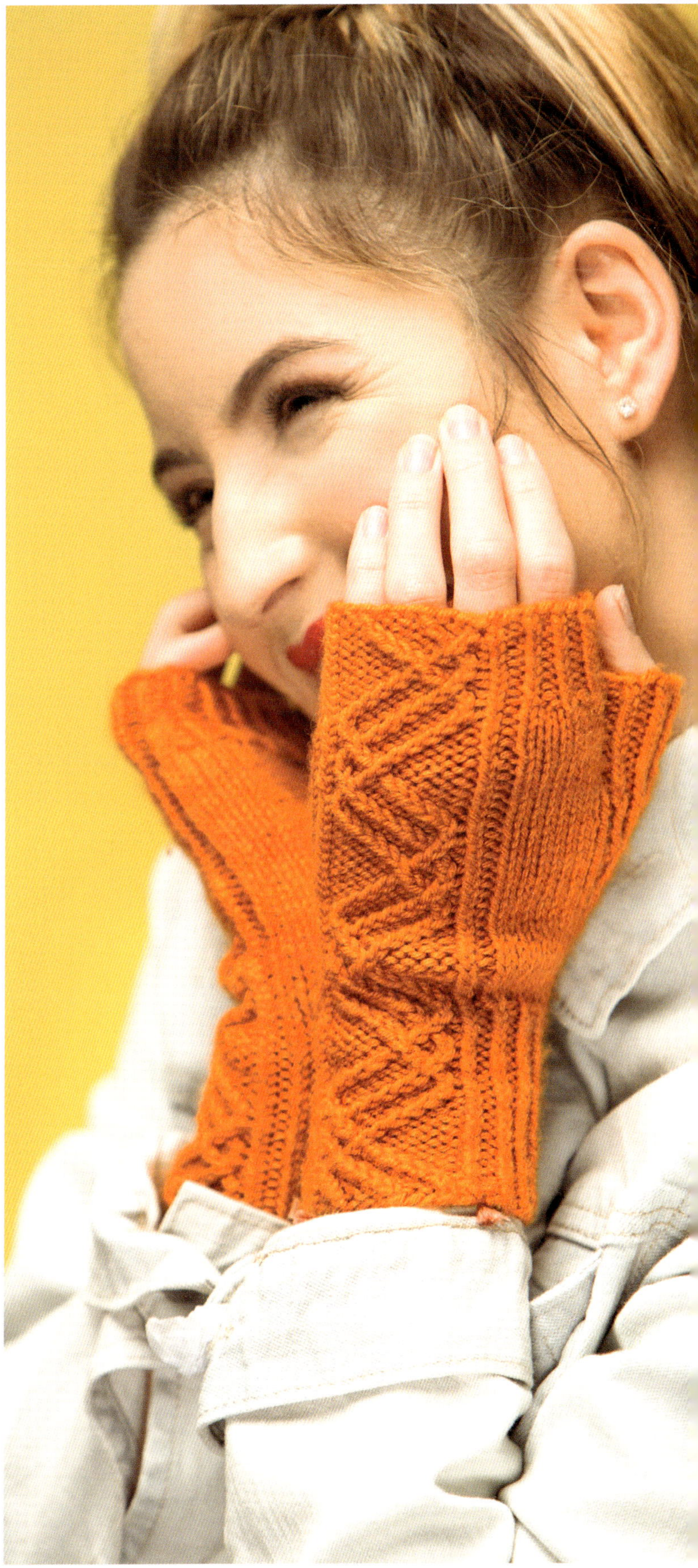

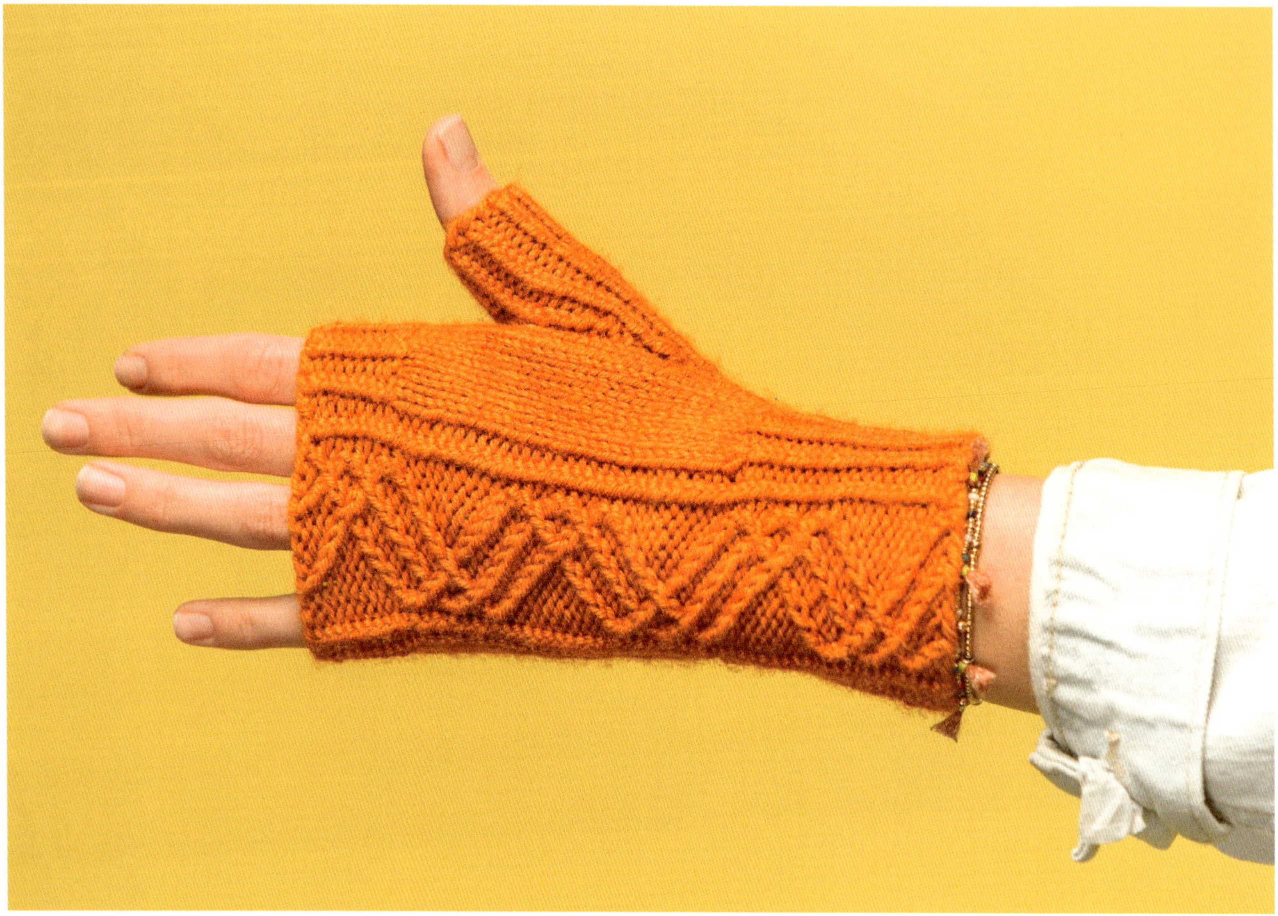

Nur für Größe 5, nä Rnd, Z für Handpartie: Stricken Sie die ersten 14 M nach Strickschrift, 1M re, [1ZM, 2M re] 3x, 1M li, [1M re-hMG, 1M li] 3x, [3M re, 1ZM] 4x, 3M re – 50 M.

Nur für Größe 6, nä Rnd, Z für Handpartie: Stricken Sie die ersten 14 M nach Strickschrift, 2M re, [1ZM, 1M re] 4x, 1M re, 1M li, [1M re-hMG, 1M li] 3x, [3M re, 1ZM] 5x, 2M re – 54 M.

DAUMENKEIL

Nur li Hand, Position Daumenkeil einrichten: Nach Strickschrift arbeiten, 11M re, (13, 16, 18, 19, 22) 1M li, 1M re-hMG, 1M li, MMs, 1M re-hMG, MMs, 1M li, 1M re-hMG, 1M li, stricken Sie rechte M bis RndE – 1 Daumenkeil M zw MM.

Nur re Hand, Position Daumenkeil einrichten: Nach Strickschrift arbeiten, 7M re (7, 7, 8, 10, 11), 1M li, 1M re-hMG, 1M li, MMs, 1M re-hMG, MMs, 1M li, 1M re-hMG, 1M li, stricken Sie rechte M bis RndE – 1 Daumenkeil M zwischen MM.

Rnd 1, Z: Arbeiten Sie im Muster wie begonnen bis zum 1. MM, MMa, 1ZML-reg, 1M re-hMG, 1ZML-lig, MMa, arbeiten Sie im Muster wie begonnen bis RndE –2 Daumenkeil M zugenommen.

Rnd 2 u 3: Arbeiten Sie im Muster wie begonnen bis zum 1. MM, MMs, [1M li, 1M re-hMG] über lzt M vor MM hinaus, 1M li, MMa, arbeiten Sie im Muster wie begonnen bis RndE.

Rnd 4, Z: Arbeiten Sie im Muster wie begonnen bis zum 1. MM, MMa, 1ZM-rev, [1M li, 1M re-hMG] über lzt M vor MM hinaus, 1M li, 1ZM-liv, MMa, arbeiten Sie im Muster wie begonnen bis RndE – 2 Daumenkeil M zugenommen.

Rnd 5 u 6: Arbeiten Sie im Muster wie begonnen bis zum 1. MM, MMa, [1M re-hMG, 1M li] über lzt M vor MM hinaus, 1M re-hMG, MMa, arbeiten Sie im Muster wie begonnen bis RndE.

Rnd 7, Z: Arbeiten Sie im Muster wie begonnen bis zum 1. MM, MMa, 1ZML-reg, [1M re-hMG, 1M li] bis lzt M vor MM, 1M re-hMG, 1ZML-lig, MMa, arbeiten Sie im Muster wie begonnen bis RndE – 2 Daumenkeil M zugenommen.

Wiederholen Sie Rnd 2–7 1 (2, 2, 2, 2, 2) x, dann arbeiten Sie Rnd 2–4 1 (0, 0, 0, 1, 1) x – 13 (15, 15, 15, 17, 17) Daumenkeil M. Arbeiten Sie im Muster 3 (2, 2, 4, 1) Rnd gerade hoch.

Nä Rnd, Handpartie stilllegen: Arbeiten Sie im Muster wie begonnen bis zum 1. MM, MMe, geben Sie die 13 (15, 15, 15, 17, 17) Daumenkeil M auf Restgarn oder MH, wenden Sie die Hintere-Maschenglied-Methode an, schlagen Sie 1 M über der Lücke an, 2. MM entfernen und arbeiten Sie im Muster wie begonnen bis RndE – 39 (41, 44, 47, 50, 54) M vrbl.

In der folgenden Rnd arbeiten Sie die AM wie 1M re-hMG.

OBERE HANDPARTIE

Arbeiten Sie im Muster ohne Zunahme wie begonnen bis 1,25 cm vor der gewünschten Endlänge.

Linker Handschuh Abnahme

Nur für Größe 1, nä Rnd: Stricken Sie die ersten 14 M nach der Strickschrift, 2M re, 2M re-zus, 3M re, 2M re-zus, 2M re, stricken Sie die nä 7 RippenM wie sie erscheinen, [1M re, 2M re-zus] 2x, 1M re – 35 M vrbl.

Nur für Größe 2, nä Rnd: Stricken Sie die ersten 14 M nach der Strickschrift, [3M re, 2M re-zus] 2x, 3M re, arbeiten Sie die nä 7 RippenM wie sie erscheinen, [1M re, 2M re-zus] 2x, 1M re – 37 M vrbl.

Nur für Größe 3, nä Rnd: Stricken Sie die ersten 14 M nach der Strickschrift, 3M re, [2M re-zus, 2M re] 3x, 1M re, arbeiten Sie die nä 7 RippenM wie sie erscheinen, [1M re, 2M re-zus] 2x, 1M re – 39 M vrbl.

Nur für Größe 4, nä Rnd: Stricken Sie die ersten 14 M nach der Strickschrift, 3M re, [2M re-zus, 3M re] 3x, 3M re, arbeiten Sie die nä 7 RippenM wie sie erscheinen, 2M re-zus, [1M re, 2M re-zus] 2x – 41 M vrbl.

Nur für Größe 5, nä Rnd: Stricken Sie die ersten 14 M nach der Strickschrift, 2M re, [2M re-zus, 2M re] 4x, 1M re, arbeiten Sie die nä 7 RippenM wie sie erscheinen, [1M re, 2M re-zus] 3x, 1M re – 43 M vrbl.

Nur für Größe 6, nä Rnd: Stricken Sie die ersten 14 M nach der Strickschrift, [2M re, 2M re-zus] 5x, 2M re, arbeiten Sie die nä 7 RippenM wie sie erscheinen, 2M re-zus, [1M re, 2M re-zus] 3x, 1M re – 45 M vrbl.

Rechter Handschuh Abnahme

Nur für Größe 1, nä Rnd: Stricken Sie die ersten 14 M nach der Strickschrift, [1M re, 2M re-zus] 2x, 1M re, arbeiten Sie die nä 7 RippenM wie sie erscheinen, 2M re, 2M re-zus, 3M re, 2M re-zus, 2M re – 35 M vrbl.

Nur für Größe 2, nä Rnd: Stricken Sie die ersten 14 M nach der Strickschrift, [1M re, 2M re-zus] 2x, 1M re, arbeiten Sie die nä 7 RippenM wie sie erscheinen, [3M re, 2M re-zus] 2x, 3M re – 37 M vrbl.

Nur für Größe 3, nä Rnd: Stricken Sie die ersten 14 M nach der Strickschrift, [1M re, 2M re-zus] 2x, 1M re, arbeiten Sie die nä 7 RippenM wie sie erscheinen, 3M re, [2M re-zus, 2M re] 3x, 1M re – 39 M vrbl.

Nur für Größe 4, nä Rnd: Stricken Sie die ersten 14 M nach der Strickschrift, 2M re-zus, [1M re, 2M re-zus] 2x, arbeiten Sie die nä 7 RippenM wie sie erscheinen, 3M re, [2M re-zus, 3M re] 3x,–41 M vrbl.

Nur für Größe 5, nä Rnd: Stricken Sie die ersten 14 M nach der Strickschrift, [1M re, 2M re-zus] 3x, 1M re, arbeiten Sie die nä 7 RippenM wie sie erscheinen, 2M re, [2M re-zus, 2M re] 4x, 1M re – 43 M vrbl.

Nur für Größe 6, nä Rnd: Stricken Sie die ersten 14 M nach der Strickschrift, 2M re-zus, [1M re, 2M re-zus] 3x, 3M re, arbeiten Sie die nä 7 RippenM wie sie erscheinen, [2M re, 2M re-zus] 5x, 2M re – 45 M vrbl.

OBERES BÜNDCHEN

Grnd: Stricken Sie die ersten 14 M nach der Strickschrift, [2M re-zus, 1M li] bis lzt M, 1M re-hMG.

Arbeiten Sie 1,25 cm im Muster wie begonnen.

Alle M im Muster abketten.

DAUMEN

Geben Sie die 13 (15, 15, 15, 17, 17) stillgelegten Daumenmaschen zurück auf die Nadeln. Mit VS nach vorne schließen Sie den Faden wieder an der Daumenbeuge an, nehmen ihn auf und stricken 3 M in die Lücke. Arbeiten Sie den Daumen in Rippenmuster wie begonnen – 16 (18, 18, 18, 20, 20) M. Verteilen Sie die M auf den Nadeln und beginnen Sie in Runden zu arbeiten.

Nur für Größen 1, 5 u 6

Nä Rnd, abnehm: 3M li-zus, [1M re-hMG, 1M li] bis lzt M, 1M re-hMG – 14 (18, 18) M vrbl.

Nä Rnd: [1M li, 1M re-hMG] rundum wdh.

Nur für Größen 2, 3 u 4

Nä Rnd, abnehm: DÜA, [1M li, 1M re-hMG] bis lzt M, 1M li – 16 M vrbl.

Nä Rnd:[1M re-hMG, 1M li] rundum wdh.

Alle Größen

Stricken Sie 1,25 cm in Bündchenmuster wie begonnen.

Alle Maschen im Muster abketten.

FERTIGSTELLUNG

Dämpfen Sie die fertigen Stücke, vernähen Sie die Fäden und schließen Sie die Lücken am Daumenkeil.

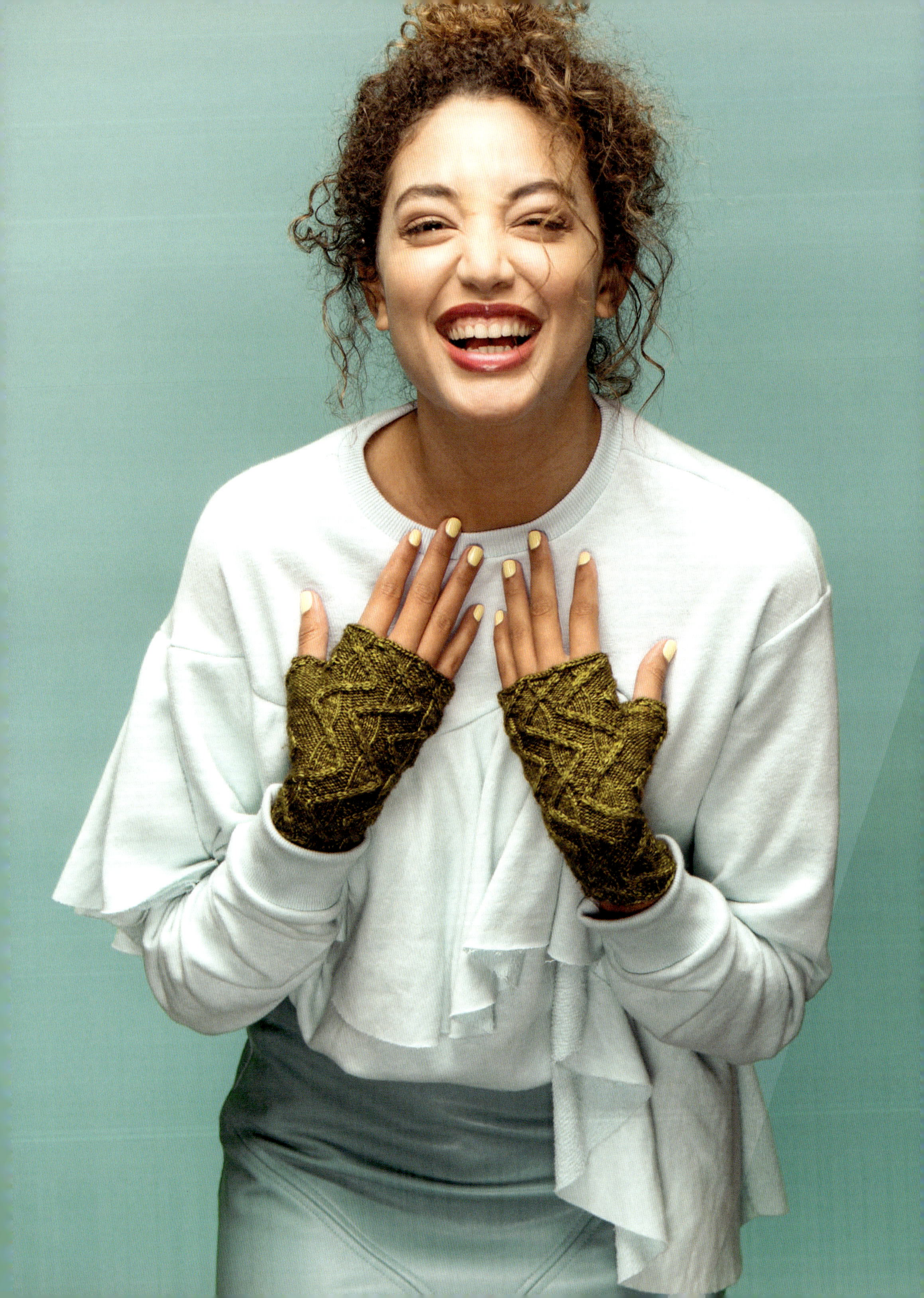

WINSTANLEY

Dieses Muster ist möglicherweise das schwierigste im ganzen Buch. Erstens verschiebt sich der Rundenanfang, zweitens wird der Daumenkeil auf ungewöhnliche Weise gestrickt. Die Zunahmen sind in den glatt links gestrickten Partien zwischen den Zopfelementen versteckt, damit der Zopf sich ungehindert am Daumen entlangziehen kann. Das bedeutet, dass die Stellen, an denen zugenommen wird, sich innerhalb des Musterverlaufs verschieben. Lesen Sie Anleitung und Anmerkungen sorgfältig, bevor Sie anfangen. Dieses Muster sollte man nicht unbedingt stricken, während im TV ein spannender Film läuft.

Endgröße

Handumfang: 14 (15, 16,5, 18, 19,5, 20,5) cm

Handschuhlänge: 18 cm

Wolle

Musterbeispiel: Sweet Fiber Yarns Cashmerino 20 (70% Superwash Wolle, 20% Kaschmir, 10% Nylon; 366 m pro 115 g Strang): 1 Strang in Chartreuse

Nadeln

Strumpfstricknadeln 2,5 mm, 2 Rundstricknadeln oder 1 lange Rundstricknadel

Zubehör

Maschenmarkierer, Zopfnadel, Restgarn oder Maschenhalter für Daumenmaschen

Maschenprobe

32 M und 48 Runden = 10 cm glatt rechts

40 M und 48 Runden = 10 cm im Zopfmuster

Anmerkungen

– Wählen Sie eine Größe, die etwa 1,15 cm schmaler ist als der tatsächliche Handumfang.

– Das Musterbeispiel ist in Größe 2 gearbeitet. Verbrauch: 50 g / 159 m.

Anleitung

BÜNDCHEN

AM 55 (60, 66, 70, 77, 80). Maschen nach Belieben verteilen und zur Runde schließen.

Nur erster Handschuh

Grnd: Arbeiten Sie nach der Strickschrift für Ihre Größe 5 (6, 6, 7, 7, 8) x rundum wdh.

Arbeiten Sie nach dem Muster bis Sie 1 vollständige Wiederholung der Strickschrift abgeschlossen haben und 7 (7, 5, 2, ,2 0) Rnd der 2. Wiederholung.

Nur zweiter Handschuh

Grnd: Arbeiten Sie nach der Strickschrift für Ihre Größe, beginnen Sie mit Rnd 15, und dann 5 (6, 6, 7, 7, 8) x rundum wdh.

Arbeiten Sie nach dem Muster bis Sie Rnd 28 der Strickschrift abgeschlossen haben und 21 (21, 19, 16, 16, 14) Rnd der 2. Wiederholung.

DAUMENKEIL

Bitte lesen, bevor Sie fortfahren! Die Zunahmen für den Daumenkeil werden anders als sonst gestrickt. Damit sie unsichtbar bleiben, wird an unterschiedlichen Stellen zugenommen. Sie werden links gestrickt, was die links gestrickten Partien zwischen den Zöpfen verbreitert. Sie sitzen gleich neben den Zöpfen. An der einen Seite der Zöpfe befindet sich eine Säule rechts verschränkt gestrickter Maschen, an der anderen Seite ein aus Verzopfungen bestehendes Dreieck. In den Runden, in denen der Zopf mit 1M re vschr beginnt, sollte die erste Zunahme unmittelbar vor dieser Masche stattfinden. Die zweite Zunahme kommt sofort nach der letzten Masche des Dreiecks, unabhängig davon, ob das eine einfache rechte Masche oder eine Verzopfung ist. In den Runden, in denen der Zopf mit einer Verschränkung (oder einer einfachen rechten Masche) beginnt, arbeiten Sie die erste Zunahme genau davor und die zweite sofort nach der darauffolgenden 1M re vschr.

Sie müssen bei den Zunahmen sorgfältig mitzählen und darauf achten, dass die Zöpfe innen und außen intakt bleiben und an der richtigen Stelle verlaufen. Die Formulierung „Maschen stricken, wie sie erscheinen" ist hier absolut zutreffend!

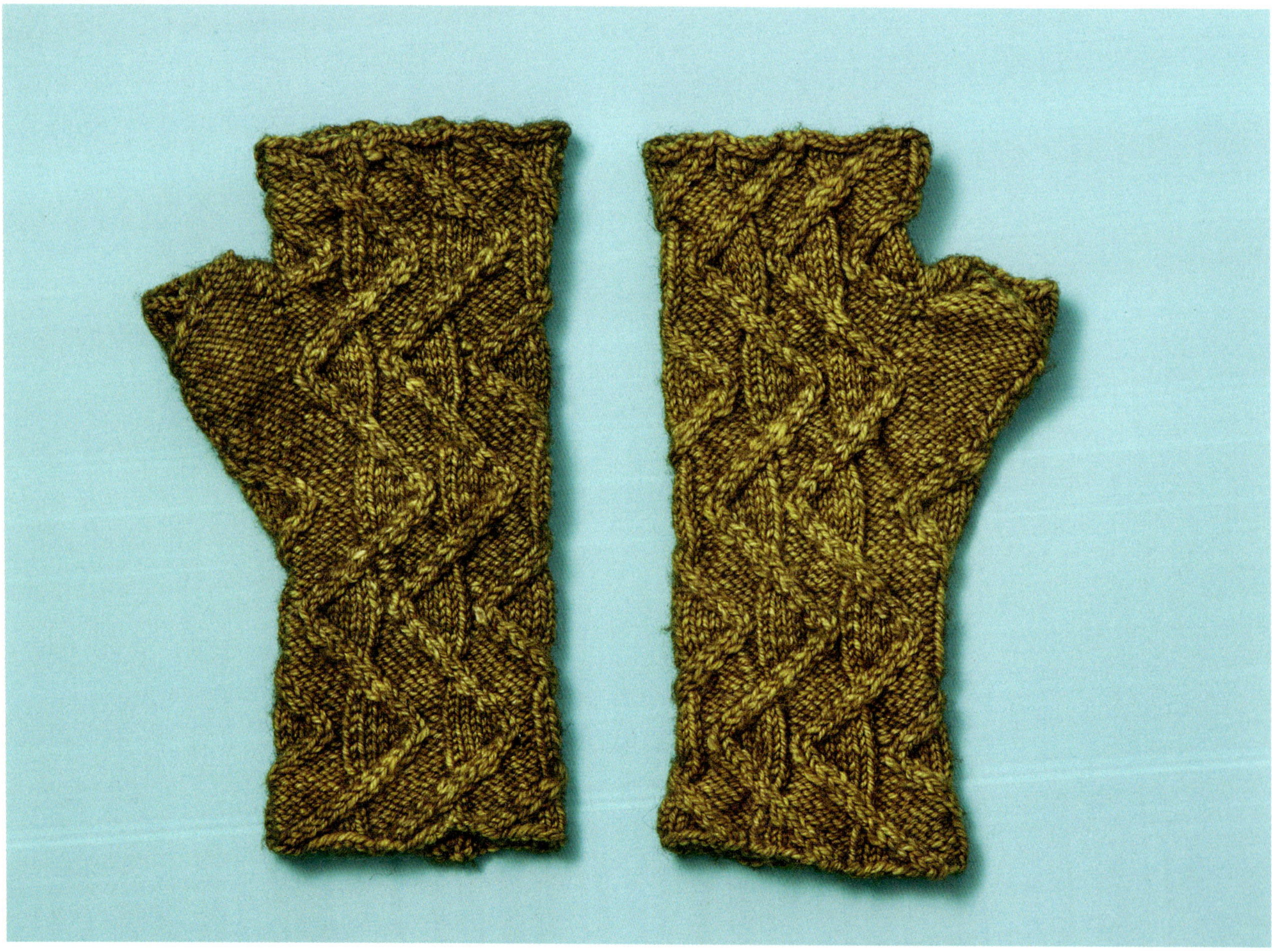

GRÖSSEN 1, 3 und 5

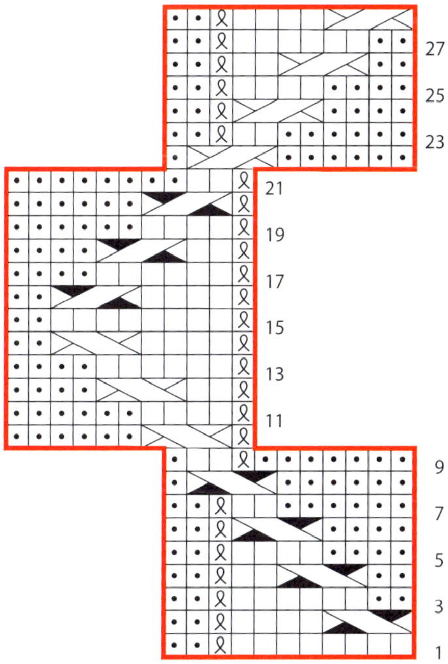

11M-Rapport

GRÖSSEN 2, 4 und 6

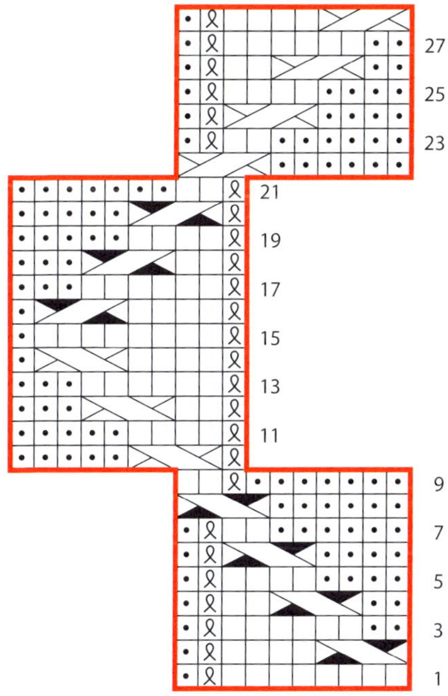

10M-Rapport

- **1M re**
- **1M li**
- **1M re-hMG**
- **Musterrapport**
- **2M auf ZN, vdA, 2M re, 2M re von ZN**
- **2M auf ZN, hdA, 2M re, 2M re von ZN**
- **2M auf ZN, vdA, 2M li, 2M re von ZN**
- **2M auf ZN, hdA, 2M re, 2M li von ZN**

→ ***Anm:*** *Auch wenn die Strickschrift anspruchsvoll aussieht, ist sie einfach umzusetzen, wenn Sie einmal dahinter gekommen sind. Sie stricken einen senkrechten Zopf, der sich von einer mittigen Säule aus rechts verschränkten Maschen nach rechts und nach links bewegt. In Runde 10 bewegt sich der Rundenanfang und am Anfang von Runde 22 bewegt er sich wieder zurück. In Runde 9 stricken Sie nach der Anleitung bis zum Ende der Runde und dann einfach weiter linke Maschen, bis Sie an die 1M re vschr des ersten Motivs gelangen. Das wird der neue Rundenanfang. Bei der letzten Wiederholung von Runde 21 hören Sie 7 Maschen vor dem Rundenende auf. Das wird der neue Rundenanfang.*

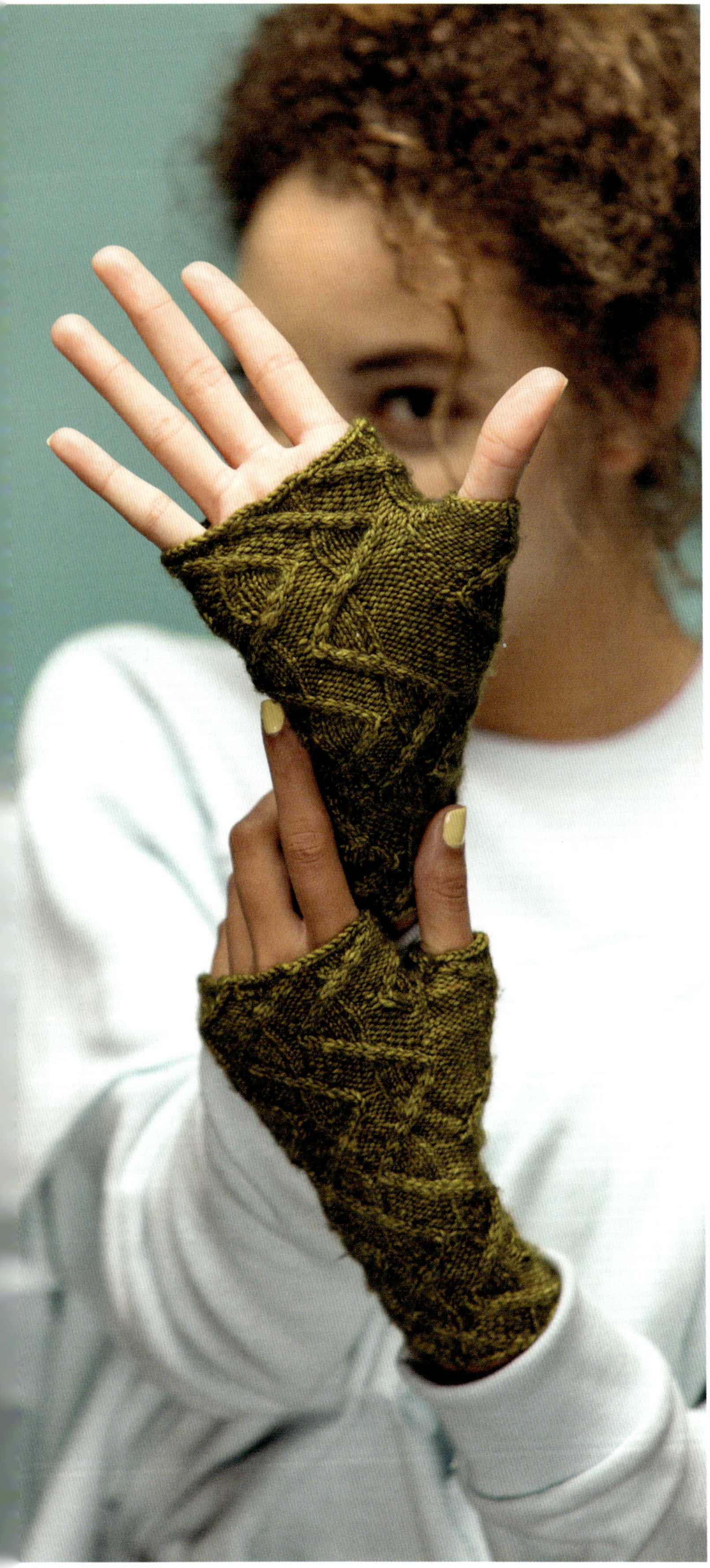

Weil sich die Maschenanzahl in den links gestrickten Partien durch das Zopfmuster verändert, finde ich es hilfreich zwei MM auf jeder Seite zu platzieren, um die zugenommenen Maschen abzuteilen. Auf der Zopfseite müssen die MM jedesmal versetzt werden, wenn Sie die Zöpfe verschränken, was sich erstmal aufwendig anhört, aber sehr hilfreich ist.

Ich habe mich entschieden, die Daumenkeilzunahme um das dritte Zopfmotiv der Runde zu platzieren. Auf diese Weise gerate ich bei der Zunahme und dem verschobenen Rundenbeginn nicht durcheinander.

Daumenkeil Zrnd: Arbeiten Sie im Muster, um das dritte Zopfmotiv einzurichten, 1ZML-reg, arbeiten Sie das Zopfmuster, 1ZML-lig, arbeiten Sie wie die Maschen erscheinen bis zum RndE – 2 Daumenkeil M zugenommen.

Nur für Größen 5 u 6: 1Rnd ohne Zunahme arbeiten.

Wdh Sie 1x die Zunahmerunde – 2 Daumenkeil M zugenommen.

Wdh Sie die lzt 2 Rnd 2 (3) weitere Male – 8 (10) Daumenkeil M.

Alle Größen: 2 Rnd ohne Zunahme arbeiten.

Wdh Sie 1x die Zunahmerunde – 2 Daumenkeil M zugenommen.

Wdh Sie die lzt 3 Rnd 3 (7, 8, 9, 7, 7) weitere Male – 10 (18, 20, 22, 24, 26) Daumenkeil M.

Nur für Größe 1: Arbeiten Sie 3 Rnd ohne Zunahme.

Wdh Sie 1x die Zunahmerunde – 2 Daumenkeil M zugenommen.

Wdh Sie die lzt 4 Rnd 2 weitere Male – 16 Daumenkeil M.

Alle Größen: Arbeiten Sie 3 (3, 2, 2, 2, 2) Rnd ohne Zunahme.

Zum Abteilen der Daumenmaschen müssen Sie sich am Zopfmotiv orientieren. Dieses sollte jetzt 3 M breit sein. In der folgenden Rnd müsste es 4 M breit werden, was bei der nächsten Anweisung berücksichtigt ist.

Nur erster Handschuh, nä Rnd, Handpartie abteilen: Arbeiten Sie im Muster wie die Maschen erscheinen bis zu 8 (9,10, 11,12, 13) M vor dem dritten Zopfmuster. Legen Sie die nä 20 (22, 24, 26, 28, 30) M auf Restgarn oder MH still, benutzen Sie die Hintere-Maschenglied-Methode, schlagen Sie 4 M über die Lücke an – 50 (60, 66, 70, 77, 80) M vrbl. Die ursprüngliche Maschenanzahl ist wiederhergestellt und Sie können das Muster jetzt fortsetzen, wie Sie es begonnen haben.

Nur zweiter Handschuh, nä Rnd, Handpartie abteilen: Im Muster arbeiten wie angegeben bis zu 9 (10,11, 12,13, 14) M vor dem dritten Zopfmotiv. Geben Sie die nä 20 (22, 24, 26, 28, 30) M auf Restgarn oder MH, nutzen Sie die Hintere-Maschenglied-Methode, 4 M über die Lücke anschlagen – 55 (60, 66, 70,

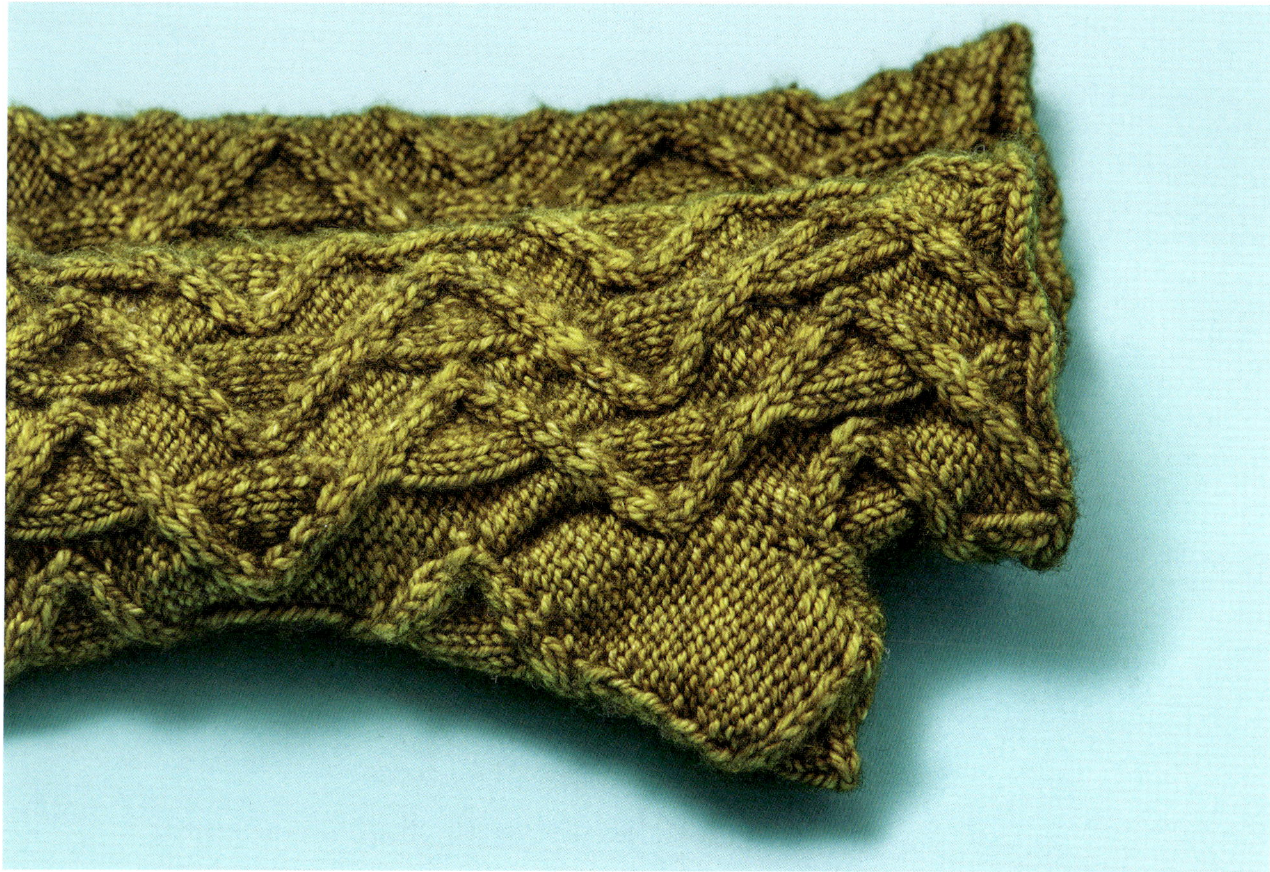

77, 80) M vrbl. Die ursprüngliche Maschenanzahl ist wiederhergestellt und Sie können das Muster jetzt fortsetzen, wie Sie es begonnen haben.

OBERE HANDPARTIE

Nur erster Handschuh: Arbeiten Sie im Muster weiter bis Sie Rnd 28 der Strickschrift beendet haben.

Nur zweiter Handschuh: Arbeiten Sie im Muster weiter bis Sie Rnd 14 der Strickschrift beendet haben.

Im Muster abketten.

DAUMEN

→ ***Anm:*** *Wenn Sie den Daumen stricken, setzen Sie das Zopfmotiv in der Mitte fort und stricken Sie die übrigen Maschen links.*

Geben Sie die 20 (22, 24, 26, 28, 30) stillgelegten Daumenmaschen wieder auf die Nadeln. VS nach vorne. Das Garn an der Daumenbeuge wieder anschlingen, 4 M in der Lücke aufnehmen und re stricken. Im Muster arbeiten, wie die Maschen erscheinen, bis zum Ende der Daumen M, 2M li von den aufgenommenen Maschen – 24 (26, 28, 30, 32, 34) M. Das ist der Neubeginn der Rnd. Verteilen Sie die Maschen über die Nadeln, wie Sie mögen, und schließen Sie zur Runde.

Nä Rnd: 1M li, 2M li-zus, arbeiten Sie wie Muster erscheint bis zu lzte 3M, 2M li-zus -2 M abgen.

Nä Rnd: Arbeiten Sie im Muster gerade hoch.

Wiederholen Sie die lzt beiden Rnd noch zwei weitere Male – 18 (20, 22, 24, 26, 28) M vrbl.

Nur erster Handschuh: Stricken Sie im Muster weiter, bis Sie Rnd 14 beendet haben.

Nur zweiter Handschuh: Stricken Sie im Muster weiter, bis Sie Rnd 28 beendet haben.

Im Muster abketten.

FERTIGSTELLUNG

Dämpfen Sie die fertigen Stücke, vernähen Sie die Fäden und schließen Sie die Lücken am Daumenkeil.

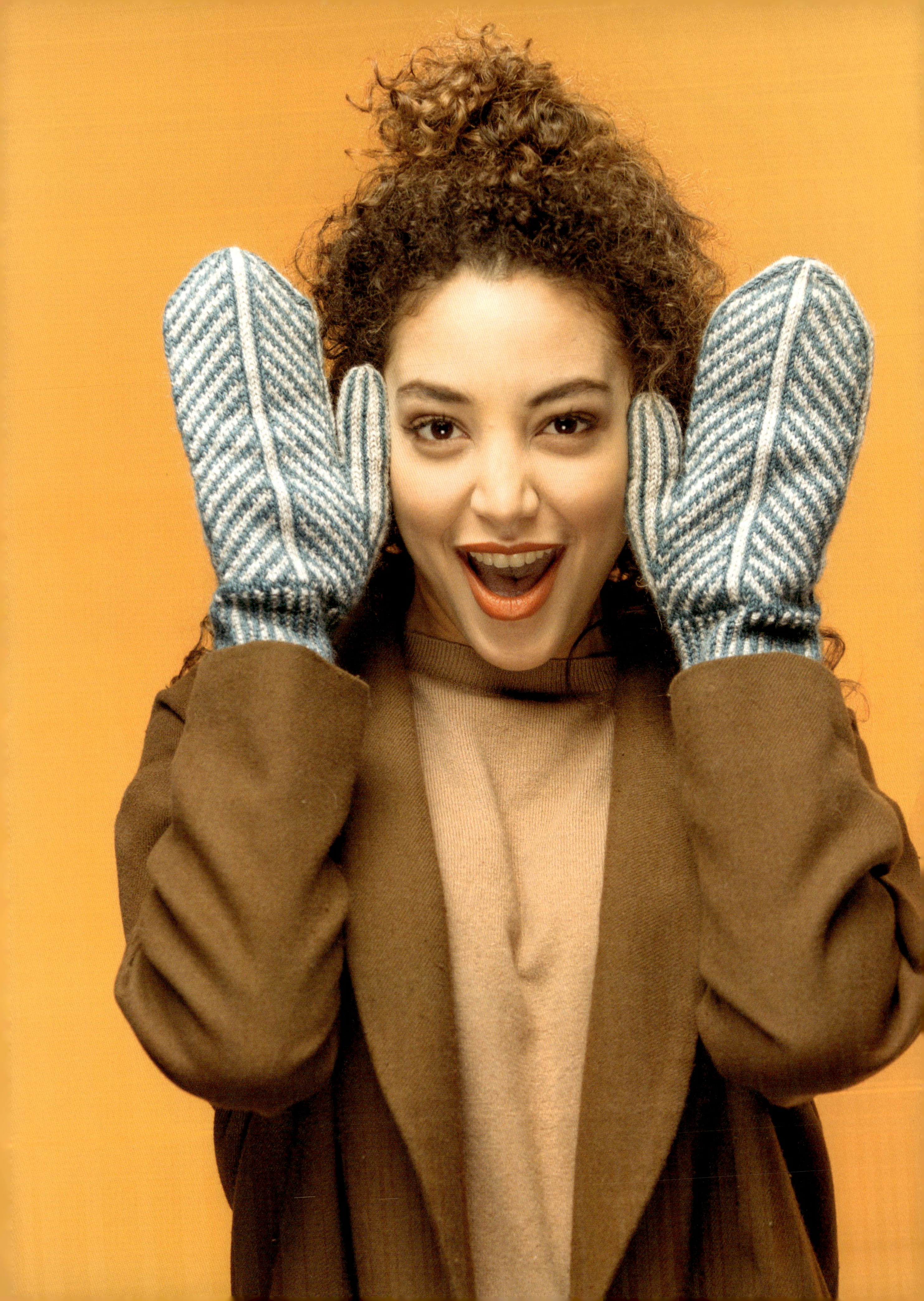

Guillemet

Strickerei in Jacquardtechnik ist gleichbedeutend mit warmen Handschuhen! Das geometrische Muster sieht in den verschiedensten Farbstellungen toll aus. Die schräglaufenden Streifen ergeben eine gleichmäßige Optik, und die einfachen Wiederholungen hat man sich im Handumdrehen gemerkt.

In dem hier verarbeiteten Garn ist etwas Mohair enthalten, das die Handschuhe noch wärmer macht und dem Gestrick einen dezenten Glanz gibt. Probieren Sie eine solche Wollmischung einmal aus. Der Mohair-Anteil ist gering und nur für Empfindliche spürbar, und vielleicht gefällt Ihnen das gewisse Etwas, das die Handschuhe damit bekommen.

Endgröße

Handumfang: 16,5 (18, 19, 20,5, 21,5, 23, 24) cm

Handschuhlänge: 25,5 cm, Passform veränderbar

Wolle

Musterbeispiel: The Fibre Co. Cumbria (90% Wolle, 10% Mohair; 218 m pro 100 g Strang); je 1 Strang in GF [Windemere (grün)] und KF [Scafell Pike (beige)]

Nadeln

Strumpfnadeln 3,75 mm, 2 Rundstricknadeln oder 1 lange Rundstricknadel

Zubehör

Maschenmarkierer, Restgarn oder Maschenhalter für die Daumenmaschen

Maschenprobe

24 M und 32 Rnd = 10 cm, glatt rechts gestrickt

32 M und 32 Runden = 10 cm in zweifarbiger Strickerei, gespannt

Anmerkungen

– Wählen Sie eine Größe, die passt oder etwas größer als der tatsächliche Handumfang ist.

-Wählen Sie eine größere Größe, wenn Sie noch einen fingerlosen Handschuh einlegen wollen.

– Das Musterbeispiel ist in Größe 4 gearbeitet. Verbrauch: 100 g insgesamt, 50 g/110 m von jeder Farbe.

Die Zunahmerunde

Nur Größe 1: ([4M re, 1ZM-reg] 4x, 5M re, 1ZM-reg) 2x – 52 M.

Nur Größe 2: ([4M re, 1ZM-reg] 2x, 3M re, 1ZM-reg) 4x – 56 M.

Nur Größe 3: [4M re, 1ZM-reg] 12x – 60M.

Nur Größe 4: ([4M re, 1ZM-reg] 2x, 5M re, 1ZM-reg) 4x – 64 M.

Nur Größe 5: ([4M re, 1ZM-reg] 6x, 5M re, 1ZM-reg) 2x – 68 M.

Nur Größe 6: ([4M re, 1ZM-reg] 6x, 5M re, 1ZM-reg) 2x – 72 M.

Nur Größe 7: ([4M re, 1ZM-reg] 3x, 3M re, 1ZM-reg) 4x – 76 M.

Anleitung

BÜNDCHEN

In GF 42 (44, 48, 52,54,58,60) M anschlagen. Nach Belieben auf die Nadeln verteilen und zur Runde schließen.

Rnd 1: [Mit GF, 1M re, mit KF, 1M re] rundum wdh.

Rnd 2: [Mit GF, 1M re, mit KF, 1M li] rundum wdh.

Wiederholen Sie die lzt Rnd bis das Bündchen 6,5 (6,5, 7, 7, 7,5, 7,5, 8,5) cm oder die gewünschte Länge misst.

Nä Rnd, Z für Handpartie: In der GF glatt re stricken, 10 (12, 12, 12, 14, 14, 16) gleichmäßig verteilt zunehmen – 52 (56, 60, 64, 68, 72, 76) M. [Siehe Kasten.]

Nä Rnd: In der GF glatt re stricken.

HAND

Nä Rnd, Strickschrift Handpartie einführen: Arbeiten Sie die Strickschrift für Ihre Größe 2x rundum und stricken jeden 4-Maschen-Rapport 2 (2, 2, 3, 3, 3, 3) x vor und nach jeder mittleren Säule.

Stricken Sie die nächsten 3 Rnd im Muster, wie die M erscheinen.

DAUMENKEIL

Nä Rnd, Position Daumenkeil einrichten: Arbeiten Sie im Muster bis zu lzt 2M, MMs, arbeiten Sie wie die Maschen erscheinen bis zum Rundenende – 2 Daumenkeil M.

Wenn Sie den Daumenkeil arbeiten, überspringen Sie die lzt 2 M der 2. Strickschrift- Wiederholung, weil sie jetzt Bestandteil des Daumenkeils sind, und arbeiten Sie jetzt den Daumenkeil in einem 3M-senkrecht-Streifen, 2M KF und 1M GF. Der Beginn des Daumenkeils sind 2M KF, und so werden die Zunahmen wie folgt gearbeitet: die erste Zunahme auf der einen Seite ist eine M in GF, die nä beiden Zunahmen werden in KF gearbeitet, die nä in GF und so weiter.

Wenn Sie die 1ZM arbeiten, sieht es am besten aus, wenn Sie den Farbfluss, in dem Sie die Zunahme arbeiten, wieder aufnehmen.

Daumenkeil in Rnd: Stricken Sie bis zum Daumenkeilmarker das Muster wie die Maschen erscheinen, MMa, 1ZM-reg in erforderlicher Farbe, arbeiten Sie im Muster bis zum RndE, 1ZM-liv in erforderlicher Farbe – 2 Daumenkeil M zugenommen.

2 Rnd ohne Zunahmen gerade hocharbeiten.

Lzt 2 Rnd wdh 3 (6, 7, 8, 11, 12, 10) x, das senkrechte Streifenmuster für den Daumenkeil beibehalten – 10 (16, 18, 20, 26, 28, 24) Daumenkeil M.

Nur für Größen 1, 2, 3, 4, und 7: Arbeiten Sie die Zunahmerunde gefolgt von 3 geraden Rnd 4 (2, 2, 2, 2) x – 18 (20, 22, 24, 28) m für Daumenkeil.

Nur für Größen 5 u 6: Daumenkeil ist fertiggestellt.

Alle Größen
In der nä Rnd legen Sie die Handpartie wie folgt still: im Muster arbeiten, wie es bis zum Daumenkeil Marker erscheint; entfernen Sie den MM, geben Sie 18 (20, 22, 24, 26, 26, 28) Daumenkeil M auf Restgarn oder MH; Hintere-Maschenglied-Methode anwenden. In der KF 2M über der Lücke anschlagen – 52 (56, 60, 64, 68, 72, 76) M vrbl.

OBERE HANDPARTIE

Fahren Sie fort in Runden zu stricken, und arbeiten Sie die Handpartie-Strickschrift 2x rundum.

Arbeiten Sie im Muster bis die Handmaße 14 (14, 14,5, 16, 16,5, 18, 18,5, 19,5) cm von der Oberkante des Bündchens oder die gewünschte Handlänge so gut wie erreicht haben, enden Sie mit Rnd 2 (1, 4, 3, 2, 1, 4) der Handpartie-Strickschrift und 1M vor Rundenende. Das ist der Beginn der neuen Rnd.

ABNAHME

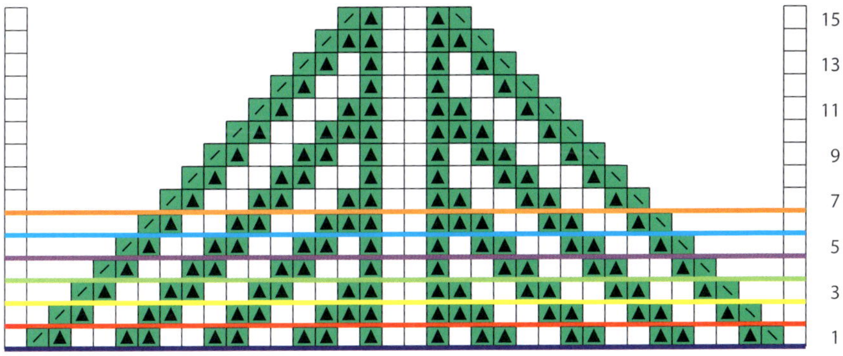

26 (28, 30, 32, 34, 36, 38) M abgenommen auf 8 M

- ▲ in GF, 1M re
- ⟍ in GF, 1A-lig
- ⟋ in GF, 2M re-zus
- □ in KF, 1M re
- Musterrapport
- Beginn Größe 1
- Beginn Größe 2
- Beginn Größe 3
- Beginn Größe 4
- Beginn Größe 5
- Beginn Größe 6
- Beginn Größe 7

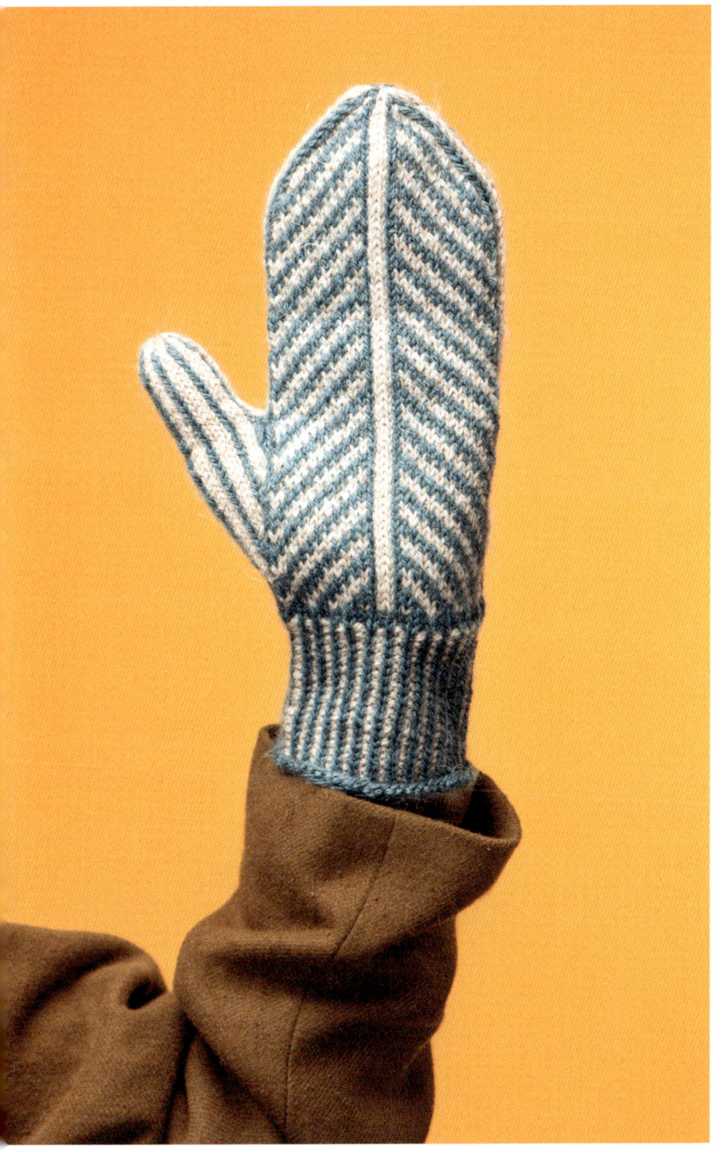

HAND *(Größen 1 und 5)*

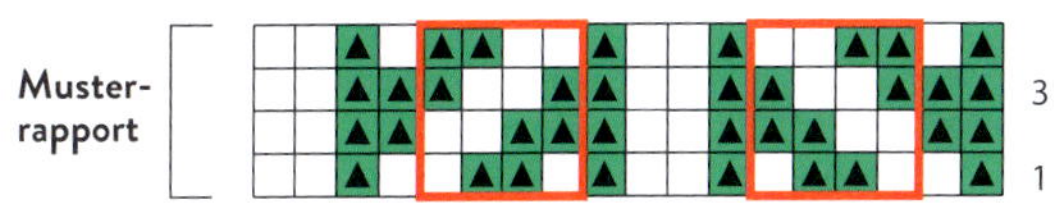

HAND *(Größen 2 und 6)*

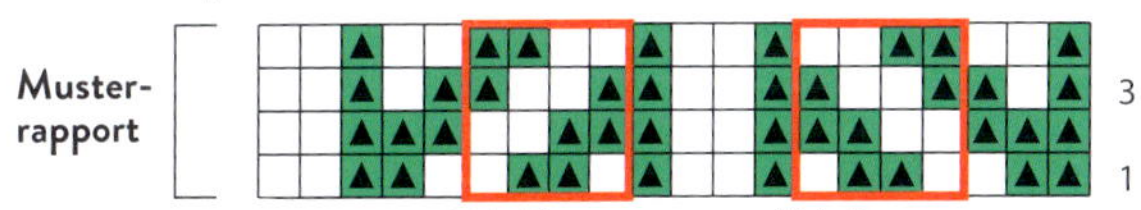

HAND *(Größen 3 und 7)*

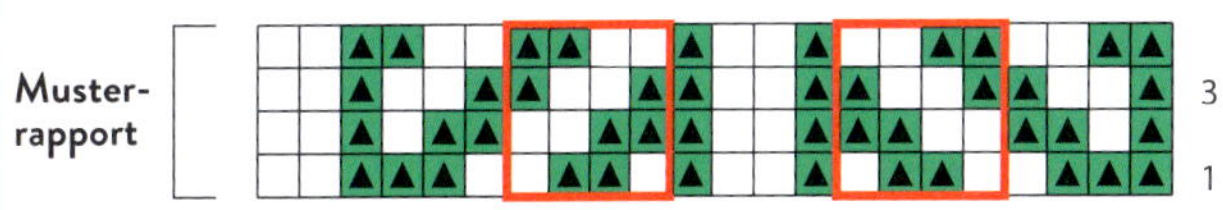

HAND *(Größen 4)*

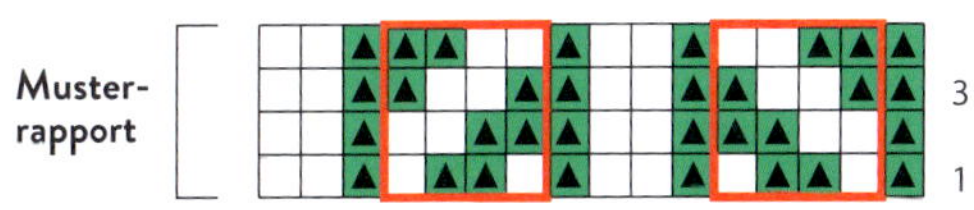

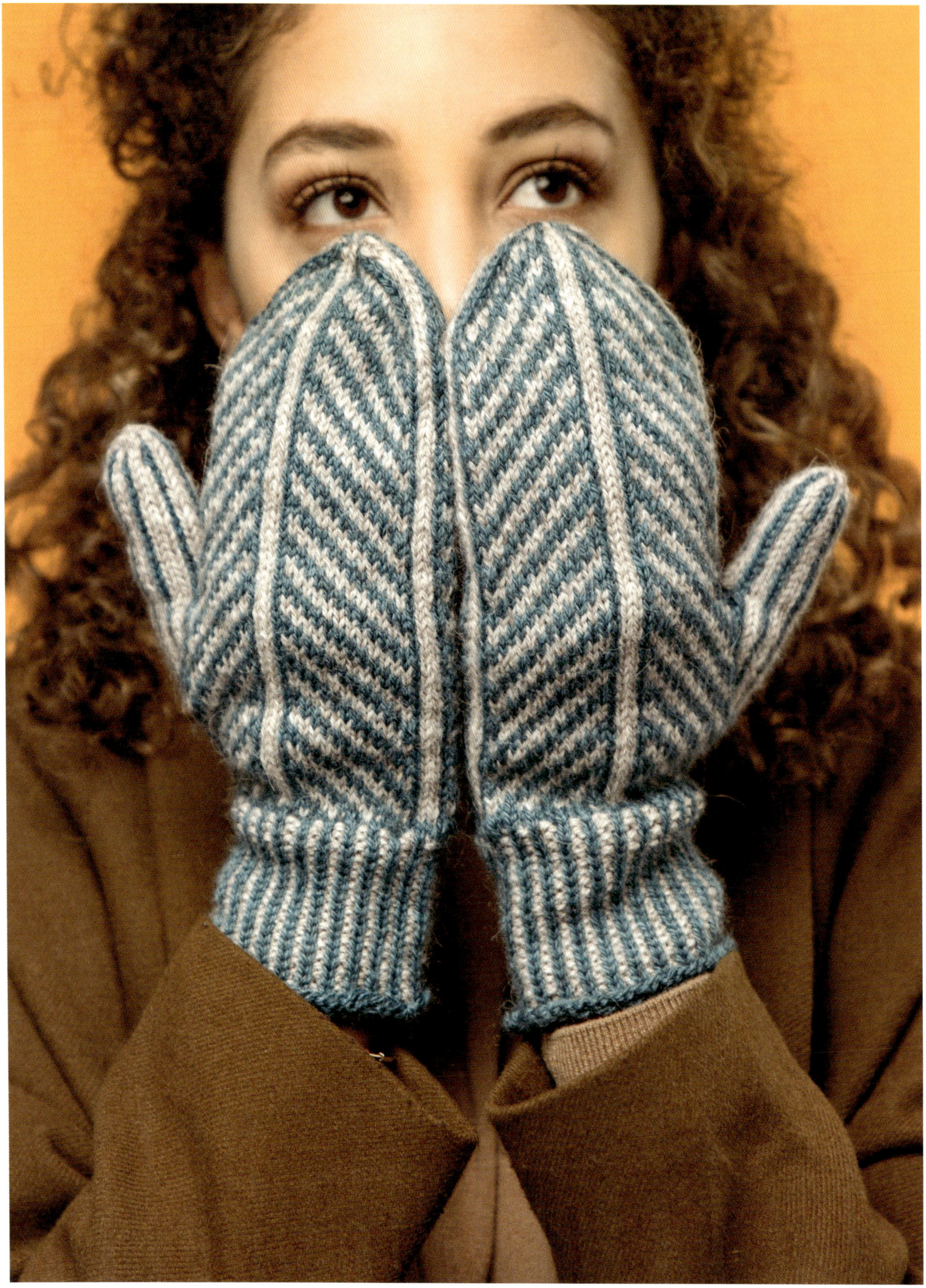

ABNAHME

Nä Rnd: Arbeiten Sie die Abnahme-Strickschrift 2x rundum. Sie beginnen mit Rnd 7 (6, 5, 4, 3, 2, 1) wie angegeben.

Arbeiten Sie die Maschen wie sie erscheinen, bis Sie die Abnahme-Strickschrift abgeschlossen haben – 16 M vrbl.

Schneiden Sie beide Fäden ab und ziehen Sie sie zum Abschluss durch die Endmaschen.

DAUMEN

Der Daumen wird im senkrechten Streifenmuster gearbeitet. Die Maschenanzahlen, die aufgenommen werden müssen, und die entsprechenden Farben sind je nach Größe unterschiedlich.

Geben Sie 18 (20, 22, 24, 26, 28, 28) stillgelegte Daumenmaschen auf die Nadeln zurück.

Nur für Größen 1 u 4: VS nach vorne. In der Kontrastfarbe Faden neu anschlingen und in der Daumenbeuge 2 M aufn und re stricken. Faden in der Grundfarbe neu anschlingen und das Daumenmuster stricken wie die Maschen erscheinen – 20 (26) M.

Nur für Größen 2 u 5: VS nach vorne. In der Kontrastfarbe Faden neu anschlingen und in der Daumenbeuge 3 M aufn und re stricken. Faden in der Grundfarbe neu anschlingen und das Daumenmuster stricken wie die Maschen erscheinen – 23 (29) M.

Nur für Größen 3, 6 u 7: VS nach vorne. In der Kontrastfarbe Faden neu anschlingen und in der Daumenbeuge 4 M aufn und re stricken. Faden in der Grundfarbe neu anschlingen und das Daumenmuster stricken, wie die Maschen erscheinen – 26 (32, 32) M.

Alle Größen: Die Maschen nach Belieben auf die Nadeln verteilen und zur Runde schließen.

Nä Rnd, Abnahme: Stricken Sie bis zu den lzt 3 (4, 5, 3, 4, 5, 5) M im Muster wie angelegt, mit KF (KF, GF, KF, KF, GF, GF), 1A-lig, arbeiten Sie 0 (1, 2, 0, 1, 2, 2) M in den Farben wie Muster erscheint, in KF (KF, GF, KF, KF, GF, GF) arbeiten Sie 2M-zus (lzt der aufgenommenen M und erste Daumenkeil M) – 18 (21, 24, 24, 27, 30, 30) M vrbl. Das ist der Beginn der neuen Rnd.

Arbeiten Sie im Muster gerade hoch bis der Daumen 5 (5,5, 5,5 6,5, 6,5, 7, 7,5) cm misst oder gerade bedeckt ist.

Bevor Sie die Endabnahme arbeiten, versichern Sie sich, dass die Daumen M so angelegt sind, dass Sie die Runde mit 2 M in KF beginnen. Sollten Sie ein, zwei Maschen stricken müssen, um so beginnen zu können, tun Sie das.

Nä Rnd, Abnahme: [In KF 2M re-zus, mit GF 1M re] rundum wdh – 12 (14, 16, 16, 18, 20, 20) M vrbl.

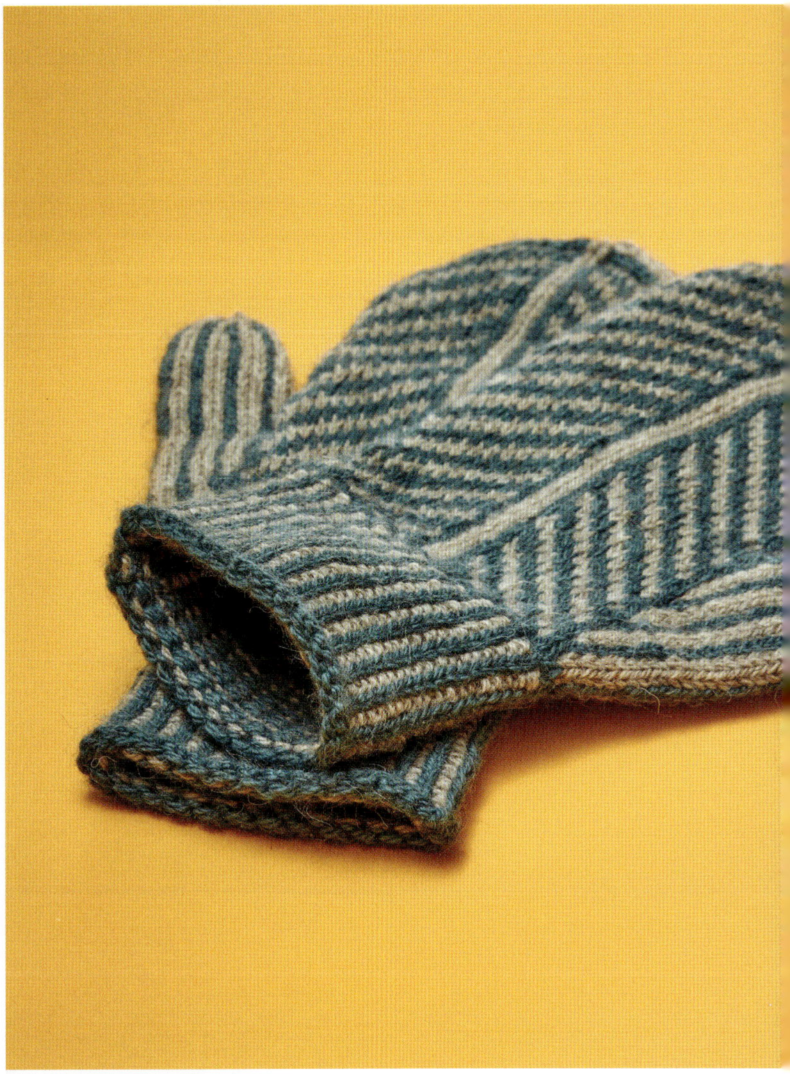

Schneiden Sie den GF Faden ab.

Nä Rnd: In KF 1M re, 1M re-zus rundum bis zur lzt M, 2M re-zus (lzt M der Rnd u 1. M der nä Rnd) – 6 (7, 8, 8, 9, 10, 10) M vrbl.

Nur letzte 3 Größen, Endrunde: 2M re-zus 4 (5,5) x, 1 (0, 0) M re – 5 M vrbl.

Alle Größen: Schneiden Sie den Faden ab und ziehen Sie ihn zum Abschluss durch die Endmaschen.

FERTIGSTELLUNG

Dämpfen Sie die fertigen Stücke, vernähen Sie die Fäden und schließen Sie die Lücken am Daumenkeil.

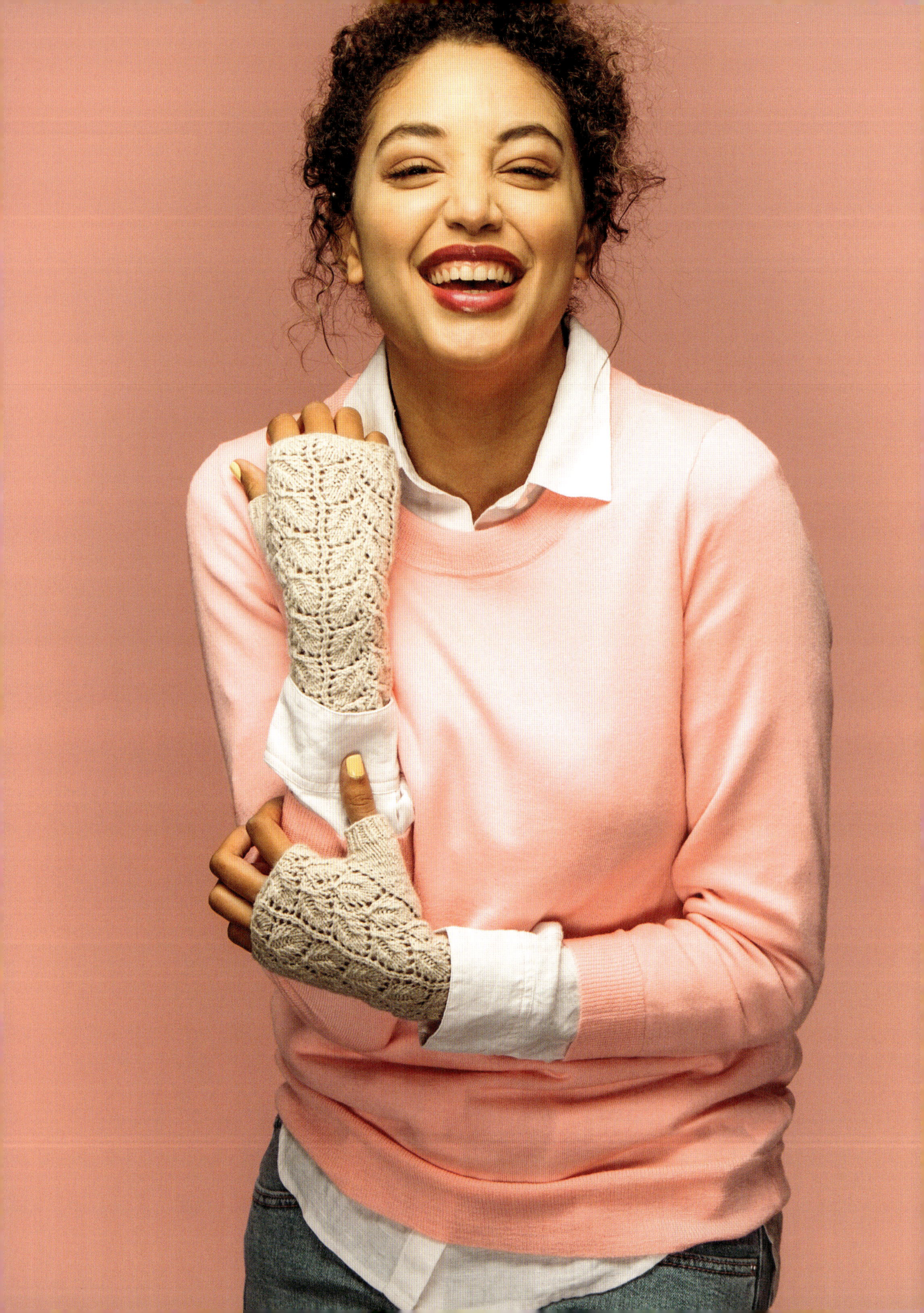

FORSYTE

Ein elegantes Paar Stulpen, das über seinen wahren Zweck hinwegtäuscht: Die Farbe und das zarte Lacemuster sehen eher nach Spielerei aus als nach einem warmen, praktischen Winteraccessoire, zu dem die Garnqualität sie macht. In der abgebildeten Farbe ideal zu einer Winterhochzeit, in Schwarz zu formellen Anlässen – und das kleine bisschen Eleganz unter Ihren Alltagshandschuhen. Wenn es im Büro kühl ist, können Sie diese Stulpen auch zu einem schickeren Outfit tragen. Anders als bei anderen komplett gemusterten Handschuhen sorgt das Rippenbündchen am Handgelenk und an der Handfläche für eine perfekte Passform.

Endgröße

Handumfang: 16,5 (18, 19, 20,5 21,5) cm

Handschuhlänge: 19 (19, 19, 19, 21,5, 21,5) cm

Wolle

Musterbeispiel: Bijou Basin Ranch Bijou Spun Sport Weight (100% reine Yak-Feinwolle; 300 m pro 100 g Strang); 1 Strang in Natural Cream

Nadeln

Strumpfstricknadeln 3,25 mm, 2 Rundstricknadeln oder 1 lange Rundstricknadel

Zubehör

Maschenmarkierer, Restgarn oder Maschenhalter für Daumenmaschen

Maschenprobe

30 M und 40 Runden = 10 cm glatt rechts, gespannt

31 M und 40 Runden = 11,4 cm im Lacemuster, gespannt

Anmerkungen

– Wählen Sie eine Größe, die etwa 1,25 cm schmaler ist als der tatsächliche Handumfang. Das Lacemuster sieht am besten aus, wenn es eng anliegt.

– Das Musterbeispiel ist in Größe 2 gearbeitet. Verbrauch: 35 g insgesamt / 105 m.

Zunahmerunde

Nur Größe 1: Arbeiten Sie die ersten 31 M nach der Strickschrift, 4M re, 1ZM, 5M re, 1ZM, 4M re – 46 M.

Nur Größe 2: Arbeiten Sie die ersten 31 M nach der Strickschrift, [3M re, 1ZM] 4x, 3M re – 50 M.

Nur Größe 3: Arbeiten Sie die ersten 31 M nach der Strickschrift, 2M re, [1ZM, 3M re] 5x, 1ZM, 2M re – 56 M.

Nur Größe 4: Arbeiten Sie die ersten 31 M nach der Strickschrift, 4M re, [1ZM, 3M re] 6x, 1M re – 60 M.

Nur Größe 5: Arbeiten Sie die ersten 31 M nach der Strickschrift, [4M re, 1ZM, 3M re, 1ZM] 3x, 4M re – 62 M.

Abnahmerunde

Nur Größe 1: Arbeiten Sie die ersten 31 M nach der Strickschrift, [4M re, 2M re-zus] 2x, 3M re – 44 M vrbl.

Nur Größe 2: Arbeiten Sie die ersten 31 M nach der Strickschrift, [2M re, 2M re-zus] 4x, 3M re – 46 M vrbl.

Nur Größe 3: Arbeiten Sie die ersten 31 M nach der Strickschrift, 1M re, [2M re, 2M re-zus, 1M re, 2M re-zus] 3x, 3M re – 50 M vrbl.

Nur Größe 4: Arbeiten Sie die ersten 31 M nach der Strickschrift, 1M re, [2M re, 2M re-zus] 6x, 4M re – 54 M vrbl.

Nur Größe 5: Arbeiten Sie die ersten 31 M nach der Strickschrift [3M re, 2M re-zus] 6x, 1M re – 56 M vrbl.

Anleitung

BÜNDCHEN

Schlagen Sie 44 (46, 50, 54, 56) M an. Verteilen Sie die Maschen nach Belieben auf die Nadeln und schließen Sie zur Runde.

Grnd: 2M re, [1M li, 1M re] 14x, [1M re, 1M li] bis zum RndE.

Nä Rnd, Bündchenmuster: Arbeiten Sie die ersten 31 M nach der Strickschrift, 1M li, [1M re, 1M li] bis zum RndE.

Strickschrift wird gearbeitet wie angelegt.

Arbeiten Sie wie M erscheinen bis Sie zwei vollständige Wiederholungen der Strickschrift vollendet haben, dann arbeiten Sie 4 (2, 0, 5, 5) weitere Runden der 3. Wiederholung. Für Größe 3 sind nach Vollendung der zwei Wiederholungen keine weiteren Rnd erforderlich.

HANDPARTIE

Nä Rnd, Zunahme für Hand: Arbeiten Sie die ersten 31 M nach der Strickschrift, zum RndE str, nehmen Sie 2 (4,6, 6, 6) M gleichmäßig zu über 13 (15, 19, 23, 25) Handflächen M – 46 (50, 56, 60, 62) M. (Lesen Sie dazu den Kasten.)

DAUMENKEIL

Nur rechte Hand, nä Rnd, Position Daumenkeil einrichten: Arbeiten Sie die ersten 31 M nach der Strickschrift, MMs, 1M re, MMs, bis RndE str – 1 Daumenkeil M zw den MM.

Nur linke Hand, nä Rnd, Position Daumenkeil einrichten: Im Muster arbeiten bis zur lzt M der Rnd, MMs, 1M re – 1 Daumenkeil M zw MM und RE.

→ ***Anm:*** *Die Anleitung ist für beide Stulpen gleich. Da der Daumenkeil der linken Hand am Ende der Runde gestrickt wird, kann man die Anweisung „MM setzen und bis zum Rundenende re str“ nach der zweiten Zunahme einfach ignorieren.*

Daumenkeil Zrnd: Arbeiten Sie wie M erscheinen bis zum MM, MMa, 1ZM-reg, str bis zum nä MM, 1ZM-lig, MMa, bis RndE str – 2 Daumenkeil M zugenommen.

2 (2, 2, 2, 1) Rnd ohne Zunahme str.

Lzt 3 (3, 3, 3, 2) Rnd 6 (6, 7, 9, 2) weitere Male – 15 (15, 17, 21, 7) Daumenkeil M.

Nur für Größen 1 u 4: Daumenkeil ist fertig.

Nur für Größen 2 u 3: Arbeiten Sie die Zunahmerunde und anschließend 3 Rnd ohne Zunahmen – 17 (19) Daumenkeil M. Daumenkeil ist fertig.

Nur für Größe 5: Arbeiten Sie die Zunahmerunde und anschließend 2 Rnd ohne Zunahme 8 x – 23 Daumenkeil M. Daumenkeil ist fertig.

Alle Größen

Nä Rnd, Handmaschen abteilen: Stricken Sie im Muster bis zum Daumenkeil Marker, MMe, geben Sie 15 (17, 19, 21, 23) Daumenkeil M auf Restgarn oder MH, benutzen Sie die Hintere-Maschenglied-Methode, schlagen Sie 1 M über der Lücke an, zweiten MMe und bis RndE re stricken – 46 (50, 56, 60, 62) M vrbl.

OBERE HANDPARTIE

Arbeiten Sie im Muster gerade hoch bis Sie 6 (6, 6, 7, 7) vollständige Wiederholungen der Strickschrift ab der Unterkante sowie R1 der 7. (7., 7., 8., 8.) Wiederholung abgeschlossen haben.

ABNAHME

Nä Rnd, Abnahme Handfläche str: Arbeiten Sie die Strickschrift wie angelegt, re stricken bis RndE, nehmen Sie gleichmäßig 2 (4, 6, 6, 6) M über 15 (19, 25, 29, 31) Handflächen M verteilt ab – 44 (46, 50, 54, 56) M vrbl. (Lesen Sie dazu den Kasten auf Seite 106.)

Nä Rnd: Arbeiten Sie nach der Strickschrift wie angelegt, 1M li [1M re, 1M li] bis RndE.

Weiterstricken, bis Sie R10 der Strickschrift abgeschlossen haben.

OBERKANTE

Endrunde: 1M re, U, 1M re, 1A-lig, 1M li, 2M re-zus, 3M re, 1A-lig, 1M li, 2M re-zus, 1M re, 1M li, 1A-lig, 1M li, 2M re-zus, 1M re, U, 1M re, {1M li, 1M re} bis lzt M, 1M li – 38 (40, 44, 48, 50) M vrbl.

Ketten Sie entsprechend Muster ab (die U werden rechts gestr).

DAUMEN

Geben Sie die 15 (17, 19, 21, 23) stillgelegten Maschen wieder auf die Nadeln. VS nach vorne. Garn an an der Daumenbeuge anschlingen und 3 M in der Lücke aufn und re str, weiter re str bis zum Ende der Daumen M – 18 (20, 22, 24, 26) M. M nach Belieben verteilen und Runde schließen.

Nä Rnd, Rippenmuster und Abnahmen stricken: 1M re, 1M li, 2M re-zus, [1M li, 1M re] 5(6, 7, 8, 9) x, 1M li, 1A-lig, 1M li – 16 (18, 20, 22, 24) M vrbl. Das ist der Beginn einer neuen Runde. Rippenmuster ist angelegt.

Arbeiten Sie weitere 5 Rnd im Rippenmuster wie angelegt.

M abketten, wie sie erscheinen.

FERTIGSTELLUNG

Dämpfen Sie die fertigen Stücke, vernähen Sie die Fäden und schließen Sie die Lücken am Daumenkeil.

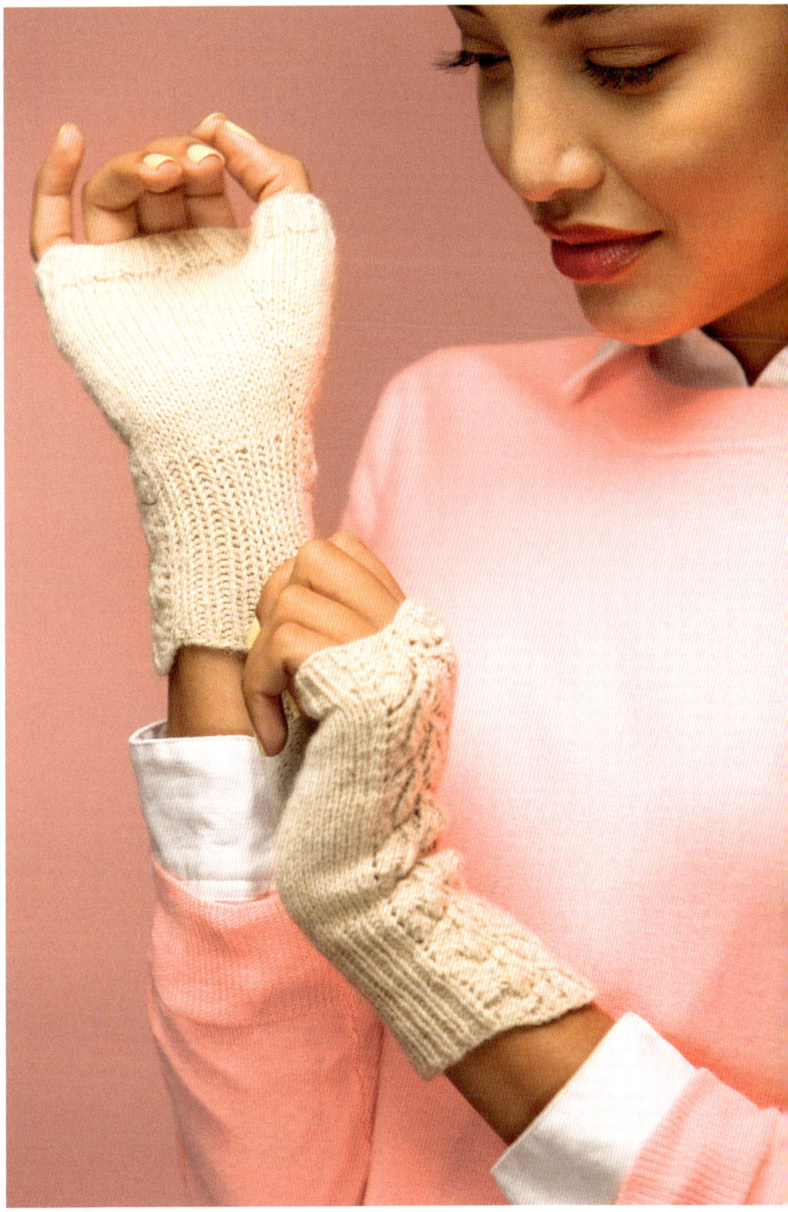

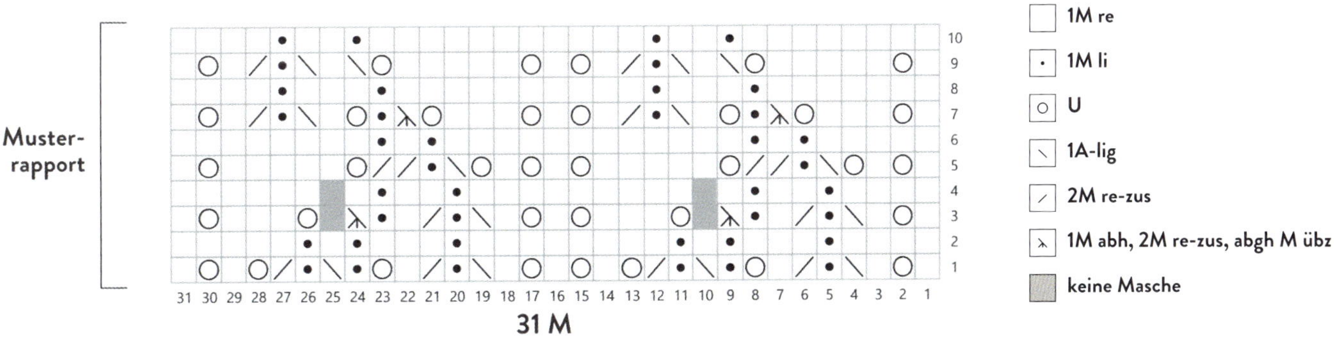

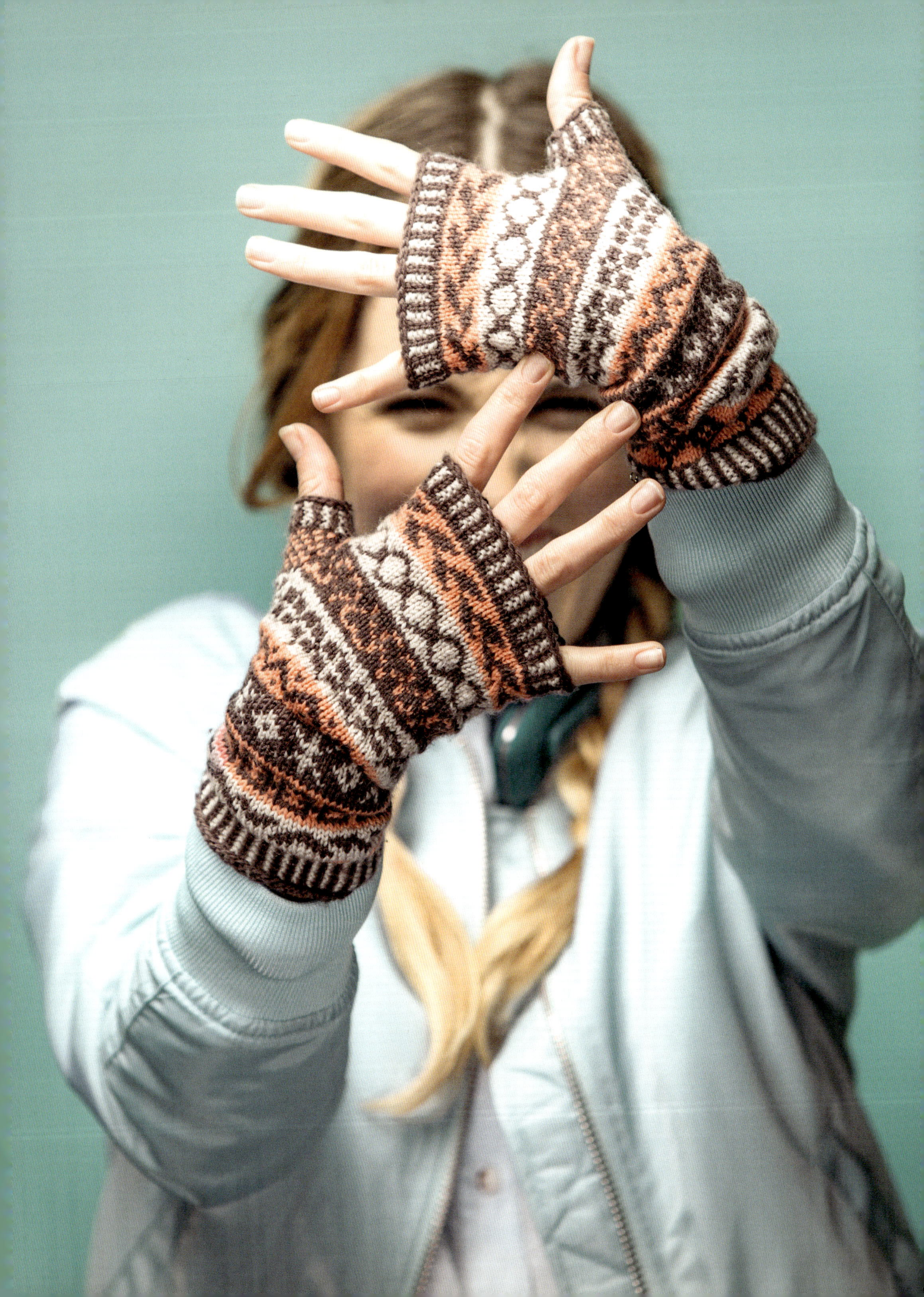

BRAEWICK

Durch das durchgehend gestrickte Fair-Isle-Muster sind diese fingerlosen Stulpen besonders warm – geradezu perfekt, wenn Sie im Winter Ihre Finger frei haben wollen. Traditionelle Fair-Isle-Muster bestehen aus kleinen Musterrapports, die man sich leicht merken kann. Die starken diagonalen Linien strecken das Gewebe, da die Querfäden an der Rückseite in der Länge und bezüglich ihrer Platzierung variieren. Auch wenn Sie vorher noch nie mehrfarbig gestrickt haben – dieses Muster ist einfach.

Man kann es in diversen Farbstellungen stricken: Sie brauchen eine dunkle, eine helle und eine dritte, kontrastierende Farbe. Die Stulpen würden zum Beispiel auch in Schwarz, Anthrazit und Wollweiß großartig aussehen – oder Sie probieren Marineblau, Weiß und ein helles Limonengrün.

Endgröße

Handumfang: 16,5 (19, 20,5, 23, 23,5) cm

Handschuhlänge: 23 (24, 24, 25,5, 25,5) cm

Wolle

Musterbeispiel: Dale of Norway Baby Ull (100% Superwash Merino; 151 m pro 50g Knäuel), 1 Knäuel pro GF [#3871 (braun)], KF1 [#2616 (beige) und KF2 [#3507 (koralle)]

Nadeln

Größen 1, 3 u 5: Strumpfstricknadeln 3,25 mm, 2 Rundstricknadeln oder 1 lange Rundstricknadel

Größen 2 u 4: 4 Strumpfstricknadeln 3,5 mm, 2 Rundstricknadeln oder 1 lange Rundstricknadel

Zubehör

Maschenmarkierer, Restgarn oder Maschenhalter für Daumenmaschen

Maschenprobe

32 M und 38 Runden = 10 cm im Farbmuster mit dickeren Nadeln, gespannt

36 M u 40 Runden = 10 cm im Farbmuster mit dünneren Nadeln, gespannt

Anmerkungen

– Wählen Sie die Größe, die dem tatsächlichen Handumfang möglichst genau entspricht.

– Das Musterbeispiel ist in Größe 1 gearbeitet. Verbrauch: 57 g / 163 m insgesamt

– Um eine noch größere Auswahl an Größen zu bieten, werden für die Größen unterschiedliche Nadeln benutzt. Stellen Sie sicher, dass Sie stets mit den richtigen Maßen für Ihre Größe arbeiten.

STRICKHILFE

2M RE-ZUS (ODER 2M LI-ZUS) BEIM ABKETTEN

Wenn Sie Maschen abketten, stricken Sie 2M re-zus (oder 2M li-zus) statt jede einzelne Masche im Muster zu arbeiten (links oder rechts gestrickt), um im Muster zu bleiben, bevor Sie die Masche zum Abketten überziehen.

Anleitung

BÜNDCHEN

In der GF und Ihrer Größe entsprechenden Stricknadeln 60 (60, 72, 72, 84) M anschl. M nach Belieben auf die Nadeln verteilen und zur Runde schließen.

Rnd 1: [In der GF 1M re, in der KF 1M re] rundum wdh.

Rnd 2: [In der GF 1M re, in der KF 1M li] rundum wdh.

Wiederholen Sie die lzt Rnd 7 (7, 8, 8, 10) weitere Male.

Nä Rnd: In der GF glatt rechts stricken.

→ ***Anm:*** *Das zweifarbige Rippenmuster ist typisch für die traditionelle Fair-Isle-Strickerei. Hier fehlt das Elastische regulärer Rippenbündchen, es wird mit der gleichen Maschenanzahl gestrickt wie bei der Hand-partie, und am oberen Bündchen werden sogar ein paar Maschen abgenommen, damit das Gestrick sich nicht zu stark ausdehnt.*

HAND

Nä Rnd, Strickschrift beginnen: Schlingen Sie KF2 an und beginnen Sie nach der Strickschrift zu arbeiten: Sie arbeiten den 12M-Rapport rundum 5 (5, 6, 6, 7) weitere Male.

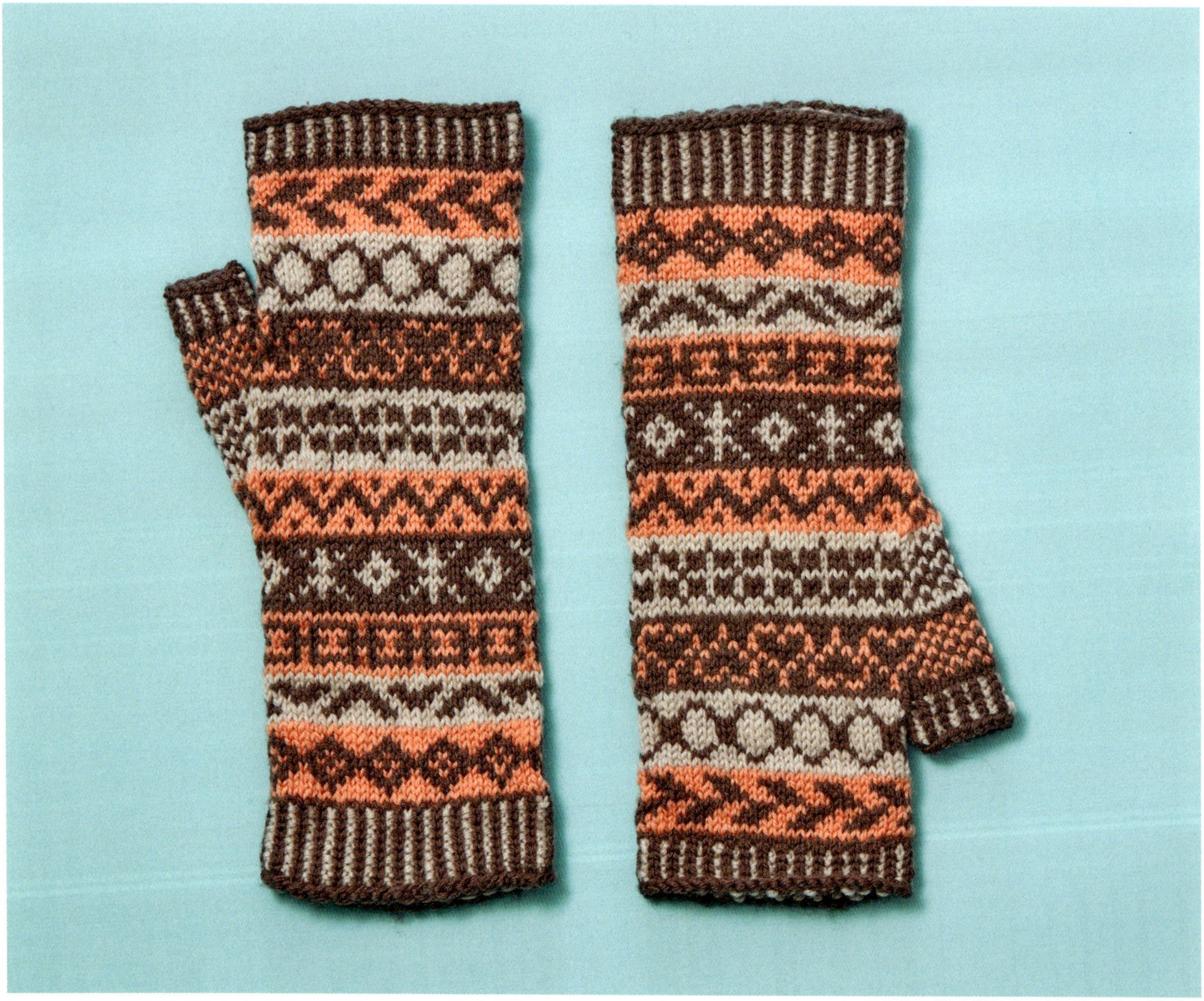

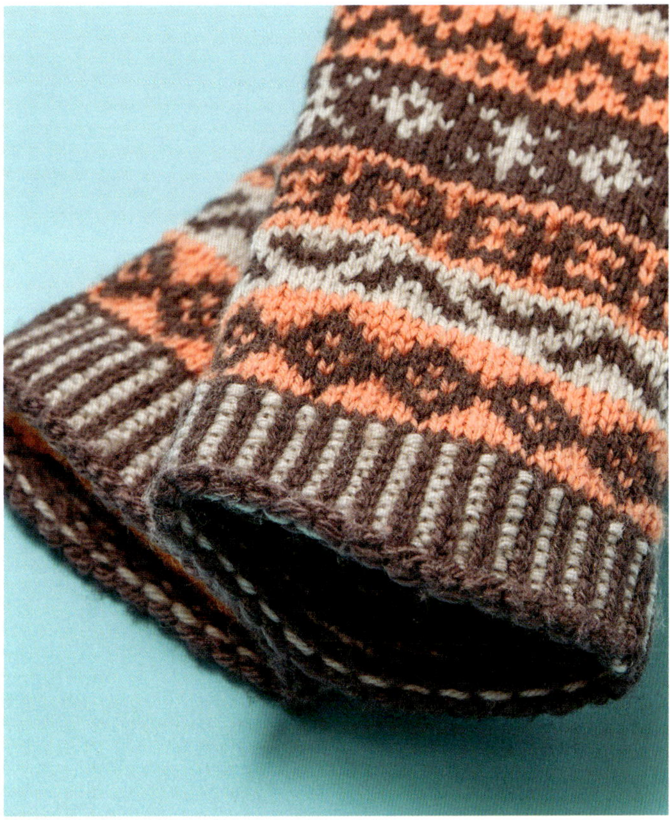

Nur für die drei größten Maße

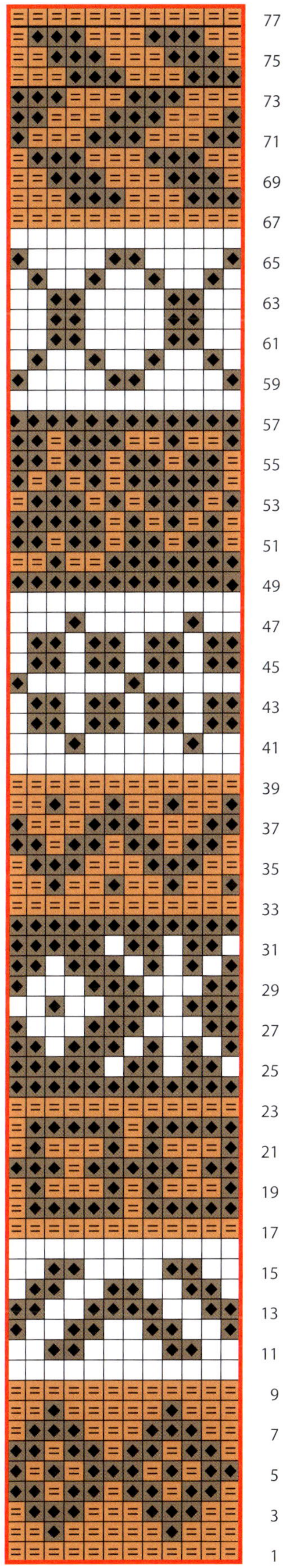

12M-Rapport

- ◆ mit GF, 1M re
- □ mit KF1, 1M re
- = mit KF2, 1M re
- Musterrapport

Arbeiten Sie nach dem Muster, bis Rnd 28 (26, 22, 22, 15) abgeschlossen ist.

DAUMENKEIL

Der Daumenkeil wird im Schachbrettmuster gestrickt, bei dem die Farbe mit jeder Masche wechselt. In der Anleitung ist von erster und zweiter Farbe die Rede. In den zweifarbigen Runden stricken Sie mit der GF des Musters als erster und der KF als zweiter Farbe. Die einfarbigen Runden stricken Sie in der GF.

Erste Zunahmerunde: Das Muster bis zum Rundenende weiter stricken wie beschrieben, MM setzen, in der ersten Farbe RabhZ, in der zweiten Farbe LabhZ – 2 Keilmaschen.

Nächste Runde: Muster bis zum MM stricken wie beschrieben. Dann in der zweiten Farbe 1M re, in der ersten Farbe 1M re.

Jetzt ist das Schachbrettmuster für den Daumenkeil angelegt. Sie müssen nun entscheiden, in welcher Farbe Sie die Zunahmen stricken wollen. Wenn es eine einfarbige Runde ist, werden auch die Zunahmen in der betreffenden Farbe gestrickt. Wenn Sie in der Runde direkt nach einer einfarbigen Runde zunehmen, ist es egal, welche Farbe Sie nehmen. In der Runde nach einer zweifarbigen Runde müssen Sie sich entscheiden. Wenn Sie am ersten Zunahmepunkt angekommen sind, sehen Sie sich die erste Keilmasche an und stricken Sie die Zunahme in der gleichen Farbe. Bei der zweiten Zunahme führen Sie einfach das Schachbrettmuster weiter fort. Auch wenn es nicht entscheidend ist, sieht

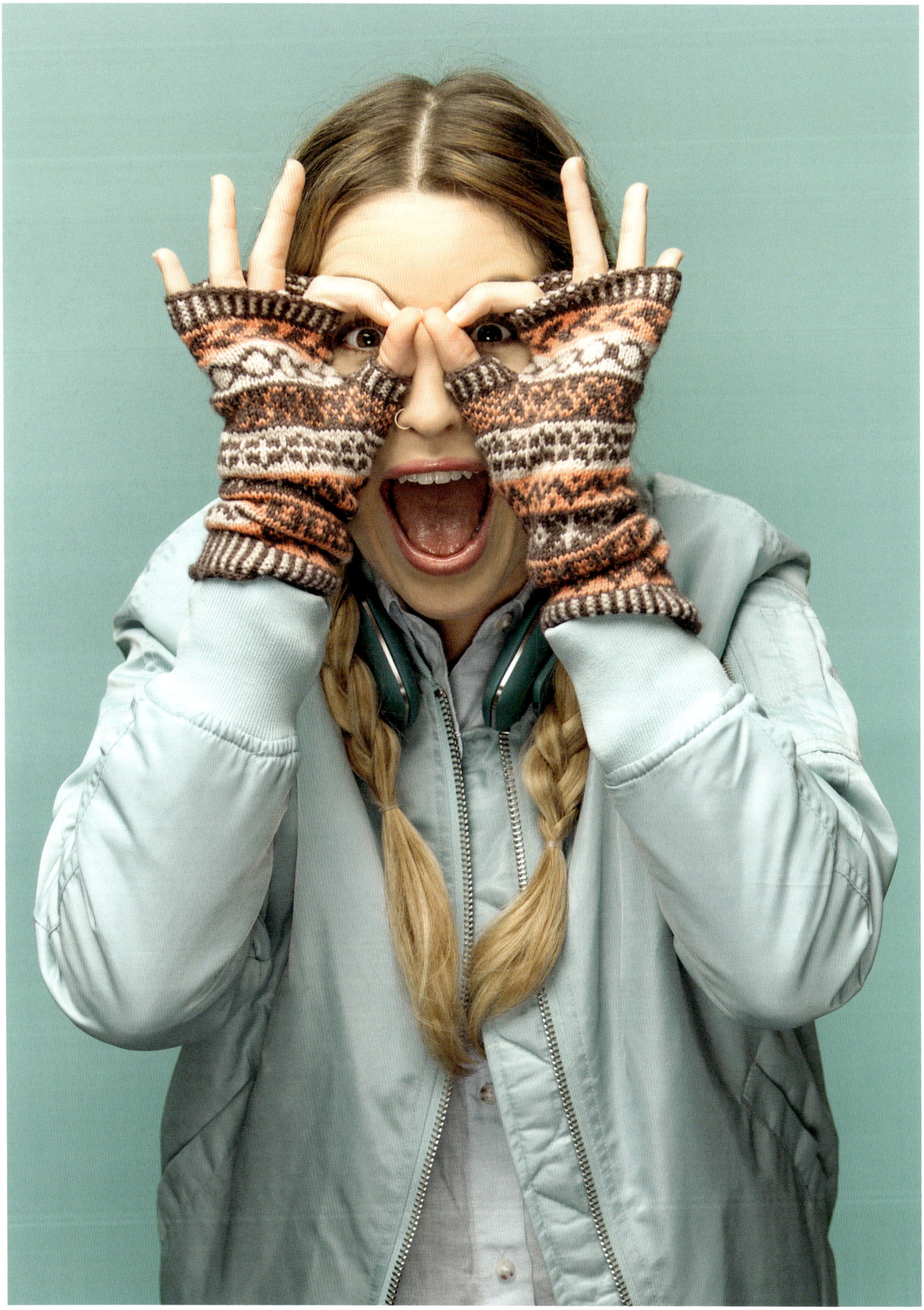

es doch am ordentlichsten aus, wenn Sie bei der Zunahme den anderen Faden mitnehmen. Wenn Sie die Zunahme in der ersten Farbe machen, nehmen Sie die zweite Farbe mit.

Daumenkeil Zrnd: Stricken Sie im Muster bis zum MM, MMa, wechseln Sie die Farben wie erforderlich, 1ZM-reg, stricken Sie bis RndE, 1ZM-lig – 2 Daumenkeil M zugenommen.

Folgende Rnd: Stricken Sie ohne Zunahmen, arbeiten Sie das Schachbrett für den Daumenkeil wie erforderlich.

Wiederholen Sie die lzt 2 Rnd 1(4, 8, 8, 9) weitere Male – 6 (12, 20, 20, 20) Daumenkeil M.

Stricken Sie die Zunahmerunde und noch zwei Runden ohne Zunahme 7 (5, 4, 4, 4) weitere Male – 20 (22, 28, 28, 32) Daumenkeil M.

Nä Rnd, Hand abteilen: Arbeiten Sie im Muster bis zum MM, MMe und 20 (22, 28, 28, 32) Daumenkeil M auf Restgarn oder MH geben – 60 (60, 72, 72, 84) M vrbl. (Anmerkung: Keine Anschlagsmaschen über Lücke)

OBERE HANDPARTIE

Stricken Sie weiter in Runden, ziehen Sie fest, um Lücke zu schließen.

Setzen Sie das Muster fort wie begonnen, bis die Strickschrift vervollständigt ist, beachten Sie das R74–76 der Strickschrift nur für die drei größten Maße gearbeitet werden sollen.

OBERKANTE

Rnd 1: In der GF glatt rechts stricken.

Rnd 2: [In der GF 1M re, in KF1 1M li] rundum wdh.

Rnd 3: [In der GF 1M re, in KF1 1M li] rundum wdh.

Wiederholen Sie die letzte Runde 3 (3, 4, 4, 5) weitere Male.

In der GF ketten Sie alle Maschen ab, bei jeder 4. Masche 2M-zus (siehe Kasten Seite 110) stricken.

DAUMEN

Geben Sie die 20 (22, 28, 28, 32) stillgelegten Daumenmaschen zurück auf die Nadeln. Mit VS nach vorne, GF an der Daumenbeuge anschlingen und Faden aufnehmen. 4 M in die Lücke stricken und bis Ende der Daumen M arbeiten – 24 (26, 32, 32, 36) M. Maschen nach Belieben verteilen und zur Runde schließen.

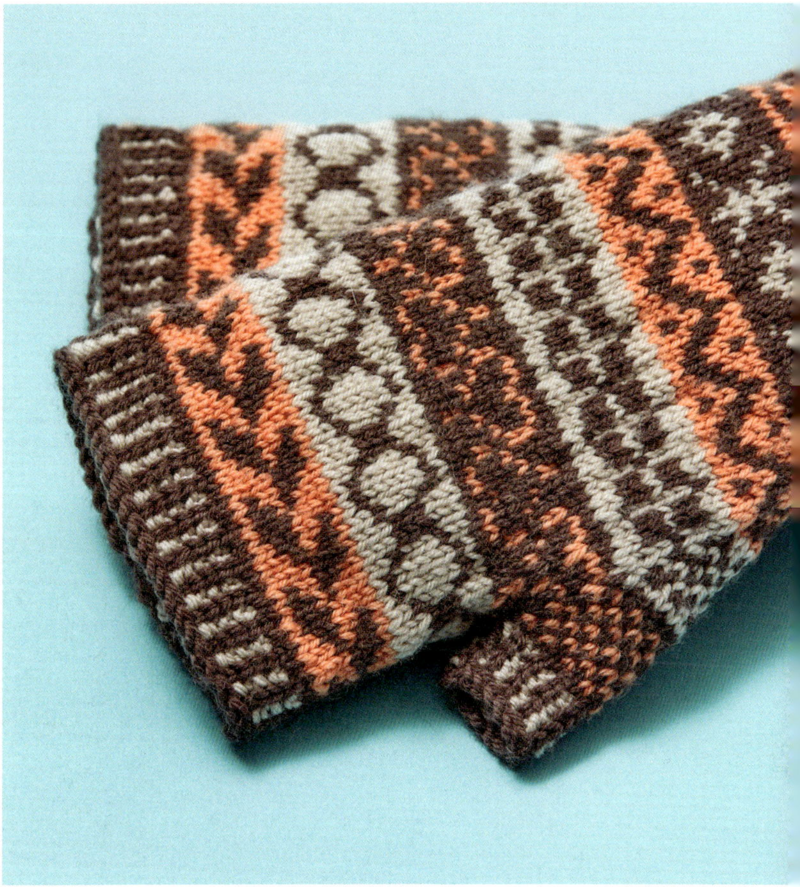

→ ***Anm:*** *Der Daumenkeil ist hier etwas anders gestrickt als in der Anleitung beschrieben. Ich habe keine Maschen von der Handpartie genommen, sondern gleich mit Zunahmen begonnen. So musste ich mich nicht weiter um Musterrapports kümmern.*

Rnd 1, A: Stricken Sie bis zu den lzt 5 M, 1A-lig, 2M re, 2M re-zus indem Sie die letzte aufgenommene und die erste stillgelegte M nehmen – 22 (24, 30, 30, 34) M vrbl. Das ist der Beginn der neuen Runde.

Rnd 2: [Mit GF, 1M re, mit KF1, 1M re] rundum wdh.

Rnd 3: [Mit GF, 1M re, mit KF1, 1M li] rundum wdh.

Lzt Rnd 3 (3, 4, 4, 5) weitere Male wdh.

In GF alle Maschen abketten, 2M-zus jede 4. M.

FERTIGSTELLUNG

Spannen Sie die Stücke. Vernähen Sie die Fäden und schließen Sie die Lücken am Daumenkeil. Eventuell die Handschuhe dämpfen, um das Farbmuster zu glätten.

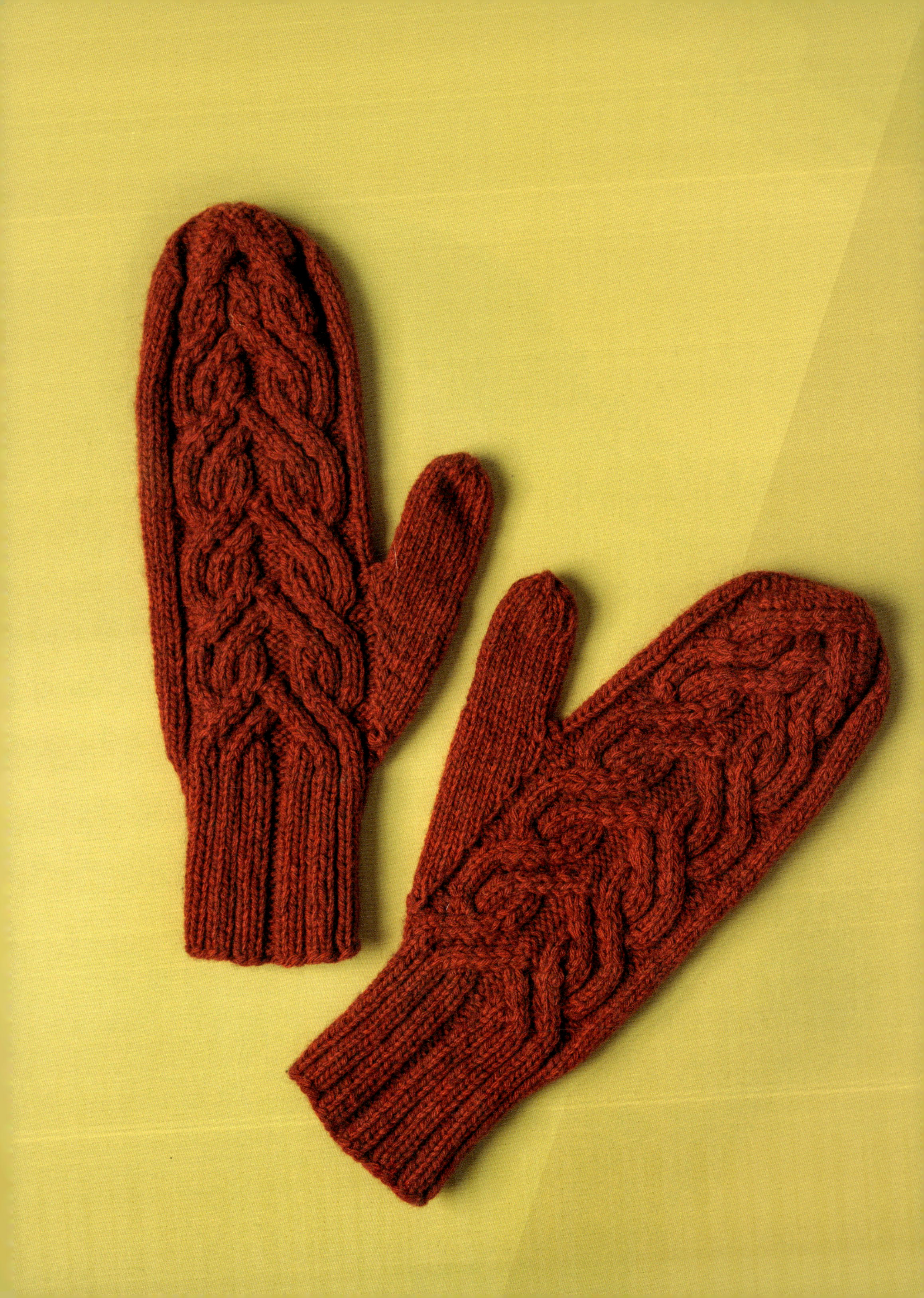

Hannett

Hier gibt es zwischen beiden Handschuhen einen kleinen Unterschied in der mittleren Verzopfung: rechts über links und umgekehrt. Mir gefallen solche Details, sie sind aber nicht entscheidend. Sie können auch beide Handschuhe gleich stricken. Um die Aufmerksamkeit nicht vom Zopfmuster abzulenken, wird der Daumen glatt rechts gestrickt.

Das verwendete Garn ist für Handschuhe optimal: wunderbar weich, aber so fest versponnen, dass kein Pilling entsteht. Außerdem ist Yakwolle sehr warm.

Ich liebe vermeintlich komplizierte Zopfmuster, die sich über das gesamte Strickstück ziehen. Sie zu stricken macht Spaß, ist aber nicht so anspruchsvoll, dass Sie die ganze Zeit an der Strickschrift kleben müssen. Die Musterwiederholungen sind praktisch, um die Größe unauffällig anzupassen.

Endgröße
Handumfang: 19 (20,5, 21,5, 23, 24) cm

Handschuhlänge: 25,5 cm, Passform veränderbar

Wolle
Musterbeispiel: Lang Yarns Yak (50% Yak, 50% Merino; 130 m pro 50 g Knäuel): 2 Knäuel in Farbe #772.160 (orange)

Nadeln
Strumpfstricknadeln 3,75 mm, 2 Rundstricknadeln oder 1 lange Rundstricknadel

Zubehör
Zopfnadel, Maschenmarkierer, Restgarn oder Maschenhalter für Daumenmaschen

Maschenprobe
24 M und 36 Runden = 10 cm glatt rechts

Anmerkungen
– Wählen Sie die Größe, die dem tatsächlichen Handumfang möglichst genau entspricht oder etwas größer.

– Wählen Sie eine größere Größe, wenn Sie noch einen fingerlosen Handschuh einlegen wollen.

– Das Musterbeispiel ist in der kleinsten Größe gearbeitet. Verbrauch: 63 g/165 m

DIE ZUNAHMERUNDE

Nur Größe 1: [1M li, 1ZM-li, 2M re] 3x, 1ZM-li, 1M li, [1M li, 1ZM-li, 2M re] 3x, 1ZM-li, 1M li; 2M re, [1ZM, 3M re] 5x – 50 M.

Nur Größe 2: [1M li, 1ZM-li, 2M re] 3x, 1ZM-li, 1M li, [1M li, 1ZM-li, 2M re] 3x, 1ZM-li, 1M li; 2M re, [1ZM, 3M re] 6x – 54 M.

Nur Größe 3: [1M li, 1ZM-lig, 2M re] 3x, 1ZM-lig, 1M li, [1M li, 1ZM-lig, 2M re] 3x, 1ZM-lig, 1M li; 2M re, [1ZM, 3M re] 7x – 58 M.

Nur Größe 4: [1M li, 1ZM-lig, 2M re] 3x, 1ZM-lig, 1M li, [1M li, 1ZM-li, 2M re] 3x, 1ZM-lig, 1M li; [1ZM, 3M re] 7x – 58 M.

Nur Größe 5: [1M li, 1ZM-lig, 2M re] 3x, 1ZM-lig, 1M li, [1M li, 1ZM-lig, 2M re] 3x, 1ZM-lig, 1M li, ([2M re, 1ZM]2x) 3x, 2M re – 60 M.

Anleitung

BÜNDCHEN

37 (37, 40, 43, 43) M anschlagen. Maschen nach Belieben verteilen und zur Runde schließen.

GR: [1M li, 2M re] 3x, 1M li, [1M li, 2M re] bis zum RndE.

Auf 5,5 (6,5, 7, 7,5, 8,5) cm Maschen stricken, wie sie erscheinen.

HAND

Nä Rnd, Z für Handpartie: [1M li, 1ZM-li, 2M re] 3x, 1ZM-li, 1M li, [1M li, 1ZM-li, 2M re] 3x, 1ZM-li, 1M li]; re str bis zum RndE, nehmen Sie über die Handfläche verteilt gleichmäßig 5 (7, 6, 7, 9) M zu – 50 (52, 54, 58, 60) M. (Lesen Sie dazu den Kasten.)

Handpartie anlegen

Nä Rnd: Arbeiten Sie die ersten 28 M der Runde nach der Strickschrift für die linke oder rechte Hand, die restlichem Maschen glatt rechts stricken bis zum Rundenende.

Arbeiten Sie 3 weitere Runden im Muster.

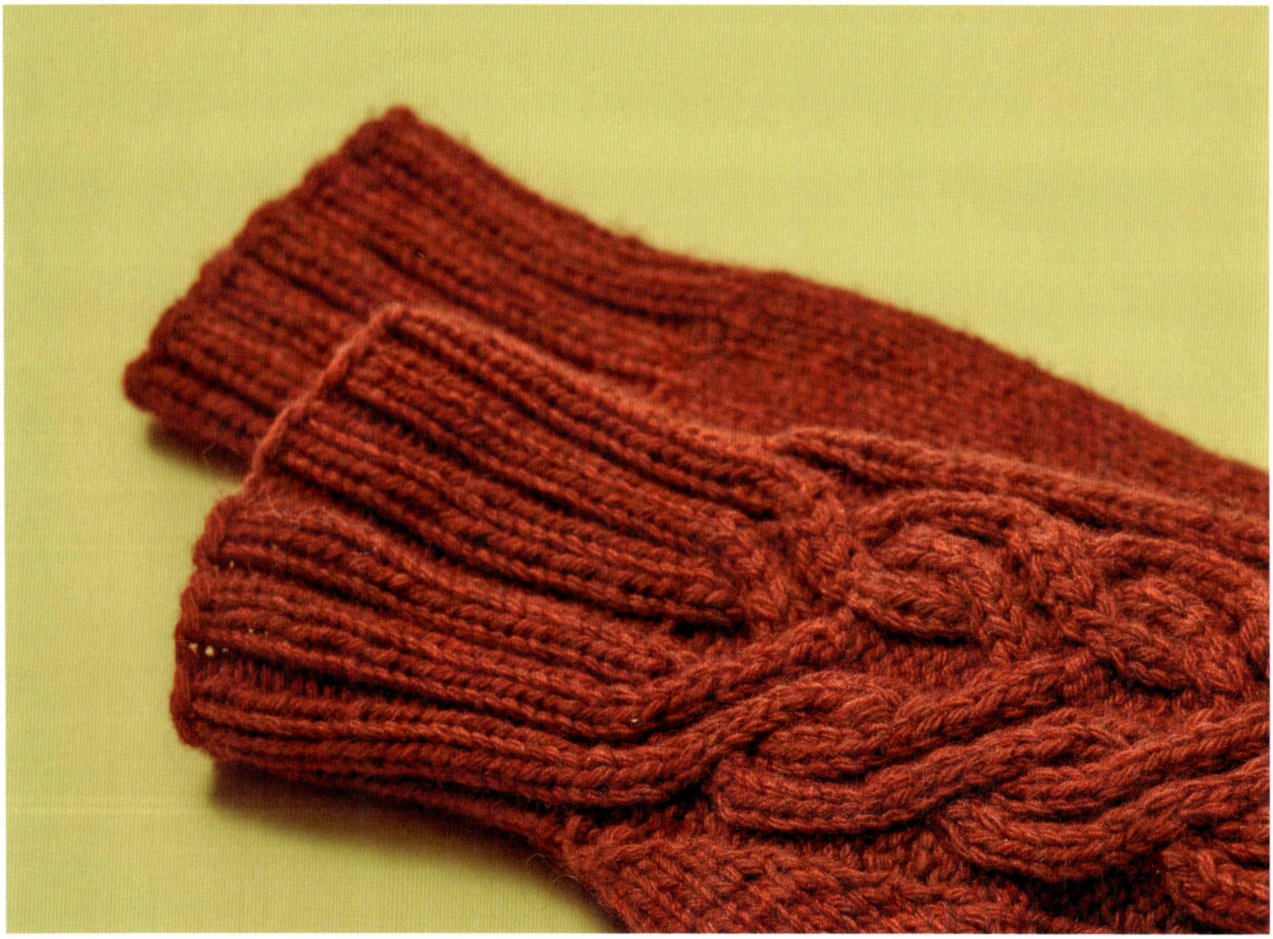

LINKE HAND

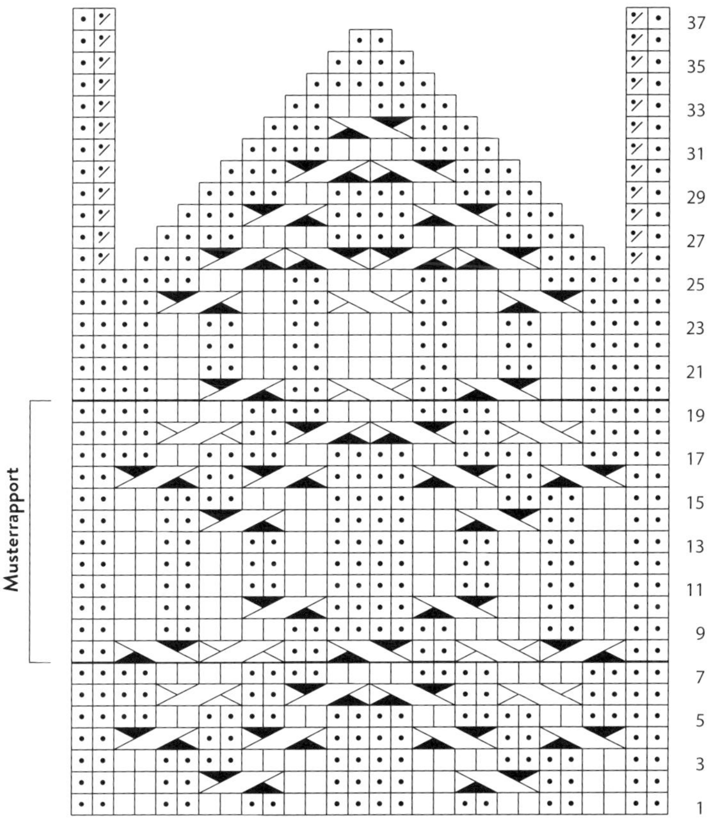

28 M abgenommen auf 4 M

- 1M re
- 1M li
- 2M li-zus
- 2M auf ZN, vdA, 2M re, 2M re von ZN
- 2M auf ZN, hdA, 2M re, 2M re von ZN
- 2M auf ZN, vdA, 2M li, 2M re von ZN
- 2M auf ZN, hdA, 2M re, 2M li von ZN

RECHTE HAND

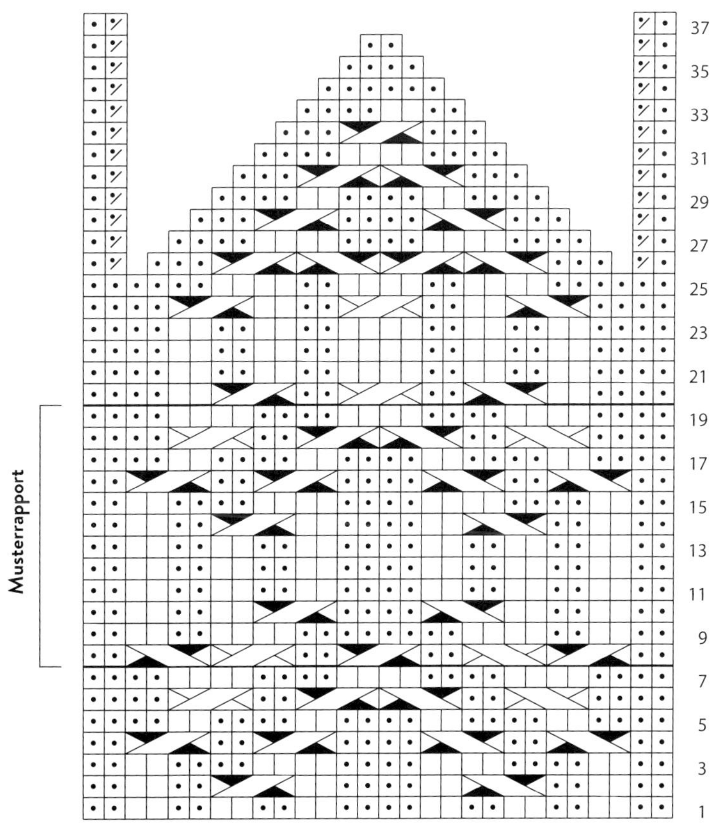

28 M abgenommen auf 4 M

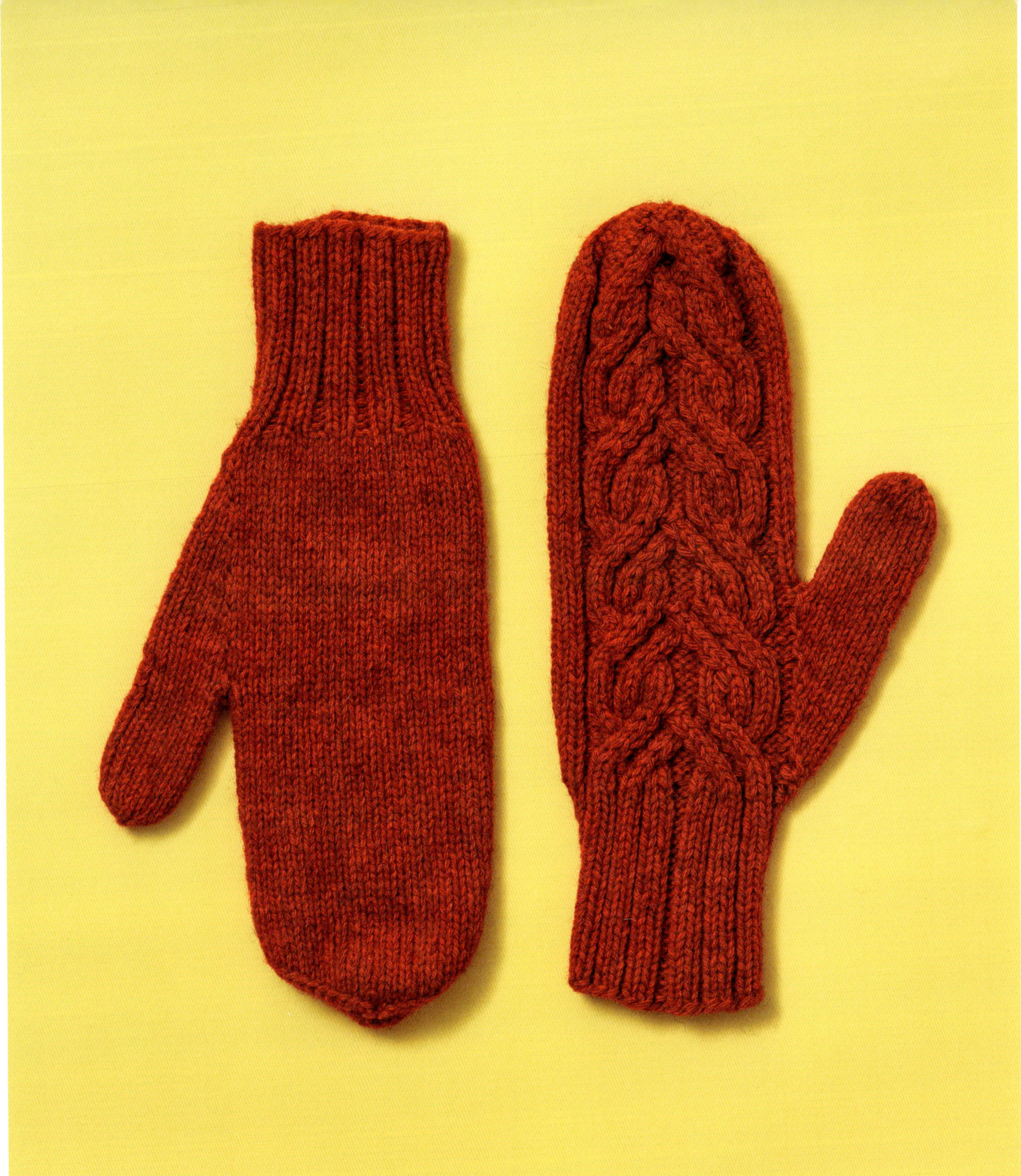

Während Sie über den Daumenkeil und die obere Handpartie arbeiten, stricken Sie Rnd 1–7 des Musters, dann wiederholen Sie Runde 8–19 immer wieder bis zum Abschluss.

DAUMENKEIL

Nur rechte Hand, Position Daumenkeil einrichten: Arbeiten Sie die rechte Hand wie angegeben, MMs, 1M re, re stricken bis zum Rundenende – 1 Daumenkeil M zwischen den MMs.

Nur linke Hand, Position Daumenkeil einrichten: Arbeiten Sie die linke Hand wie angegeben bis zur letzten Runde, MMs, 1M re – 1 Daumenkeil M zwischen MM und Rundenende.

→ ***Anm:*** *Die Anleitung ist für beide Handschuhe gleich. Da der Daumenkeil der linken Hand am Ende der Runde gestrickt wird, kann man die Anweisung „MM setzen und bis zum Rundenende re str" nach der zweiten Zunahme einfach ignorieren.*

Daumenkeil Zrnd: Stricken Sie wie angegeben bis zum Daumenkeil MM, MMa, 1ZM-reg, bis zum nächsten MM str, 1ZM-lig und bis RndE str – 2 Daumenkeil M zugenommen.

Stricken Sie 2 Runden ohne Zunahmen.

Wiederholen Sie die letzten 3 Runden 3 (1, 5, 8, 6) weitere Male – 9 (5, 13, 19, 15) Daumenkeil M.

Stricken Sie die Zunahmerunde und anschließend 3 Runden ohne Zunahme 3 (5, 2, 0, 2) Male – 15 (15, 17, 19, 19) Daumenkeil M.

Nä Rnd, Handpartie abteilen: Stricken Sie bis zum MM im Muster, MMe, geben Sie die 15 (15, 17, 19, 19) Daumenkeil M auf Restgarn oder MH, nutzen Sie die Hintere-Maschenglied-Methode, in der Lücke 1 M anschlagen, 2. MMe und bis RndE rechts stricken – 50 (52, 54, 58, 60) M vrbl.

OBERE HANDPARTIE

Ab hier ohne Zunahme Muster stricken wie angelegt. Weiterstricken, bis die Hand ab der Oberkante des Bündchens 14,5 (16, 17, 18,5, 19,5) cm und weniger als 4,5 cm der gesamten Handlänge misst. Enden Sie mit Rnd 19 der Strickschrift. Sollte die Hand ein wenig zu lang sein, beeinflusst das nicht die Passform bzw. das Aussehen.

Dann stricken Sie ohne Zunahmen wie angegeben Rnd 20–25 (25, 25, 24, 23) der Strickschrift.

ABNAHME

Nur für Größe 1, nä 3 Rnd: Stricken Sie die nä R der Strickschrift wie angegeben und bis RndE glatt re – 44 M vrbl.

Nur für Größe 2, nä 2 Rnd: Stricken Sie die nä R der Strickschrift wie angegeben und bis RndE glatt re – 48 M vrbl.

Nur für Größe 3, nä Rnd: Stricken Sie die nä R wie angegeben in der Strickschrift, re str Sie bis RndE – 52 M vrbl.

Nur für Größe 4, nä Rnd: Stricken Sie die nä R der Strickschrift wie angegeben, 1A-lig, bis zu den lzt 2 M re stricken, 2 M re-zus – 56 M vrbl.

Nur für Größe 5, nä 2 Rnd: Stricken Sie die nä R der Strickschrift wie angegeben, 1A-lig, bis zu den lzt 2M re stricken, 2 M re-zus – 56 M vrbl.

Alle Größen

Je 22 (24, 26, 28, 28) M verbleiben für Handfläche und Handrücken.

Nä Rnd: Stricken Sie die nä R der Strickschrift wie angegeben, 1A-lig, bis zu den lzt 2 M re stricken, 2M re-zus – 4 M abgenommen.

Wiederholen Sie die lzt Runde, bis die Strickschrift abgeschlossen ist – 8 M vrbl.

Schneiden Sie den Faden ab und ziehen Sie ihn zum Abschluss durch die Endmasche.

DAUMEN

Geben Sie die 15 (15,17,19,19) stillgelegten M zurück auf die Nadeln. VS nach vorne. Das Garn an der Daumenbeuge neu anschlingen, 3 M in der Lücke aufnehmen und re stricken, dann die restlichen Daumen M re str – 18 (18, 20, 22, 22) M. Maschen nach Belieben auf die Nadeln verteilen und zur Runde schließen.

Nä Rnd: 2M re, 2M re-zus, bis zur lzt M re str, 1A-lig (lzt M der Rnd und erste aufgenommene M) – 16 (16, 18, 20, 20) M vrbl.

Stricken Sie ohne Zunahmen weiter, bis der Daumen 5,5 (6,5, 6,5, 7, 7,5) cm misst oder gerade bedeckt ist.

Abnahme: 2M re-zus rundum wdh, bis 5 M vrbl. Faden abschneiden und zum Abschluss durch die Endmasche ziehen.

FERTIGSTELLUNG

Dämpfen Sie die fertigen Stücke, vernähen Sie die Fäden und schließen Sie die Lücken am Daumenkeil.

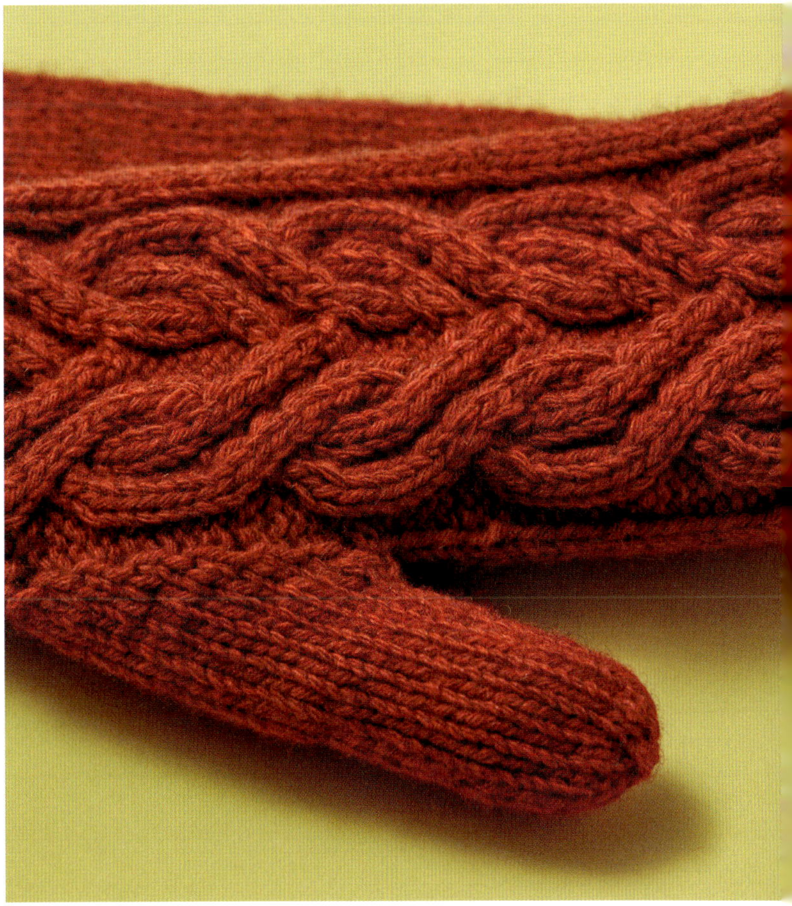

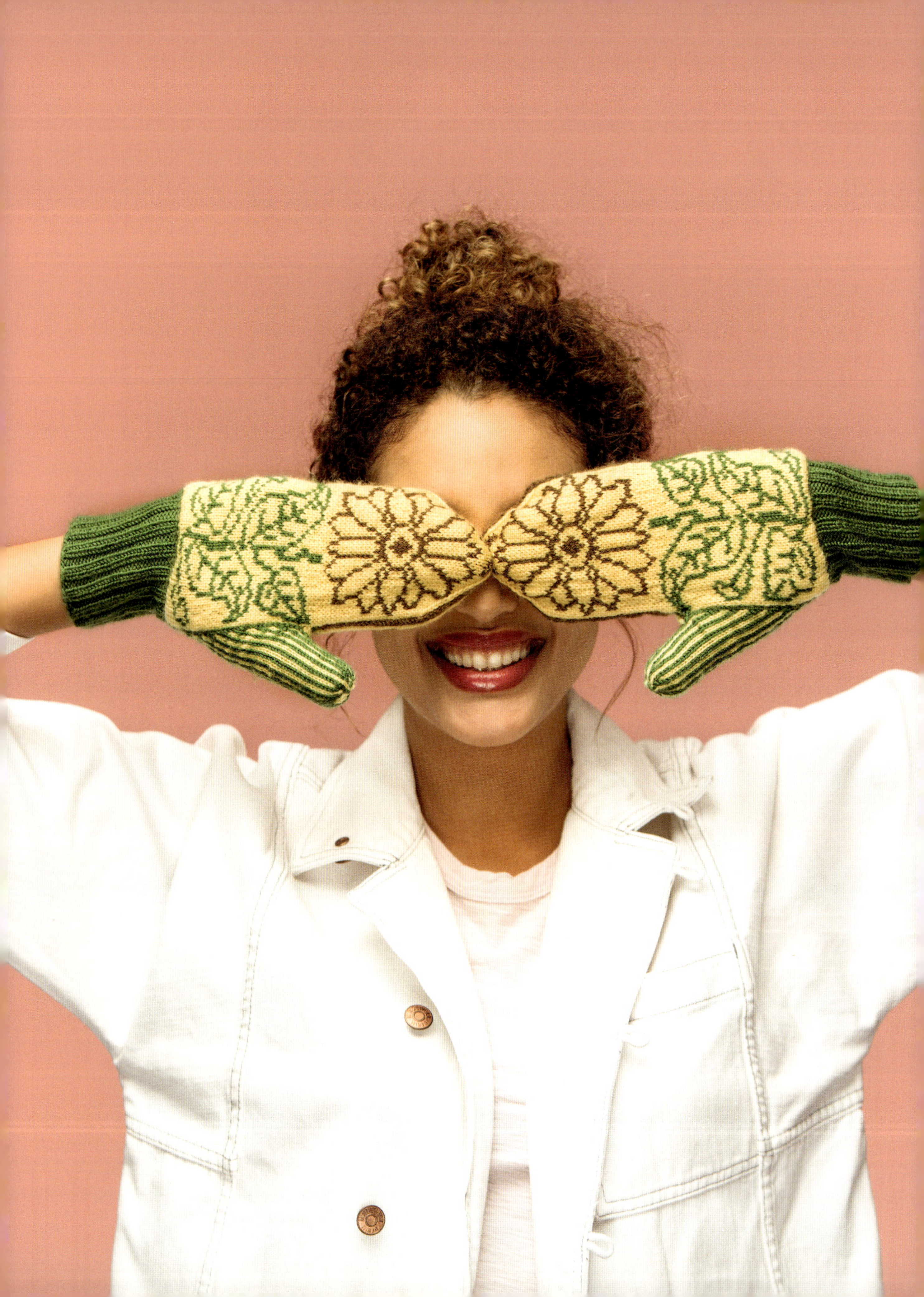

Sonnen-Blumen

Eine bezaubernde Strickerei für die aller-schlimmsten Wintertage. Das mehrfarbige Jacquard-Design und die Option, ein separates Futter zu stricken, bieten maximale Wärme aus drei Garnschichten. Das sonnige Motiv und die frühlingshafte Farbgebung bringen Fröhlichkeit für dunkle Tage.

Da das Garn sehr fein ist, werden die Handschuhe trotz der drei Schichten nicht zu dick. Beachten Sie, dass die Fadenführung an der Rückseite hier etwas komplizierter ist als bei anderen Modellen, da es einige Musterreihen gibt, die über längere Partien einfarbig gestrickt werden, bevor die Farbe wieder wechselt.

Dies ist die einzige Anleitung im ganzen Buch, bei der die Handlänge nicht verändert werden kann, was bei solchen Motiven in der Natur der Sache liegt.

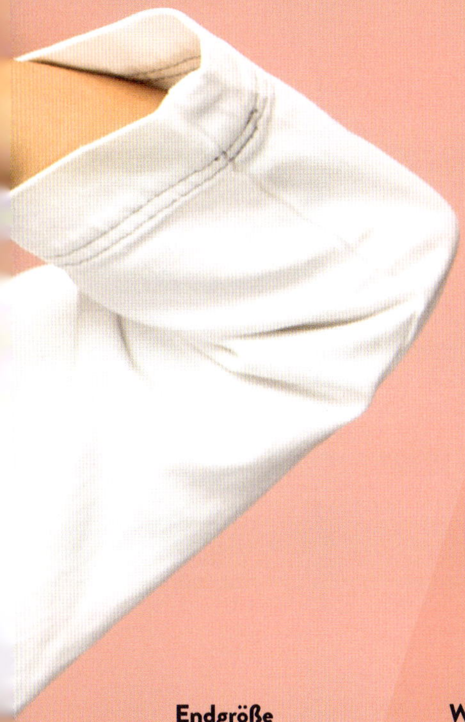

Endgröße

Handumfang: 19 (19,5, 20,5, 21, 21,5, 23) cm

Handschulänge: 19 (21, 21, 21, 23,5, 23,5) cm

Wolle

Musterbeispiel: Cascade Yarns Heritage Sock (75% Superwash Merino, 25% Nylon; 400 m pro 100 g Strang); 1 Strang pro GF [#5644 (Lemon)] für Hintergrund), KF1 [#5612 (Moss) für Bündchen und Blätter und KF2 [#5644 (Walnut)] für Blume und Futter

Nadeln

Alle Größen: Strumpfstricknadeln 2,75 mm, 2 Rundstricknadeln oder 1 lange Rundstricknadel

Nur für die drei größten Größen: Je nach Vorliebe Strumpfstricknadeln 3 mm, 2 Rundstricknadeln oder 1 lange Rundstricknadel

Zubehör

Maschenmarkierer, Restgarn oder Maschenhalter für Daumenmaschen

Maschenprobe

40 M und 44 Runden = 10 cm im Farbmuster auf dünneren Nadeln, gedämpft

36 M und 40 Runden = 10 cm im Farbmuster auf dickeren Nadeln, gedämpft

Anmerkungen

– Wenn Sie ein zusätzliches Futter arbeiten möchten, stricken Sie den Handschuh in einer Größe, die 1,25–2,5 cm größer ist als der Handumfang. Das Futter stricken Sie so genau wie möglich dem Handumfang entsprechend.

– Das Musterbeispiel ist in Größe 1 gearbeitet. Verbrauch: 30 g / 121 m in GK, 28 g / 112 m in KF1, 38 g / 53 m in KF2.

– Aufgrund der feststehenden Handlänge empfehle ich für den Fall, dass Sie für eine Person mit langen, schlanken Händen stricken, die Größe eher an der Handlänge als am Handumfang auszurichten.

– Es gibt sechs Größenvarianten, die mithilfe leicht veränderter Tabellen und zwei unterschiedlichen Nadelstärken zustande kommen. Auch wenn eine andere Nadelstärke nicht immer die beste Methode ist, die Größe zu verändern (schließlich bedeutet lockere Strickerei immer mehr Löcher, durch die der Wind pfeifen kann): Hier funktioniert es wegen der vielen Querfäden an der Rückseite und wegen des Futters, das Sie zusätzlich einarbeiten können.

– In einigen Musterreihen gibt es lange einfarbige Partien. Ich empfehle, bei allen, die länger sind als 6 Maschen, die Querfäden in der Mitte locker zu verdrehen. Sonst bleibt man beim Anziehen mit den Fingern in den langen Querfäden hängen. Wenn Sie zusätzlich noch ein Futter einstricken, hilft diese Technik auch bei der Fadenspannung, und das Gestrickte bleibt besser in Form.

Anleitung

BÜNDCHEN

Mit KF1 und dünneren Nadeln 56 (56, 60, 60, 60, 64) M anschlagen. Verteilen Sie die M nach Belieben auf die Nadeln und schließen Sie zur Runde.

Grnd: [2M re, 2M li] rundum wdh.

Arbeiten Sie das Rippenmuster wie vorgegeben, bis es 7,5 (7,5, 8,5, 8,5, 9, 9) cm misst.

HANDPARTIE

In der nächsten Rnd nehmen Sie wie folgt zu.

Nur für Größe 1: ([3M re, 1ZM] 8x, 4M re, 1ZM) 2x – 74 M.

Nur für Größe 2: [2M re, 1ZM, 3M re, 1ZM] 11x, 1M re – 78 M.

Nur für Größe 3: [3M re, 1ZM] rundum wdh – 80 M.

Nur für Größe 4: (1M re [4M re, 1ZM] 6x, 5M re, 1ZM) 2x – 74 M.

Nur für Größe 5: [3M re, 1ZM, 3M re, 1ZM, 4M re, 1ZM] 6x rundum wdh – 80 M.

Nur für Größe 6: [4M re, 1ZM] rundum wdh – 80 M.

Nur für Größen 4, 5 u 6: Wechseln Sie zu dickeren Nadeln.

Alle Größen

Schlingen Sie die GF an (lassen Sie KF1 hängen) und stricken Sie 1 Rnd glatt rechts.

Nä Rnd: Muster Handpartie anlegen: Arbeiten Sie die Strickschrift für die gewählte Größe 2x rundum, beginnen und enden Sie, wie für die Größe angegeben.

Wie bisher weiterstricken, bis 4 (2, 2, 3, 2) Rnd der Strickschrift vollständig sind.

DAUMENKEIL

Nur für Größen 1, 2, 4 u 5

Nä Rnd, Daumenkeil Position etablieren: Arbeiten Sie im Muster wie angelegt bis zum Rundenende, MMs, mit KF1 1ZM-reg – 1 Daumenkeil M zugenommen.

Nä Rnd: Arbeiten Sie im Muster ohne Zunahmen weiter.

Nur für Größen 3 u 6

Nä Rnd, Daumenkeil Position etablieren: Arbeiten Sie im Muster wie M erscheinen bis zur lzt M, MMs, 1M re wie im Muster angelegt – 1 Daumenkeil M.

Alle Größen

Daumen wird in einem senkrechten Streifenmuster gestrickt. Arbeiten Sie die M in den Farben, die bei den Zunahmen erscheinen.

Rnd 1, Daumenkeil M: Stricken Sie die Maschen, wie sie erscheinen, bis zum MM, MMa, in der GF 1ZM-reg, arbeiten Sie im Streifenmuster, wie es erscheint, bis zum Rundenende, dann in der GF 1ZM-lig – 2 Daumenkeil M zugenommen.

Rnd 2: Arbeiten Sie ohne Zunahmen im Muster weiter bis zum Rundenende, das Streifenmuster im Daumenkeil beibehalten.

Rnd 3, Daumenkeil Z: Stricken Sie im Muster wie die M erscheinen bis zum MM, MMa, mit KF1, 1ZM-reg, arbeiten Sie im Streifenmuster wie M erscheinen bis RndE, mit KF1, 1ZM-lig – 2 Daumenkeil M zugenommen.

Rnd 4: Arbeiten Sie gerade hoch ohne Zunahmen wie die M erscheinen bis zum Rundenende, behalten Sie das Streifenmuster im Daumenkeil bei.

Wiederholen Sie die lzt 4 Rnd 6 (6, 5, 6, 6, 5) weitere Male. Dann stricken Sie Rnd 1 und 2 0 (1, 0, 0, 1, 0) weitere Mal(e) – 29 (31, 25, 29, 31) Daumenkeil M.

Nur für Größen 3 u 6

Rnd 5, Daumenkeil Z: Arbeiten Sie im Muster wie M erscheinen bis zum MM, MMa, mit GF 1ZM-reg, stricken Sie das Streifenmuster wie es erscheint bis zum Rundenende, mit GF 1ZM-lig – 2 Daumenkeil M zugenommen.

Rnd 6 u 7: Arbeiten Sie im Muster ohne Zunahme bis zum Rundenende, behalten Sie das Streifenmuster im Daumenkeil bei.

Rnd 8, Daumenkeil Z: Arbeiten Sie im Muster wie M erscheinen bis zum MM, MMa, mit GF 1ZM-reg, stricken Sie das Streifenmuster wie es erscheint bis zum Rundenende, mit GF 1ZM-lig – 2 Daumenkeil M zugenommen.

Rnd 9 u 10: Arbeiten Sie im Muster ohne Zunahme bis zum Rundenende, behalten Sie das Streifenmuster im Daumenkeil bei.

Wiederholen Sie Runden 5-7 noch einmal – 31 Daumenkeil M.

Alle Größen

Nä Rnd, Handpartie abteilen: Arbeiten Sie im Muster wie es erscheint bis zur lzt M vor dem MM, MMe. Geben Sie die nä 31 (33, 33, 31, 33, 33) M auf Restgarn oder MH – das schließt die erste M der nä Runde mit ein; benutzen Sie die Hintere-Maschenglied-Methode: Schlagen Sie in der Lücke 2 (2, 3, 2, 2, 3) M an – 74 (78, 80, 74, 78, 80) M vrbl. Das stellt die erste M der Rnd wieder her.

Nä Rnd: Beginnen Sie bei der zweiten M des Musters, arbeiten Sie im Muster bis zum Rundenende. Geben Sie die letzten der aufgeschlagenen M zum Beginn der neuen Runde. Handpartie M und Muster ist wiederhergestellt.

OBERE HANDPARTIE

Setzen Sie das Muster fort wie vorgegeben, bis die Strickschrift vervollständigt ist, wechseln Sie von KF1 zu KF2, falls erforderlich – 10 (10, 12, 10, 10, 12) M vrbl. Beide Fäden abschneiden und zum Abschluss durch die Endmaschen ziehen.

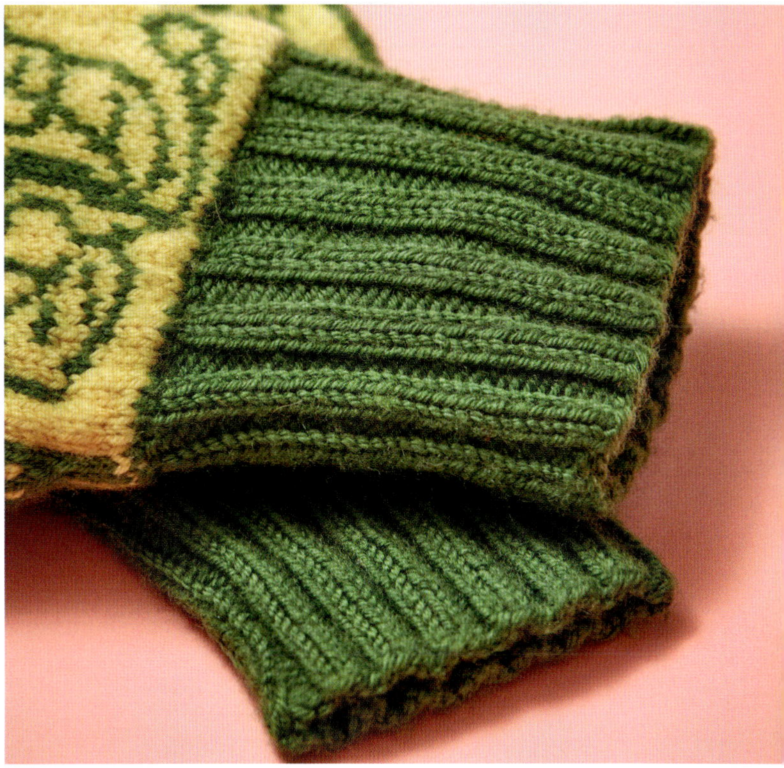

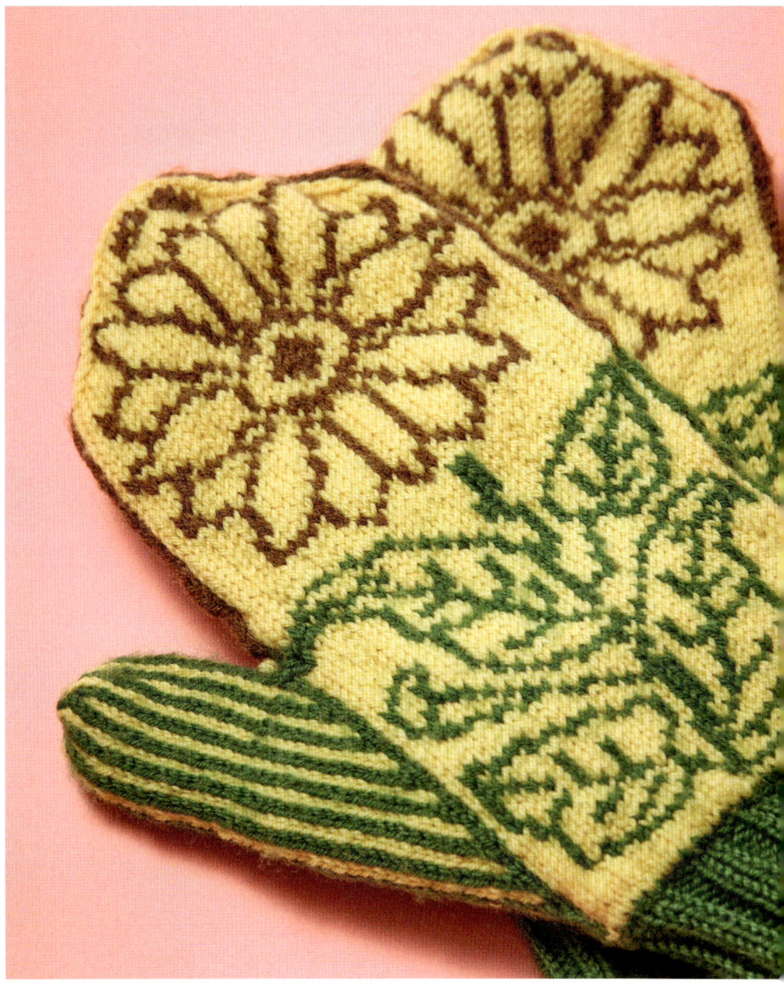

GRÖSSEN 1 und 4

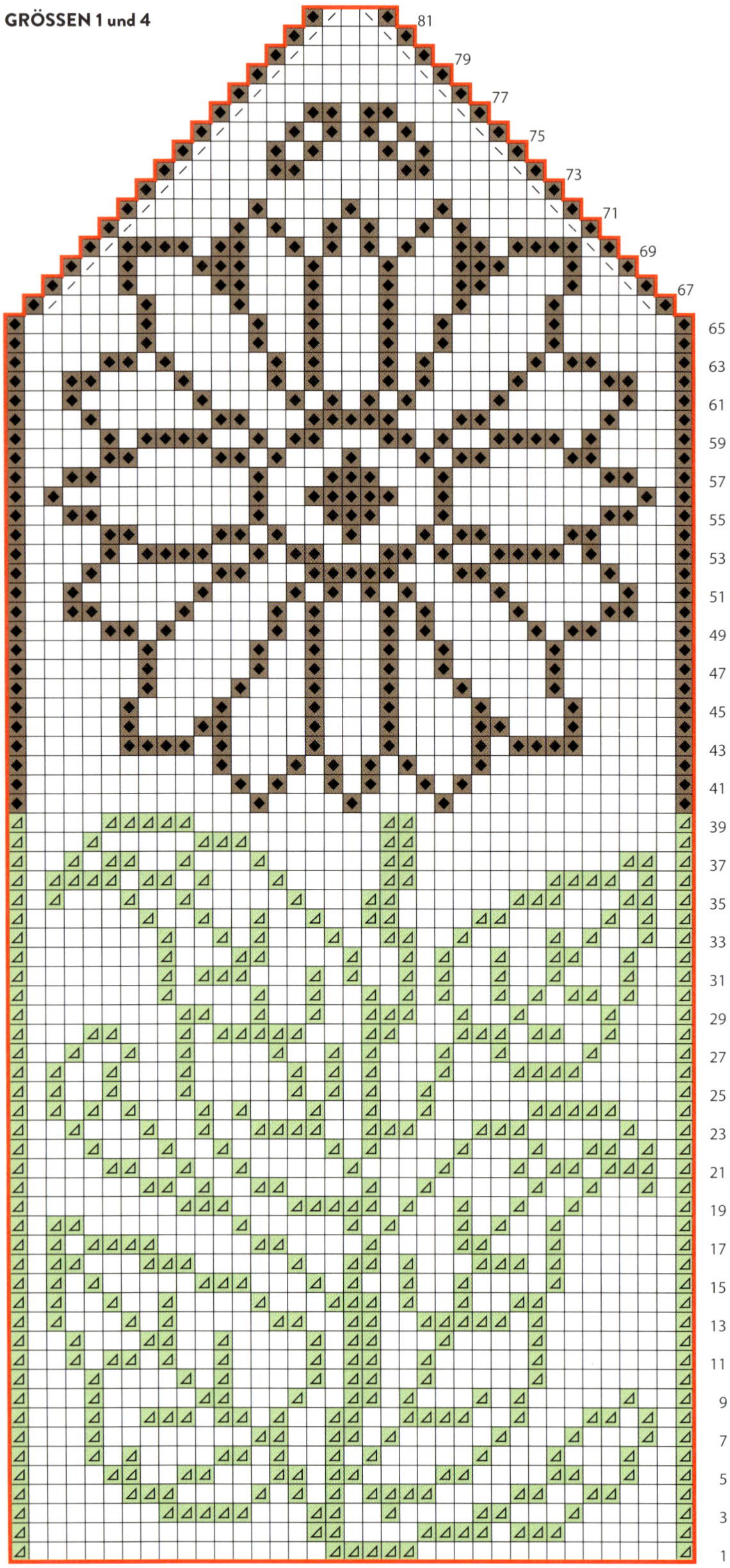

37 M abgenommen auf 5 M

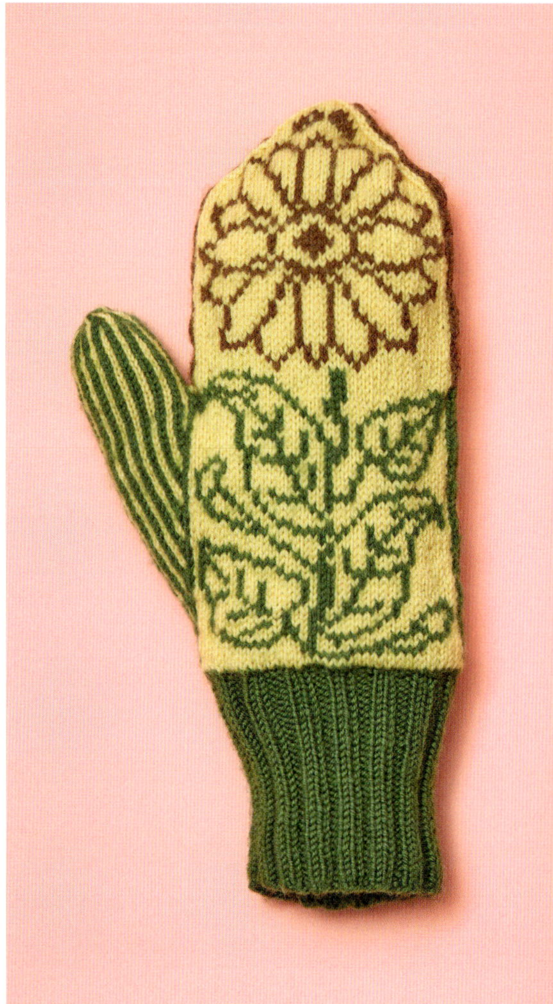

- ☐ mit GF, 1M re
- ⧅ mit GF, 1A-lig
- ⧄ mit GF, 2M re-zus
- ◿ mit KF1, 1M re
- ◆ mit KF2, 1M re
- ☐ Musterrapport

GRÖSSEN 2, 3, 5 und 6

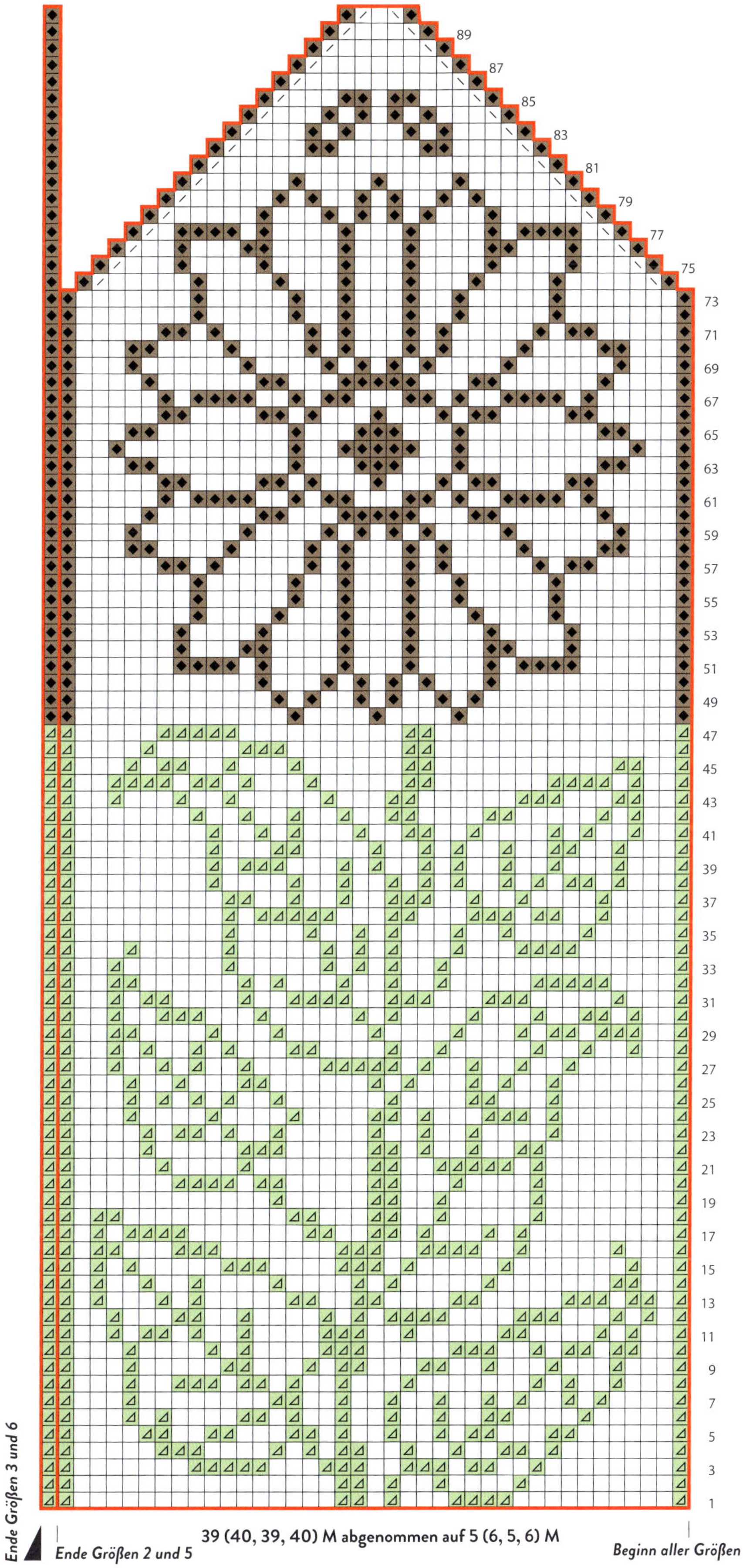

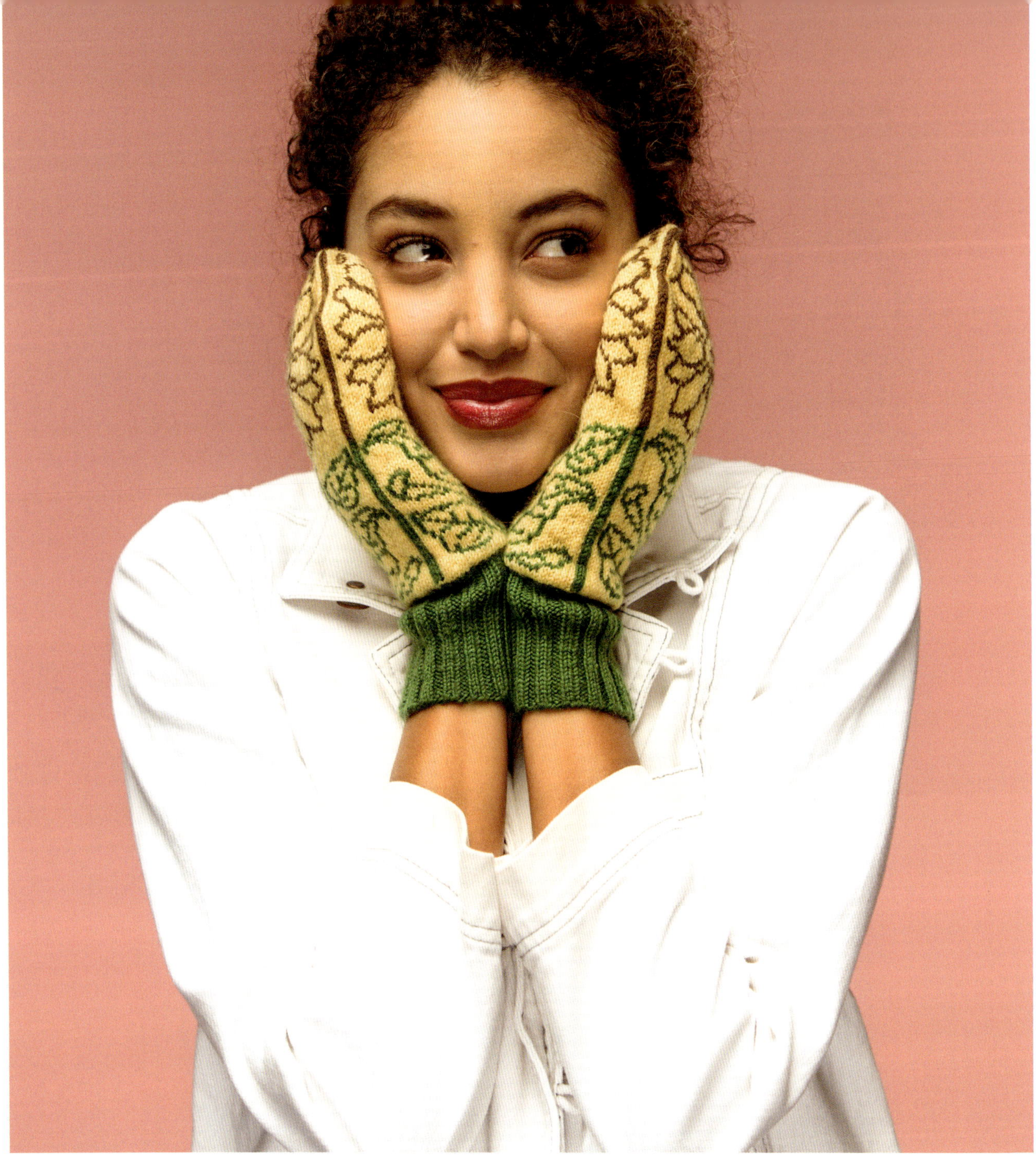

DAUMEN

→ ***Anm:*** *Sie müssen Maschen aufnehmen und im festgelegten Streifenmuster bleiben. Wenn Sie Maschen abnehmen, werden die neuen Maschen in das Streifenmuster integriert. Bleiben Sie einfach beim Muster und wechseln Sie zwischen Grund- und Kontrastfarbe 1 ab.*

Die 31 (33, 33, 31, 33, 33) stillgelegten Daumenmaschen wieder auf die Stricknadeln nehmen. VS nach vorne. Die GF in der Daumenbeuge wieder anschlingen und 3 M aus der Lücke aufn und re str. KF1 wieder anschlingen und bis zur letzten Daumen M im Streifenmuster re str wie angelegt. 2M-zus in der nächsten Farbe, 1M re in der nächsten Farbe und die letzte aufgenommene M und die erste Daumen M 2M-zus in der nächsten Streifenfarbe – 32 (34, 34, 32, 34) M vrbl.

Das Streifenmuster ist jetzt angelegt. Maschen nach Belieben auf Nadeln verteilen.

Weiterstricken, bis der Daumen ab den aufgn M 5,5 (6,5, 7, 7, 7,5) cm misst. Sollten Sie kein Futter arbeiten, sollte der Daumen etwa 6 mm länger sein als der Daumen des Trägers.

Um die Abnahme zu beginnen, muss Ihre Runde mit einer M in der GF beginnen. Wenn es nötig ist stricken Sie 1M re mit KF1 um dorthin zu gelangen.

Abnrnd: [Mit GF, 1A-lig, mit KF1, 2M-zus] bis zu lzt 0 (2, 2, 0, 2, 2) M [mit GF, 1M re, mit KF2, 1M re] 0 (1, 1, 0, 1, 1) x – 16 (18, 18, 16, 18, 18) M vrbl.

Endrnd: [Mit GF, 1A-lig, mit KF1, 2M re-zus] bis lzt 0 (2, 2, 0, 2, 2) M, mit GF, 1A-lig 0 (1, 1, 0, 1, 1) x – 8 (9, 9, 8, 9, 9) M vrbl. Schneiden Sie beide Fäden und ab und ziehen Sie sie zum Abschluss durch die Endmaschen.

FERTIGSTELLUNG

Spannen Sie die Stücke, vernähen Sie die Fäden und schließen Sie die Lücken am Daumenkeil. Wenn Sie das Innenfutter arbeiten, brauchen Sie die Fadenenden nicht ordentlich zu vernähen, da sie versteckt sind.

Innenfutter (wahlweise)

Drehen Sie den Handschuh auf links. Halten Sie den Handschuh mit dem Bündchen nach unten. Nehmen Sie dünnere Nadeln und schlagen Sie 2 M an. Beginnen Sie eine M weiter links neben der Unterseite des Daumenkeils. In der letzten Runde des Rippenmusters aus jeder M je 1 M aufnehmen und re stricken – 56 (56, 60, 60, 60, 64) M.

Nur die ersten vier Größen

In der nä Rnd abnehmen wie folgt:

Nur für Größe 1: [7M re, 2M re-zus, 7M re, 2M re-zus, 8M re, 2M re-zus] 2x – 50 M vrbl.

Nur für Größe 2: [26M re, 2M re-zus] 2x – 54 M vrbl.

Nur für Größe 3: [13M re, 2M re-zus] 4x – 56 M vrbl.

Nur für Größe 4: [28M re, 2M re-zus] 2x – 58 M vrbl.

Alle Größen

Arbeiten Sie 3 (1, 1, 1, 2, 2) Rnd ohne Zunahmen.

DAUMENKEIL

Nä Rnd, Daumenkeil platzieren: Bis zur lzt M der Rnd re stricken, MMs, 1M re – 1 Daumenkeil M.

Daumenkeil Zrnd: Stricken Sie bis zum MM re, MMa, 1M-reg, stricken Sie bis zum RndE re, 1M-lig – 2 Daumenkeil M zugenommen.

Stricken Sie 1 (1, 2, 2, 1, 2) Rnd ohne Zunahmen.

Wiederholen Sie die lzt 2 (2, 3, 3, 2, 3) Rnd je 1 (2, 10, 10, 2, 11) weitere Male – 5 (7, 23, 23, 7, 25) Daumenkeil M.

Nur für Größen 1, 2 und 5: Arbeiten Sie im Anschluss an die Zunahmerunde 2 Rnd ohne Zunahmen 8 (8, 9) x – 21 (23, 25) Daumenkeil M.

Alle Größen

Nä Rnd, Handpartie abteilen: Stricken Sie bis zum MM, MMe, geben Sie die nä 21 (23, 23, 23, 25, 25) Daumenkeil M auf Restgarn oder MH, benutzen Sie die Hintere-Maschenglied-Methode, schlagen Sie über der Lücke 1 M an – 50 (54, 56, 58, 60, 64) M vrbl.

OBERE HANDPARTIE

Stricken Sie so weiter, bis das Futter ab der Oberkante des Bündchens 5 cm kürzer ist als der Außenhandschuh.

An dieser Stelle stoppen Sie und sichern das Fadenende dort, wo Sie das Garn für das Futter angeschlungen haben.

ABNAHME

Verteilen Sie ihre Maschen gleichmäßig – 25 (27, 28, 29, 30, 32) M für Handrücken und Handfläche.

Abnrnd: 1M re, 1A-lig, stricken Sie bis zu 3 M vor der Mitte der Rnd, 2M re-zus, 1M re; 1M re, 1A-lig, stricken Sie bis zu 3 M vor Mitte der Runde, 2M re-zus, 1M re – 4 M abgenommen.

Nä Rnd: Glatt rechts stricken.

Wiederholen Sie die lzt 2 Rnd je 4 (4, 5, 5, 5, 6) weitere Male – 30 (34, 32, 34, 36, 36) M vrbl.

Wiederholen Sie Abnahmerunde 5 (6, 6, 6, 7, 7)x – 10 (10, 8, 10, 8, 8) M vrbl.

Faden abschneiden und zum Abschluss durch die Endmaschen ziehen.

DAUMEN

Geben Sie die 21 (23, 23, 23, 25, 25) stillgelegten M zurück auf die Nadeln. VS nach vorne. In der KF2 an der Daumenbeuge 3 M in der Lücke aufn und re stricken. Bis zur letzten Daumenmasche re stricken, 1A-lig, 1M re und 2M-zus über die lzt aufgenommene M und die erste Daumen M – 22 (24, 24, 24, 26, 26) M vrbl. Verteilen Sie die M nach Belieben über die Nadeln.

Ohne Zunahme weiterstricken, bis der Daumen ab den aufgn M 5,5 (6,5, 6,5, 7, 7, 7,5) cm misst oder gerade den Daumen bedeckt.

Abnahme: 2M-zus rundum, bis 5 M vrbl. Faden abschneiden und zum Abschluss durch die Endmaschen ziehen.

FERTIGSTELLUNG

Die letzten beiden Fäden vernähen und die Stücke spannen.

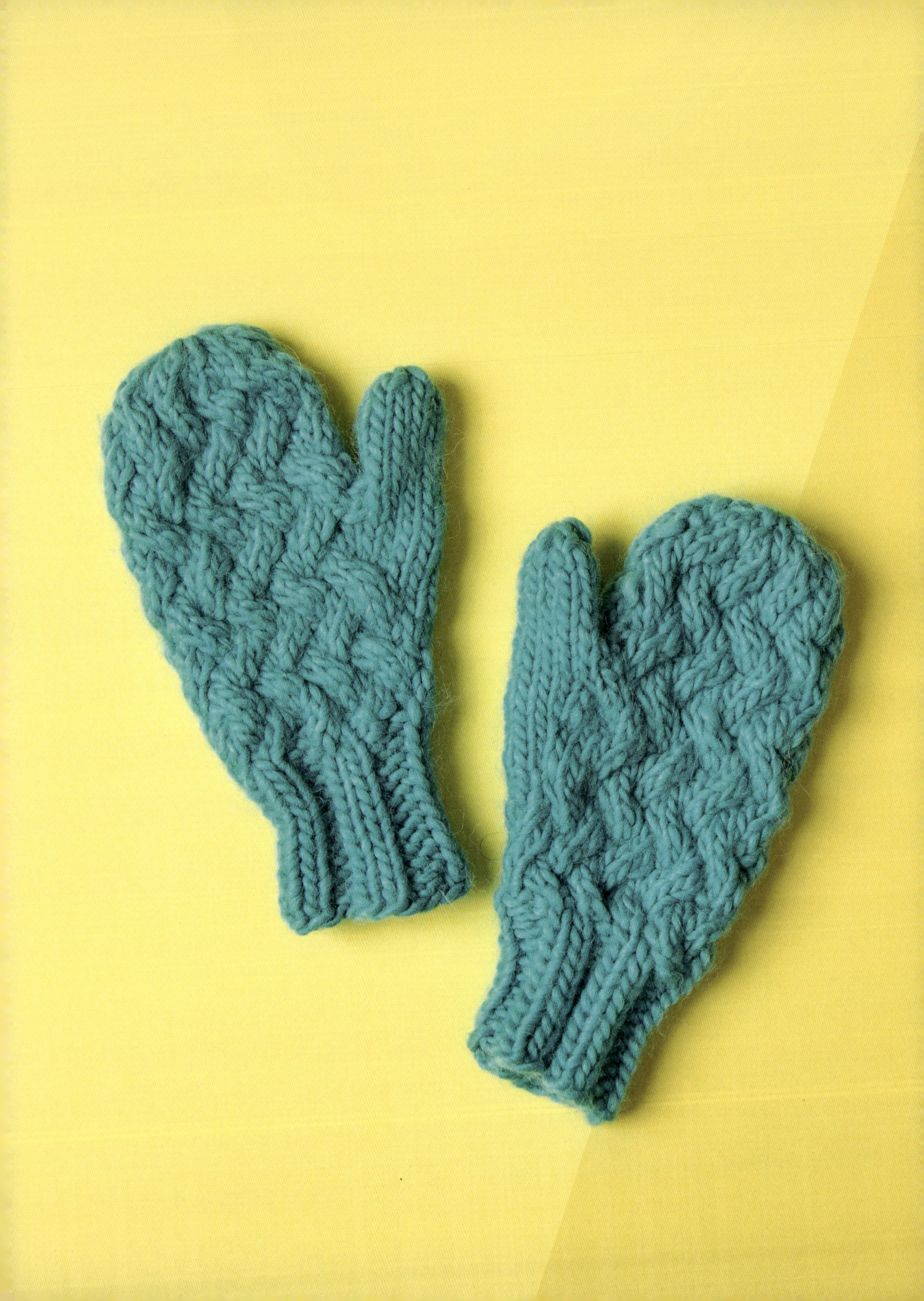

ozean

Dicke Handschuhe stricken geht schnell, insbesondere in kleinen Größen. Dieses Modell ist speziell für Kinder entworfen. Das den Handschuh komplett bedeckende Zopfmuster macht das Gewebe wind-undurchlässig und warm, aber auch relativ dick und unflexibel. Für Kinder genau das richtige, für Erwachsene eher unpraktisch, etwa beim Autofahren, Hundeleine halten oder Einkaufstaschen tragen.

Das Strickmuster ist unkonventionell, da man in abwechselnden Runden mit den Zopfmaschen anfängt. Es ist schwieriger zu erklären als zu stricken – wenn Sie einmal begonnen haben, werden Sie sehen, wie einfach und schnell die Anleitung umzusetzen ist.

Endgröße
Handumfang: 12,5 (14,5) cm

Handschuhlänge: 18 cm, Passform veränderbar.

Wolle
Musterbeispiel: Valley Yarns Berkshire Bulky (85% Wolle, 15% Alpaka; 99 m pro 100g Knäuel): 1 Strang in #47 Capri

Nadeln
Strumpfstricknadeln 5 mm, 2 Rundstricknadeln oder 1 lange Rundstricknadel

Zubehör
Maschenmarkierer, Zopfnadel, Restgarn oder Maschenhalter für Daumenmaschen

Maschenprobe
16 M und 20 Runden = 10 cm glatt rechts

Anmerkungen
– Wählen Sie eine Größe aus, die etwas größer als der tatsächliche Handumfang ist.

– Das Musterbeispiel ist in Größe 3 gearbeitet. Verbauch: 78 g / 78 m

STRICKHILFE

Z4R: Heben Sie nä 2 M auf ZN und halten Sie sie hinter der Arbeit; 2M re, dann 2M re von ZN.

Z4L: Heben Sie nä 2 M auf ZN und halten Sie sie vor der Arbeit; 2M re, dann 2M re von ZN.

Anleitung

BÜNDCHEN

Schlagen Sie 16 (16, 20) M an. Maschen nach Belieben verteilen und zur Runde schließen.

Grnd: [2M re, 2M li] rundum wdh.

Arbeiten Sie das Rippenmuster wie die M erscheinen über 5 (5,5, 5) cm.

Nur für Größe 1, Z für Handpartie: ([1M re, 1ZM] 3x, 1M re) 4x – 28 M.

Nur für Größe 2, Z für Handpartie: [1M re, 1ZM] rundum – 32 M.

Nur für Größe 3, Z für Handpartie: ([1M re, 1ZM] 4x, 1M re) 4x –36 M.

HANDPARTIE

Rnd 1: Rechts stricken.

Rnd 2: Z4L rundum. (Lesen Sie dazu den Kasten.)

Rnd 3 u 4: Rechts stricken.

BÜNDCHEN

Rnd 1: 2M re, MMs, bis zum RndE stricken – 2 Daumenkeil M zw RndE und MM.

Rnd 2: 2M re, MMa, Z4R rundum bis lzt 2M, 2M re. (Lesen Sie dazu den Kasten.)

Rnd 3: 1ZM-reg, stricken bis MM, 1ZM-lig, MMa, stricken bis RndE – 4 Daumenkeil M.

Rnd 4 u 5: Rechts stricken.

Rnd 6: 1ZM-reg, bis zum MM stricken, 1ZM-lig, MMa, 2M re, Z4L bis RndE – 6 Daumenkeil M.

Nur für Größen 1 u 2
Rnd 7 u 8: Rechts stricken.

Rnd 9: 1ZM-reg, stricken bis zum MM, MMa, stricken bis zum Rundenende – 8 Daumenkeil M.

Rnd 10: Bis zum MM stricken, MMa, Z4R bis lzt 2M, 2M re.

Rnd 11: Rechts stricken

Nur für Größe 2
Rnd 12: Rechts stricken.

Nur für Größe 3
Rnd 7–9: Rechts stricken.

Rnd 10: 1ZM-reg, bis zum MM stricken, 1ZM-lig, MMa, Z4R bis lzt 2M, 2M re – 8 Daumenkeil M.

Rnd 11–13: Rechts stricken.

DAUMEN ABTEILEN

Geben Sie die ersten 8 M der Runde auf Restgarn oder MH, MMa.

Nur für Größe 1: Wenden Sie die Hintere-Maschenglied-Methode an, 2M anschlagen auf die lzt Nadel der Runde, rechts stricken bis RndE, stricken Sie die beiden neuen M re ab – 28 M. Damit beginnt die neue Runde.

Stricken Sie 1 weitere Runde.

Nä Rnd: 2M re, Z4L rundum bis zu lzt 2M, Z4L über die lzt 2M und ersten 2M der nächsten Runde. Damit beginnt die neue Runde.

Nur für Größe 2: Wenden Sie die Hintere-Maschenglied-Methode an, 2 M anschlagen auf die letzte Nadel der Runde, rechts stricken bis RndE, die beiden neuen M re stricken – 32 M. Damit beginnt die neue Runde.

Nä Rnd: 2M re, Z4L rundum bis lzt 2M, Z4L über die lzt 2M und ersten 2M der nä Runde. Damit beginnt die neue Runde.

Nur für Größe 3: Hintere-Maschenglied-Methode anwenden, 2M anschlagen, Z4L über die lzt 2M, Z4L über die lzt 2M und ersten 2M der nä Runde – 36M. Damit beginnt die neue Runde.

OBERE HANDPARTIE

Rnd 1 u 2: Rechts stricken.

Rnd 3: Stricken Sie bis zum Reihenende, 2M re von der nä Rnd. Damit beginnt die neue Runde.

Rnd 4: Z4R rundum.

Rnd 5 u 6: Rechts stricken.

Rnd 7: Re stricken bis zu den lzt 2M. Damit beginnt die neue Runde.

Rnd 8: Z4L rundum.

Wiederholen Sie Rnd 1-8 bis die Handpartie 12,5 (14, 15) cm misst oder 1,3 cm kürzer als die gewünschte Handlänge ist, enden Sie mit Rnd 1, 2, 4, oder 5.

Nä Rnd: 2M re-zus rundum – 14 (16, 18) M vrbl.

Endrunde: 2M re-zus rundum – 7 (8, 9) M vrbl.

Faden abschneiden und zum Abschluss durch die Endmaschen ziehen.

DAUMEN

Geben Sie die 8 stillgelegten M zurück auf die Nadel. VS nach vorne. Faden in der Daumenbeuge neu anschlingen und in der Lücke 4M aufn und rechts stricken. Bis zum Ende der Daumen M re stricken – 12 M. Maschen nach Belieben auf die Nadeln verteilen und zur Runde schließen.

Nä Rnd, Abnahme: 2M re, 2M re-zus, 6M re, 1A-lig, 1M re – 10 M vrbl. Damit beginnt die neue Runde.

Glatt re stricken, bis der Daumen 3,8 (3,8, 4,5) cm oder die gewünschte Länge misst.

Endrunde: 2M re-zus – 5 M vrbl.

Faden abschneiden und zum Abschluss durch die Endmaschen ziehen.

FERTIGSTELLUNG

Dämpfen Sie die fertigen Stücke, vernähen Sie die Fäden und schließen Sie die Lücken am Daumenkeil.

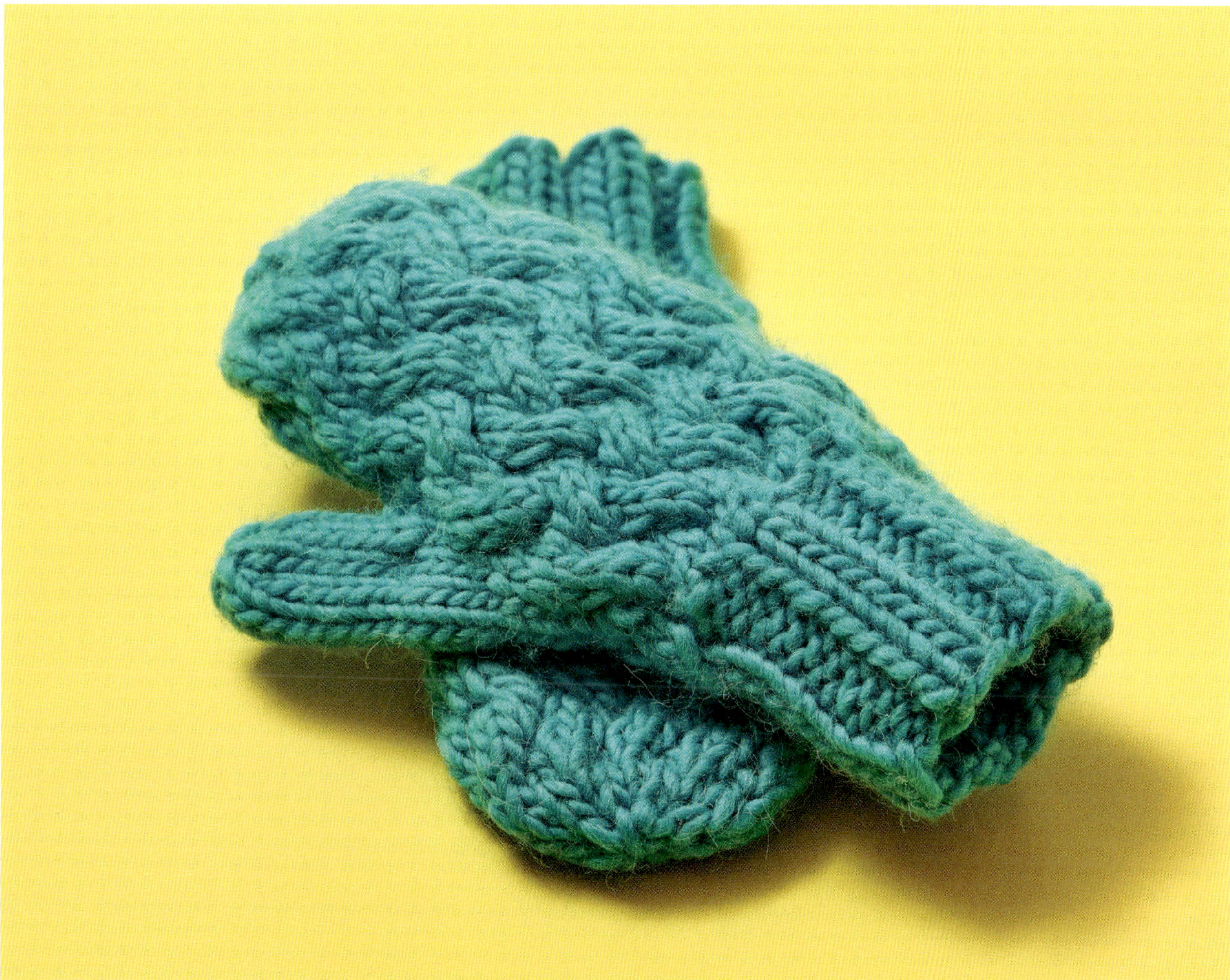

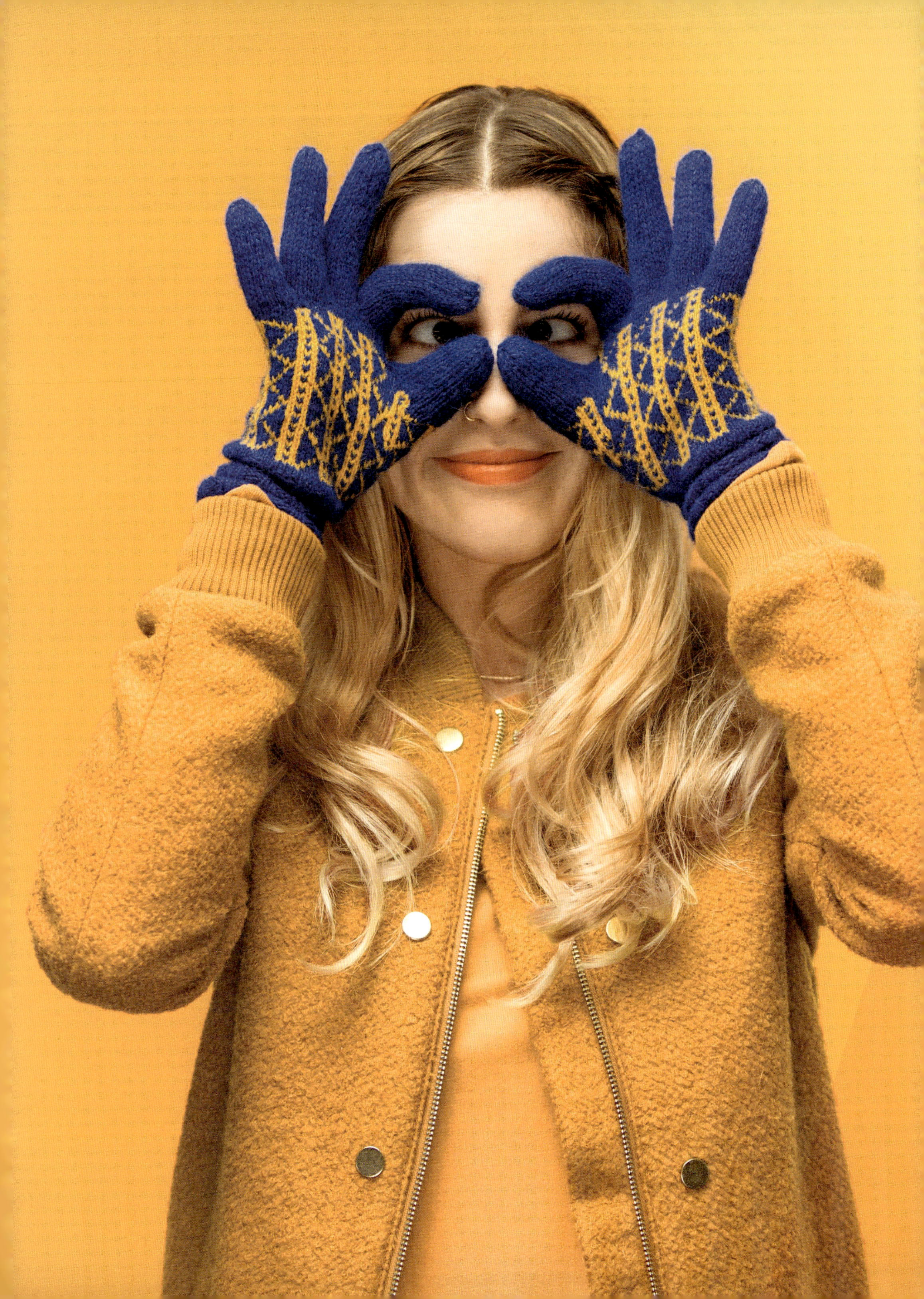

ROEBLING

Das klassische, geometrische Muster dieser Fingerhandschuhe erinnert mich an die von John A. Roebling entworfene Brooklyn Bridge, so kam das Modell zu seinen Namen. Hier ist es in fröhlichen, bunten Farben zu sehen, in einer dezenteren Farbstellung sieht das Design eher elegant aus.

Der 8-maschige Musterrapport wird nur an der Handpartie gestrickt. Ihn an den Fingern fortzusetzen, würde uns vor rechnerische und gestalterische Probleme stellen. Außerdem würde es zu unruhig aussehen.

Damit die Finger trotzdem genauso warm werden wie die Handpartie, lässt man einen zweiten Faden der Grundfarbe mitlaufen und strickt abwechselnd mit den beiden.

Endgröße
Handumfang: 13,5 (15, 17,19, 21) cm

Handschuhlänge: 24 cm, Passform veränderbar

Wolle
Musterbeispiel: Jamieson's Shetland Spindrift (100 % reine Shettland Wolle; 105 m pro 25 g Knäuel), 2 (2, 2, 3, 3) Knäuel in GF, 1 Knäuel in KF. Hier: #709 Royal (blau) als GF und #410 Cornfield (gelb) als KF.

Nadeln
Nur für das Bündchen: Strumpfstricknadeln 2,5 mm, 2 Rundstricknadeln oder 1 lange Rundstricknadel

Für Hand, Finger und Daumen: Strumpfstricknadeln 2,75 mm, 2 Rundstricknadeln oder 1 lange Rundstricknadel

Zubehör
Maschenmarkierer, Restgarn oder Maschenhalter für Daumenmaschen

Maschenprobe
32 M und 44 Rnd = 10 cm glatt rechts mit dickeren Nadeln

42 M und 40 Rnd = 10 cm im Muster mit dickeren Nadeln, gespannt

Anmerkungen
– Der Handschuh sollte eng anliegen, weil aber Querfäden die Elastizität des Gewebes reduzieren, sollten Sie die Größe trotzdem möglichst genau an den Handmaßen orientieren. Zuviel negative Zugabe macht die Handschuhe zu eng.

– Das Musterbeispiel ist in Größe 4 gearbeitet. Verbauch: 70 g/294 m insgesamt

– Für die Finger empfehle ich Strumpfstricknadeln.

DOPPELTE FADENFÜHRUNG

Obere Handpartie, Finger und Daumen werden hier mit doppeltem Faden in der Grundfarbe gestrickt, wobei Sie im Wechsel mit beiden Fäden arbeiten. Es spielt keine Rolle, wenn Sie das nicht perfekt machen, niemand wird es sehen! Am einfachsten ist es natürlich, wenn Sie einen Faden oben und einen unten behalten, wie beim mehrfarbigen Stricken, aber es ist auch kein Problem, wenn die beiden Fäden sich verdrehen. Machen Sie sich keine Gedanken, wenn Sie ab und zu den falschen Faden erwischen.

Anleitung

BÜNDCHEN

Schlagen Sie mit der GF und dünneren Nadeln 40 (44, 52, 56, 64) M an. Maschen nach Belieben verteilen und zur Runde schließen.

Grundrnd: [2M re, 2M li] rundum wdh.

Arbeiten Sie das Rippenmuster wie die Maschen erscheinen über 6,5 (6,5, 7, 7,5, 7,5) cm oder in der gewünschten Länge.

HANDPARTIE

In der nächsten Runde nehmen Sie für die Handpartie wie folgt zu:

Nur für Größe 1: [2M re, 1ZM, 3M re, 1ZM] 8x rundum wdh – 56 M.

Nur für Größe 2: [3M re, 1ZM, (2M re, 2M li) 4x] 4x rundum wdh – 64 M.

Nur für Größe 3: [(2M re, 1ZM) 2x, (3M re, 1ZM) 4x rundum wdh – 72 M.

Nur für Größe 4: [(2M re, 1ZM) 2x, 3M re, 1ZM] 8x rundum wdh – 80 M.

Nur für Größe 5: [(3M re, 1ZM) 2x, 2M re, 1ZM] 8x – 88 M.

Alle Größen
Nä Rnd: Rechts stricken.

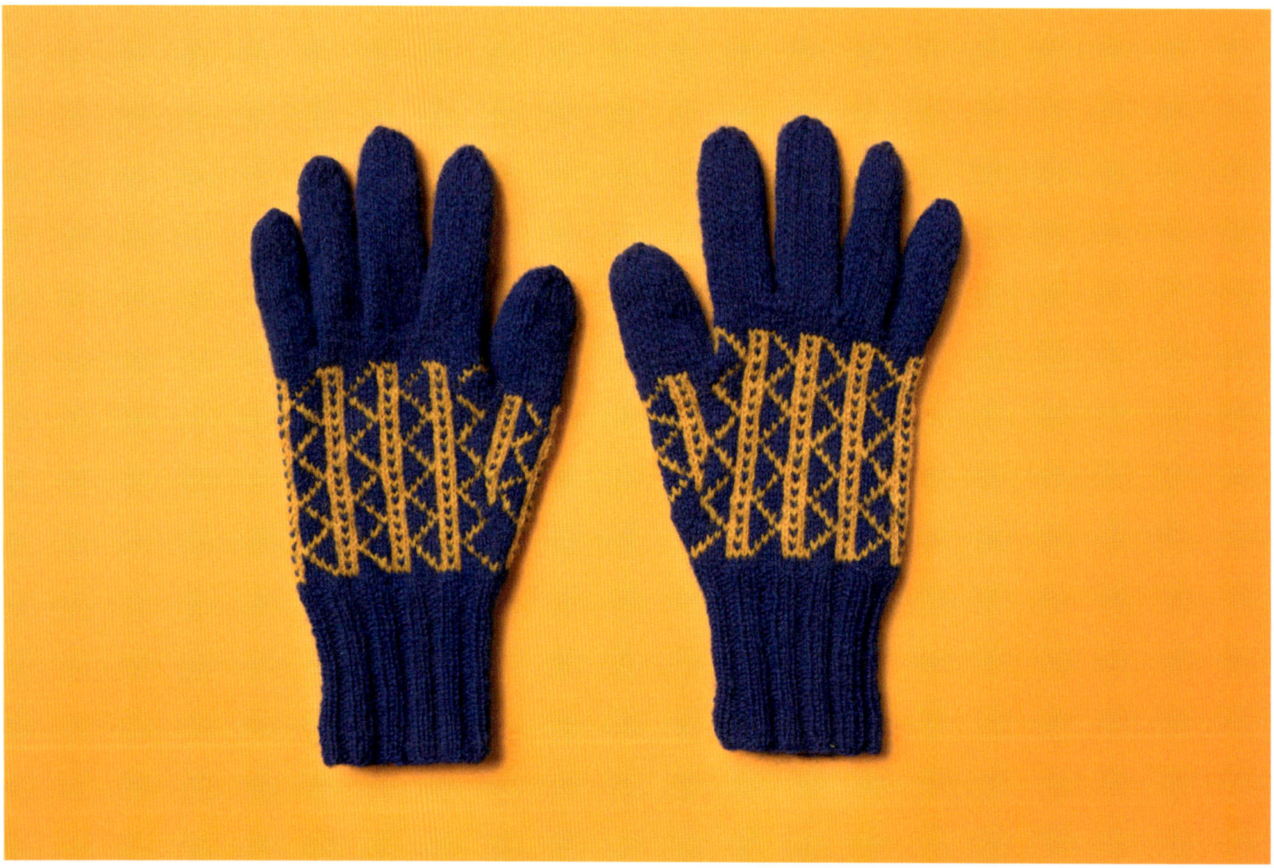

DAUMENKEIL

Wechseln Sie zu dickeren Nadeln.

Nä Rnd, Handmuster anlegen: Schlingen Sie die KF an und arbeiten Sie rundum den 8M-Rapport bis zu den lzt 3 M, MMs, die letzten 3 M im Muster arbeiten wie angegeben – 3 Daumenkeil M zwischen MM und Rundenende.

Diese 3 M bilden die Grundlage für den Daumenkeil. Sie werden in dem senkrechten Element des Brückenmusters gestrickt, wie bereits die lzt 3 M der Strickschrift.

Arbeiten Sie die zugenommenen Maschen im Farbmuster (siehe Kasten).

Daumenkeil Zrnd: Arbeiten Sie bis zum MM im Muster, MMa, 1ZM-reg in der entsprechenden Farbe, Muster weiterstricken wie angegeben bis zum Rundenende, 1ZM-lig in der entsprechenden Farbe – 2 Daumenkeil M zugenommen.

Nä Rnd: Arbeiten Sie das Muster ohne Zunahmen wie angegeben, stricken Sie die zugenommenen M in der GF.

Die lzt 2 M wdh 1 (3, 2, 5, 5) weitere Male – 7 (11, 9, 15, 15) Daumenkeil M.

Stricken Sie eine Zrnd und anschließend 2 gerade Reihen 8 (7, 9, 8, 9) x – 23 (25, 27, 31, 33) Daumenkeil M.

Nä Rnd, Handpartie abteilen: Arbeiten Sie im Muster bis MM, MMe, geben Sie die nä 23 (25, 27, 31, 33) Daumenkeil M auf Restgarn oder MH, benutzen Sie die Hintere-Maschenglied Methode und KF, schlagen Sie 3 M über Lücke auf – 56 (64, 72, 80, 88) M vrbl.

UNTERE HANDPARTIE

Arbeiten Sie wie angegeben ohne Zunahmen bis zum Beginn des kleinen Fingers oder 7 (8,5, 9,5, 11, 11,5) cm ab Oberkante des Bündchens.

Zum gleichen Zeitpunkt, nach dem Sie die nä Rnd 1 oder Rnd 5 abgeschlossen haben, auf welche Sie auch immer zuerst treffen, schneiden Sie die KF ab. Schlingen Sie ein neues Knäuel in der GF an und wechseln Sie nun die beiden GF Fäden miteinander ab, doppelte Fadenführung (siehe Strickhilfe) für obere Handpartie und Finger.

Nur rechte Hand, M für Aufbau der Finger neu anordnen: Stricken Sie die lzt 3 M der Rnd nicht. Das ist der Neubeginn der Rnd. (An der linken Hand müssen die Maschen nicht neu verteilt werden).

KLEINER FINGER

Kleiner Finger Aufbau: 28M (32, 36, 40, 44) in doppelter Fadenführung re stricken. Das ist der Mittelpunkt der Runde.

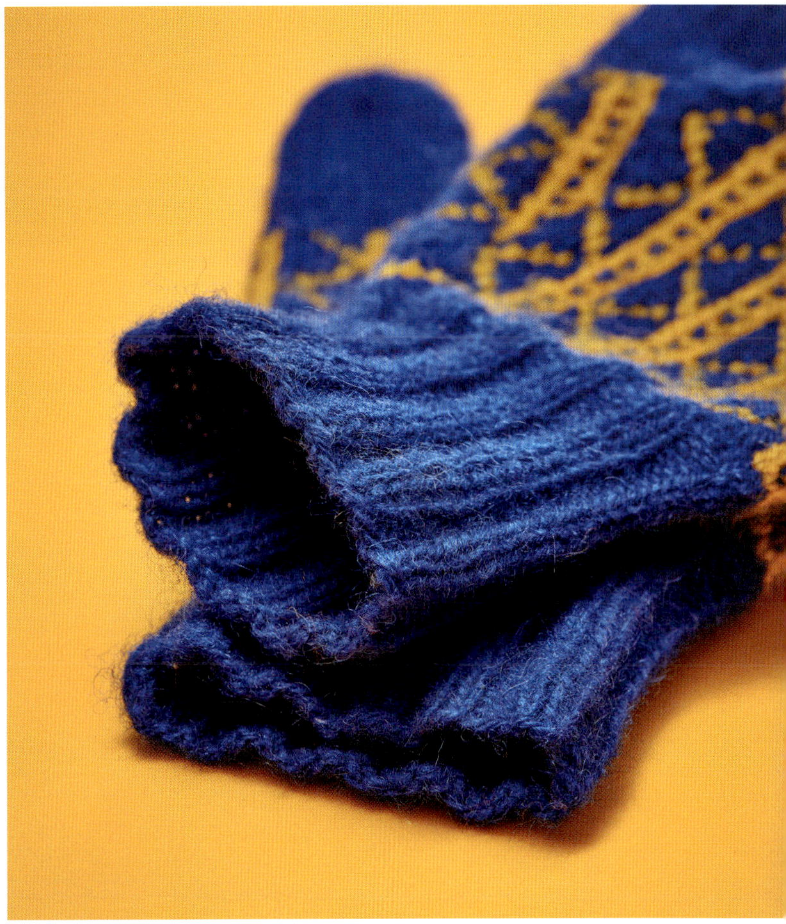

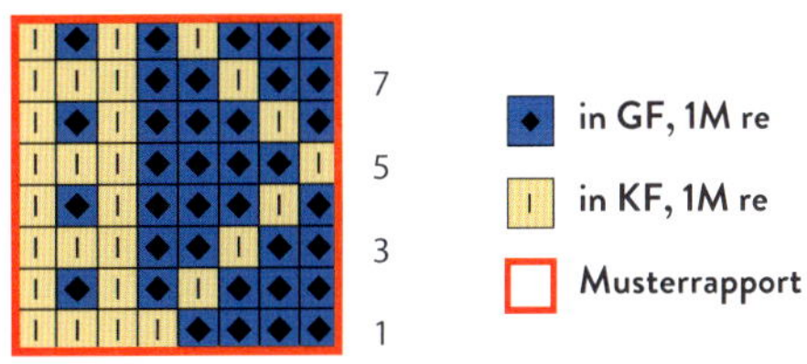

8M-Rapport

Stricken Sie 7 (8, 9, 9, 11) weitere M im Muster wie angegeben. Geben Sie die 14 (16, 18, 18, 22) zuletzt gearbeiteten M auf Strumpfstricknadeln für kleinen Finger. Benutzen Sie die Hintere-Maschenglied-Methode, schlagen Sie 2 (3, 3, 3, 3) M an – 16 (19, 21, 21, 25) M. Schließen Sie die Runde. Die übriggebliebenen 42 (48, 54, 62, 66) M benötigen Sie für die obere Handpartie – ordnen Sie die Maschen neu an oder benutzen Sie MH, je nach Vorliebe.

Mit der doppelten Fadenführung weiterstricken, bis der kleine Finger die gewünschte Länge erreicht hat oder 4,5 (5, 6,5, 7,5, 8,5) cm misst.

Abnrnd: 2M re-zus rundum wdh, bis 5 M vrbl. Faden abschneiden und zum Abschluss durch die Endmaschen ziehen.

Zunahmen

Die Zunahmen sollten ins Muster integriert werden wie folgt: Die ersten neuen Maschen werden in der Grundfarbe gestrickt, bis 5 Maschen zugenommen wurden. An dieser Stelle beginnen Sie bei genau diesen 5 Maschen mit dem diagonalen Farbmuster (M 1–5 in der Strickschrift). Die nächsten drei Zunahmemaschen werden in den senkrechten Musterelementen eingearbeitet (M 6–8 in der Strickschrift). In den ersten drei Größen werden die Zunahmen in der Grundfarbe gestrickt. In den nächsten beiden Größen wird wieder das diagonale Element begonnen, wenn Sie 5 neue Maschen haben, und die letzten Zunahmen werden in das 3-maschige senkrechte Element eingearbeitet.

OBERE HANDPARTIE

VS nach vorne. Faden wieder anschlingen und über der Anschlagskante 2 (3, 3, 3, 3) M aufnehmen und re str, den Anfang der aufgn M markieren,rundum im bestehenden Muster weiterstricken, inklusiver der stillgelegten Handpartiemaschen – 44 (51, 57, 65, 69) M. Arbeiten Sie in Runden ohne Zunahme weiter bis zur gewünschten Länge bis zur Ringfingerwurzel oder 0,6 (0,6, 0,6, 1,3, 1,3) cm über die Wurzel des kleinen Fingers hinaus.

RINGFINGER

Ringfinger Aufbau: 8M re (10, 11, 12, 13). Geben Sie die 14 (17, 19, 21, 23) zuletzt gearbeiteten M auf die Strumpfstricknadeln, um den Ringfinger zu stricken. Benutzen Sie die Hintere-Maschenglied-Methode und schlagen Sie 2 (3, 3, 3, 3) M an – 16 (20, 22, 24, 26) M. Schließen Sie zur Runde. Die restlichen 30 (34, 38, 44, 46) M werden stillgelegt und später für die übrigen Finger benutzt – ordnen Sie diese nach Belieben oder benutzen Sie einen MH, wenn erforderlich.

Stricken Sie ohne Zunahme rechts weiter und setzen Sie die doppelte Fadenführung fort, bis die gewünschte Länge erreicht ist oder der Finger 5 (6,5, 7,5, 9, 10) cm misst.

Abnahme: 2M re-zus rundum wdh, bis 5 M vrbl. Faden abschneiden und zum Abschluss durch die Endmaschen ziehen.

MITTELFINGER

Mittelfinger Aufbau: VS nach vorne. Garn neu anschlingen und 2 (3, 3, 3, 3) M entlang der Anschlagskante der Ringfingerwurzel aufn und re stricken, die nä 7 (8, 9, 11, 11) M abstricken, dann die nä 16 (18, 20, 22, 14) M auf Nadel oder MH legen und in der Lücke 2 (3, 3, 3, 3) M anschl – 18 (22, 24, 28, 28) M. Zur Runde schließen. Stricken Sie ohne Zunahme mit doppelter Fadenführung weiter, bis der Finger die gewünschte Länge erreicht hat oder 5,5 (7, 8,5, 9,5, 11) cm misst.

Abnahme: 2M re-zus rundum wdh bis 5 M vrbl. Faden abschneiden und zum Abschluss durch die Endmaschen ziehen.

ZEIGEFINGER

Zeigefinger Aufbau: VS nach vorne. Garn neu anschlingen entlang der Anschlagskante an Mittelfingerwurzel 2 (3, 3, 3, 3) M aufn und re stricken. Die stillgelegten 16 (18, 20, 22, 24) M der Rnd abstricken – 18 (21, 23, 25, 27) M. Zur Runde schließen.

Ohne Zunahme mit doppelter Fadenführung weiterstricken, bis der Finger die gewünschte Länge erreicht hat oder 5 (6,5, 7,5, 9 10) cm misst.

Abnahme: 2M re-zus, bis 5 M vrbl. Faden abschneiden und zum Aschluss durch die Endmaschen ziehen.

DAUMEN

Geben Sie die 23 (25, 27, 31, 33) stillgelegten Maschen wieder auf die Nadeln.

Sie stricken das Farbmuster noch weiter, wie Sie es in der Endrunde des Daumenkeils angelegt hatten, bis Sie bei Rnd 1 oder Rnd 5 der Strickschrift angekommen sind, sodass das Muster an der gleichen Stelle endet wie bei der Handpartie.

VS nach vorne. In der GF an der Daumenbeuge Faden neu anschlingen und in der Lücke 3 M aufnehmen und re stricken – 26 (28, 30, 34, 36) M. Die KF anschlingen. Die M nach Belieben auf die Nadeln verteilen und zur Runde schließen.

Nä Rnd: 2M re, 2M re-zus, stricken Sie im Muster wie angegeben bis zur lzt M der Rnd, 1A-lig (über die lzt aufgenommene M und die erste Daumen M) – 24 (26, 28, 32, 34) M vrbl. Damit beginnt die neue Runde.

Ohne Zunahme wie angegeben weiterstricken, bis Sie zur nä Rnd 1 oder Rnd 5 im Muster gelangen. An dieser Stelle die KF abschneiden und ein zweites Knäuel in der GF anschlingen. Beenden Sie den Daumen mit doppelter Fadenführungs in der GF.

Ohne Zunahmen glatt rechts stricken, bis der Daumen die gewünschte Länge erreicht hat oder 5 (5,5, 6,5, 7,5, 7,5) cm misst.

Abnahme: 2M re-zus rundum wdh, bis 5 M vrbl. Faden abschneiden und zum Abschluss durch die Endmaschen ziehen.

FERTIGSTELLUNG

Dämpfen Sie die fertigen Stücke, vernähen Sie die Fäden und schließen Sie die Lücken an Fingerwurzeln und Daumenkeil.

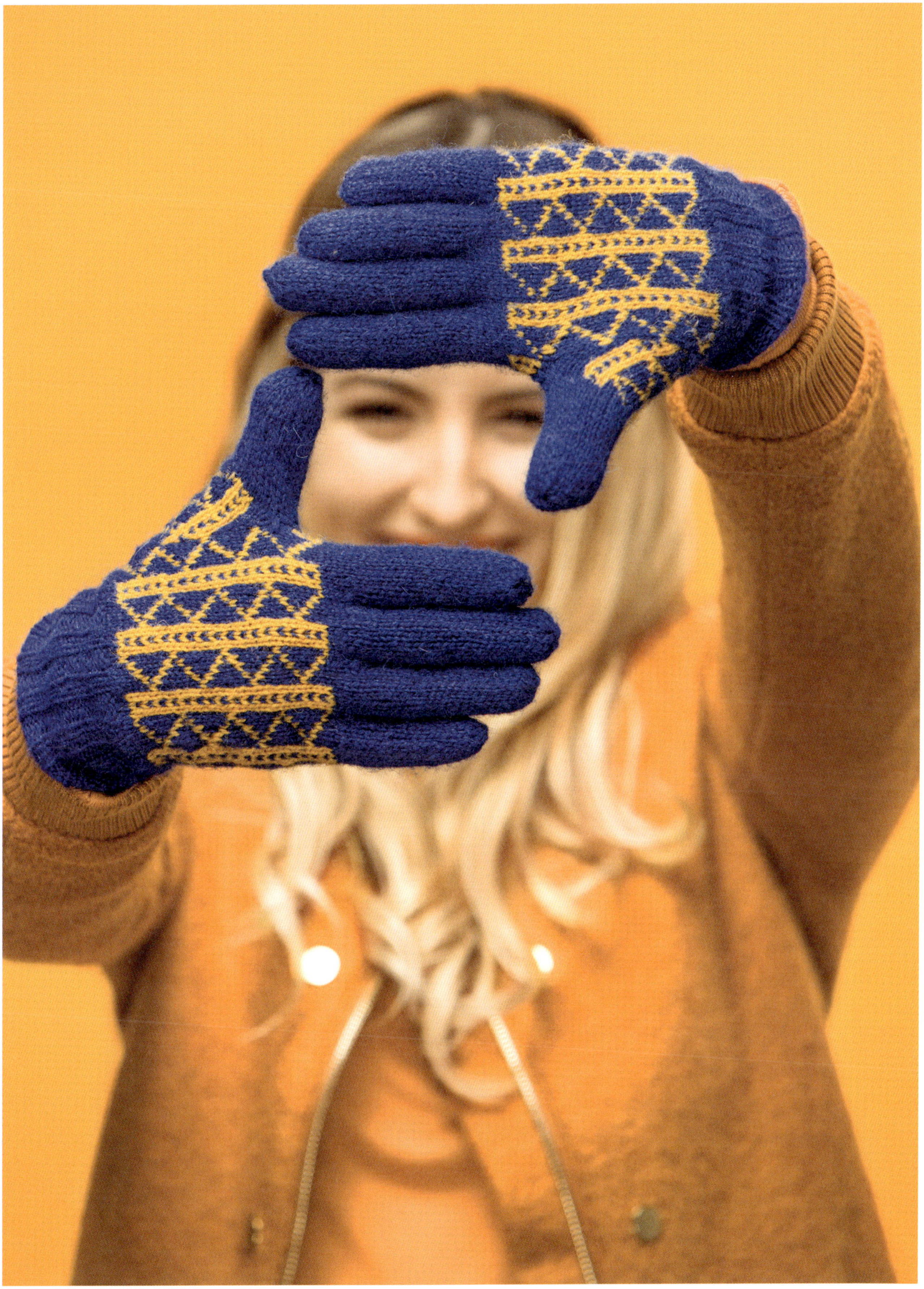

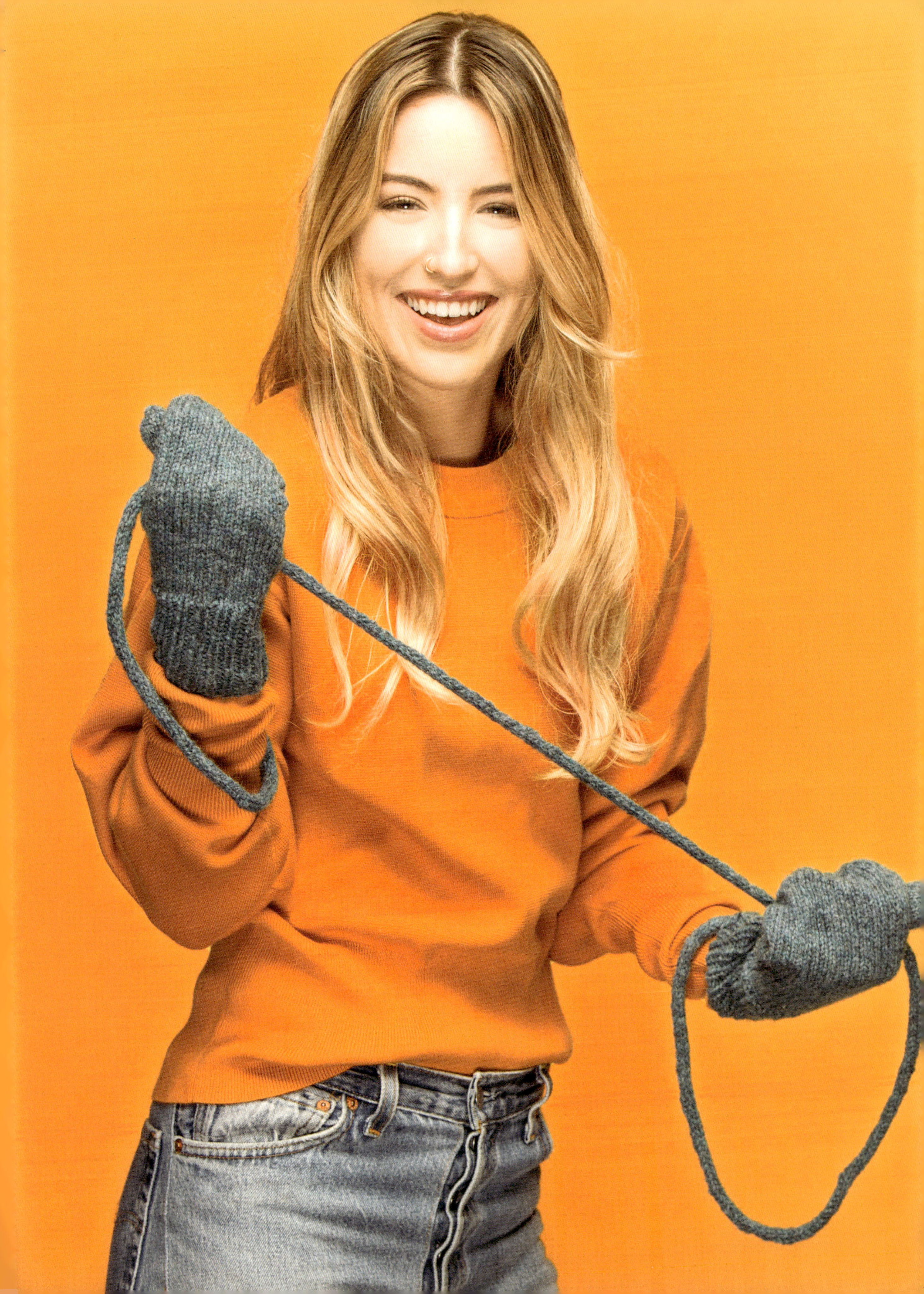

Abkürzungsverzeichnis

1A-lig	1 links geneigte Abnahme
1M h-MG	1 Masche durch das hintere Maschenglied
1ZM	1 Zunahme ins hintere Maschenglied
1ZM-li	1 Zunahme links
1ZM-re	1 Zunahme rechts
1ZM-lig	1 Zunahme links geneigt
1ZM-reg	1 Zunahme rechts geneigt
1ZML-lig	1 Zunahme links, links geneigt
1ZML-reg	1 Zunahme links, rechts geneigt
abh	abheben
Abn/abn	Abnahme, abnehmen
Abnrnd	Abnahmerunde(n)
Abschl	Abschluss
Abst	Abstand
AK, abk	abketten
AM	Anschlagsmaschen
AN	Anschlag
Anm	Anmerkung
Anschl	anschlagen
Anz	Anzahl
AU	Aufnahme
aufn	aufnehmen
aufgn	aufgenommen
DÜA	doppelt überzogene Abnahme
Fh	Faden hinten
Fv	Faden vorne
gestr	gestrickt(en)
GF	Grundfarbe
GR	Grundreihe
Grnd	Grundrunde
hi	hinten
hdA	hinter der Arbeit
hMG	hinteres Maschenglied
KF	Kontrastfarbe
LabhZ	Links abgehobene Zunahme
LDÜA	Links doppelt überzogene Abnahme
li	links
li-zus	links zusammenstricken
lzt	letzte/r/n
M	Masche(n)
MG	Maschenglied
MH	Maschenhalter
MM	Maschenmarkierer
MMa	Maschenmarkierer abheben
MMe	Maschenmarkierer entfernen
MMs	Maschenmarkierer setzen
oH	obere Handpartie
RabhZ	Rechts abgehobene Zunahme
RE	Reihenende
re	rechts
re-zus	rechts zusammenstricken
Rnd	Runde(n)
RndE	Rundenende
RS	Rückseite
str	stricken
U	Umschlag
u	und
Umf	Umfang
u&w	umwickeln und wenden
vbl	verbleiben(d)
vdA	vor der Arbeit
VS	Vorderseite
wdh	wiederholen
Z	Zunahme
Z4L	Zopf aus 4 Maschen links verschränkt
Z4R	Zopf aus 4 Maschen rechts verschränkt
ZN	Zopfnadel
Z	Zunahme
zun	zunehmen
Zrnd	Zunahmerunde
zus	zusammenstricken
zw	zwischen

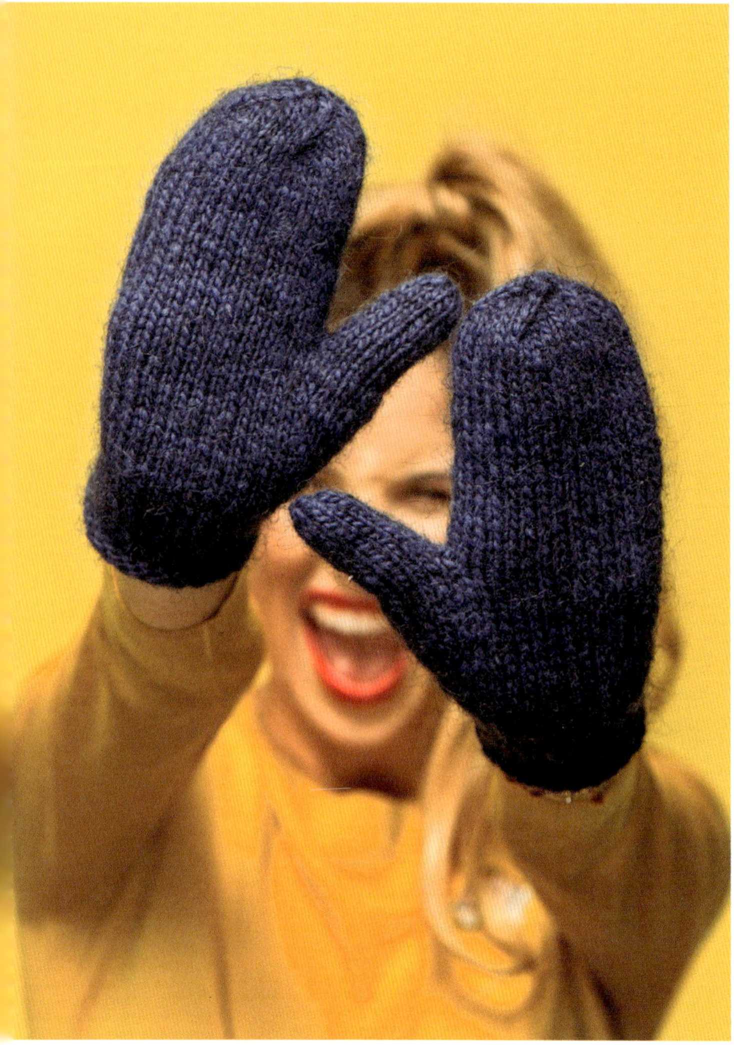

GLOSSAR

Anschläge

KREUZANSCHLAG

Siehe Seite 30.

NORWEGISCHER KREUZANSCHLAG

Siehe Seite 31. Eine sehr gute Anleitung gibt es bei YouTube: https://www.youtube.com/watch?v=SrXuPyj1kE8

Abnahme

1A-LIG (1 Abnahme links geneigt)

1M re abh, 1M re abh; die beiden abgeh M zurück auf die linke Nadel schieben und zus durch das hintere MG re abstr – aus 2 M wird 1 M.

2A LÜ (Links doppelt überzogene Abnahme)

2M zus abh (wie bei 2M re-zus), 1M li, dann die beiden abgehobenen M über die gerade gestrickte M ziehen – aus 3 M wird 1 M.

DÜA (Doppelt überzogene Abnahme)

Die nächsten 2 M zusammen abh (wie bei 2M zus), 1M re, dann die beiden abgeh M über die gerade gestrickte M ziehen – aus 3 M wird 1 M.

Zunahmen

↓ 1ZM (Anschlag hinteres Maschenglied)

Einen Umschlag wie ein hinteres MG aufn und auf die rechte N nehmen – 1 M zugenommen.

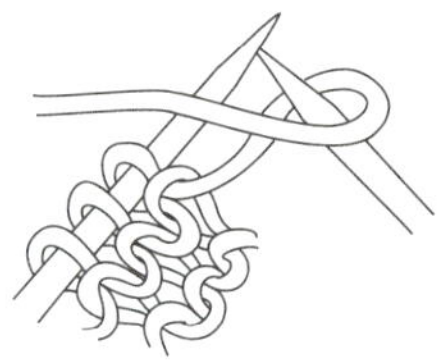

1ZM-LI (1 Zunahme links)

Wählen Sie zwischen 1ZM, 1ZML-lig oder 1ZML-reg.

↓ 1ZM-LIG (1 Zunahme links geneigt)

Die Spitze der linken Nadel von vorne, nach hinten unter den Querfaden zwischen der letzten M auf der rechten N und der ersten M auf der linken N schieben **(Abb. 1)**. Den Faden durch das hintere MG re str **(Abb. 2)** – 1 M zugenommen.

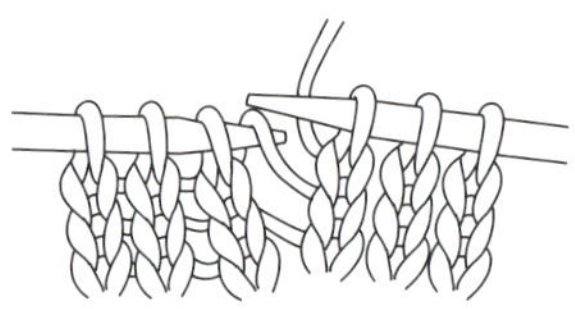

Abb. 1

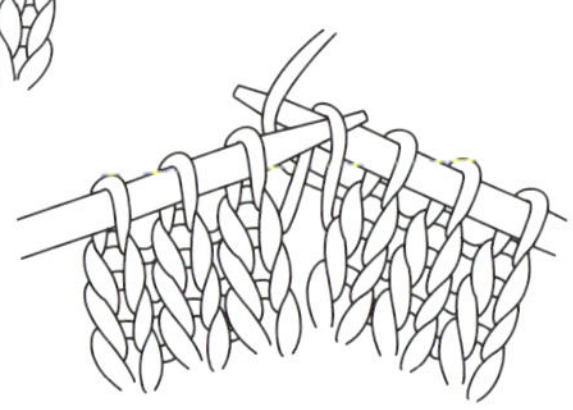

Abb. 2

↓ 1ZM-REG (1 Zunahme rechts geneigt)

Die Spitze der linken N von hinten nach vorne unter den Querfaden zwischen der letzten M auf der rechten N **(Abb. 1)** und der ersten M auf der linken N einstechen. Den Faden druch das vordere MG **(Abb. 2)** rechts abstricken –1 M zugenommen.

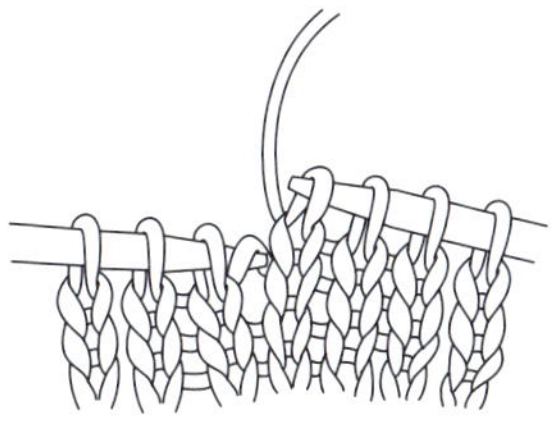

Abb. 1

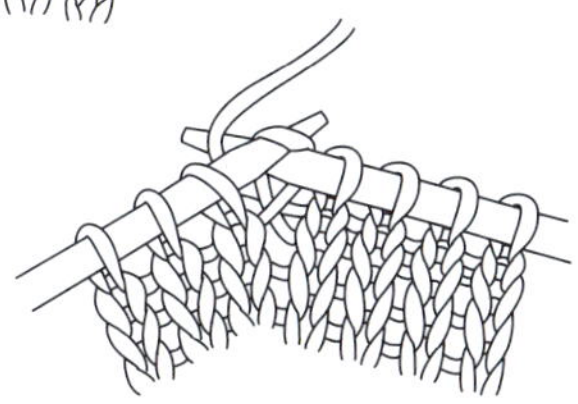

Abb. 2

1ZML-LIG (1 Zunahme links, links geneigt)

Die Spitze der linken N unter den Querfaden zwischen der letzten M auf der rechten N und der ersten M auf der linken N einstechen; den Faden durch das hintere MG links abstricken – 1 M zugenommen.

1ZML-REG (1 Zunahme links, rechts geneigt)

Die Spitze der linken N von hinten nach vorne unter den Querfaden zwischen der letzten M auf der rechten N und der ersten M auf der linken N einstechen. Den Faden links durch das vordere MG links abstricken – 1M zugenommen.

LABHZ (Links abgehobene Zunahme)

Mit der linken Nadel die M 2 R unter der letzten M auf der rechten N aufn. Diese M re str – 1 M zugenommen.

RABHZ (Rechts abgehobene Zunahme)

Mit der rechten Nadel in die M 2 R unter der letzten M auf der linken Nadel einstechen. Diese M aufn und auf die linke N schieben, dann re str – 1 M zugenommen.

Weitere Stricktechniken

1M ABH (1 Masche abheben)

Wenn in der Anleitung nicht anders vorgegeben, heben Sie Maschen links ab. Das heißt, Sie stechen die rechte Nadel wie zum links stricken ein, heben die Masche aber nur auf die rechte Nadel, ohne sie zu stricken. So bleibt die Ausrichtung der Masche erhalten, ohne dass sie verdreht wird.

Abketten

RUSSISCH ABKETTEN

2M re, *diese beiden M zurück auf die linken N schieben, 2M re zus, 1M re; ab * wiederholen, bis nur noch eine M übrig ist. Faden abschneiden und das Ende durch die Masche ziehen.

BIBLIOGRAFIE & QUELLEN

Bibliografie

Atherley, Kate. *Custom Socks: Knit To Fit Your Feet*. Loveland, CO: Interweave, 2015

Budd, Ann. *The Knitter's Handy Book of Patterns*. Loveland, CO: Interweave, 2002

Budd, Ann. *Knitter's Handy Guide to Yarn Requirements*. Loveland, CO: Interweave, 2004

Druchunas, Donna. *Lithuanian Knitting*. Clackamas, OR: Double Vision Press, 2015

Starmore, Alice. *Charts for Color Knitting*. Dover, 2001

Quellen

www.yarnharlot.ca/blog/archives/2011/02/04/mawata_wonders.html

www.knitty.com/ISSUEwinter05/FEATsilkhankies.html

WIDMUNG

Für alle mit kalten Händen. Möge Ihrer Hände Arbeit Ihre Hände warm halten.

DANK

So viele Menschen haben mich bei diesem Projekt unterstützt. Sie kennen das, wenn Leute sagen: „Ohne dich hätte ich das nie geschafft" ... Genau so war's.

Gestrickt haben: Margaret Anderson Kilfoil, Danielle Baines, Sarah Baker, Vanessa Bodrie, Nancy Bowman, Lisa C., Karen Crouch, Rayna Curtis, Pam DePauw, Lizzie Fernandez, Leanna Fong, Sue Frost, Alexandra Gall, Robin Goldwasser, Amelia Hodsdon, Nancy Hunt, Fiona Hunter, Grace Jackson, Janie Kang, Stefanie Kreibe, Krystal London, Kirstin McAulay, Dianne Merriam, Monika Moravan, Anastasia Pelechaty, Samantha Price, Lacey Richmond, Gina Ritchie, Teresa Randell, Christine Rogalsky, Barb Scott, Katy Smillie, Mary Snow Setzer, Peggy Wallace, Liz Wilson

Das Garn wurde uns zur Verfügung gestellt von: Baa Ram Ewe, Berroco, Bijou Basin, Briggs & Little, Cascade, Dale of Norway, The Fibre Company, Freia Fibers, Indigodragonfly, Jamieson's of Shetland, Jill Draper Makes Stuff, Lang Wolles, Lisa Souza Dyeworks, Malabrigo, Mrs. Crosby, Mountain Colors, Quince & Company, Space Cadet Wolles, Swan's Island, Sweet Fiber, Sweet Georgia, Valley Wolles, Westminster/Rowan

Ratschläge, Mutmachen und Inspiration: Cari Angold, Fiona Ellis, Amy Herzog, Kim McBrien-Evans, Jillian Moreno and Lynne Sosnowski

Bei Interweave/F+W: Lisa Espinosa, Kerry Bogert, Erica Smith, Maya Elson

Offizielle Imbissbeauftragte: Olenka

Mein Team zuhause:
Immer: Norman
Manchmal: Dexter

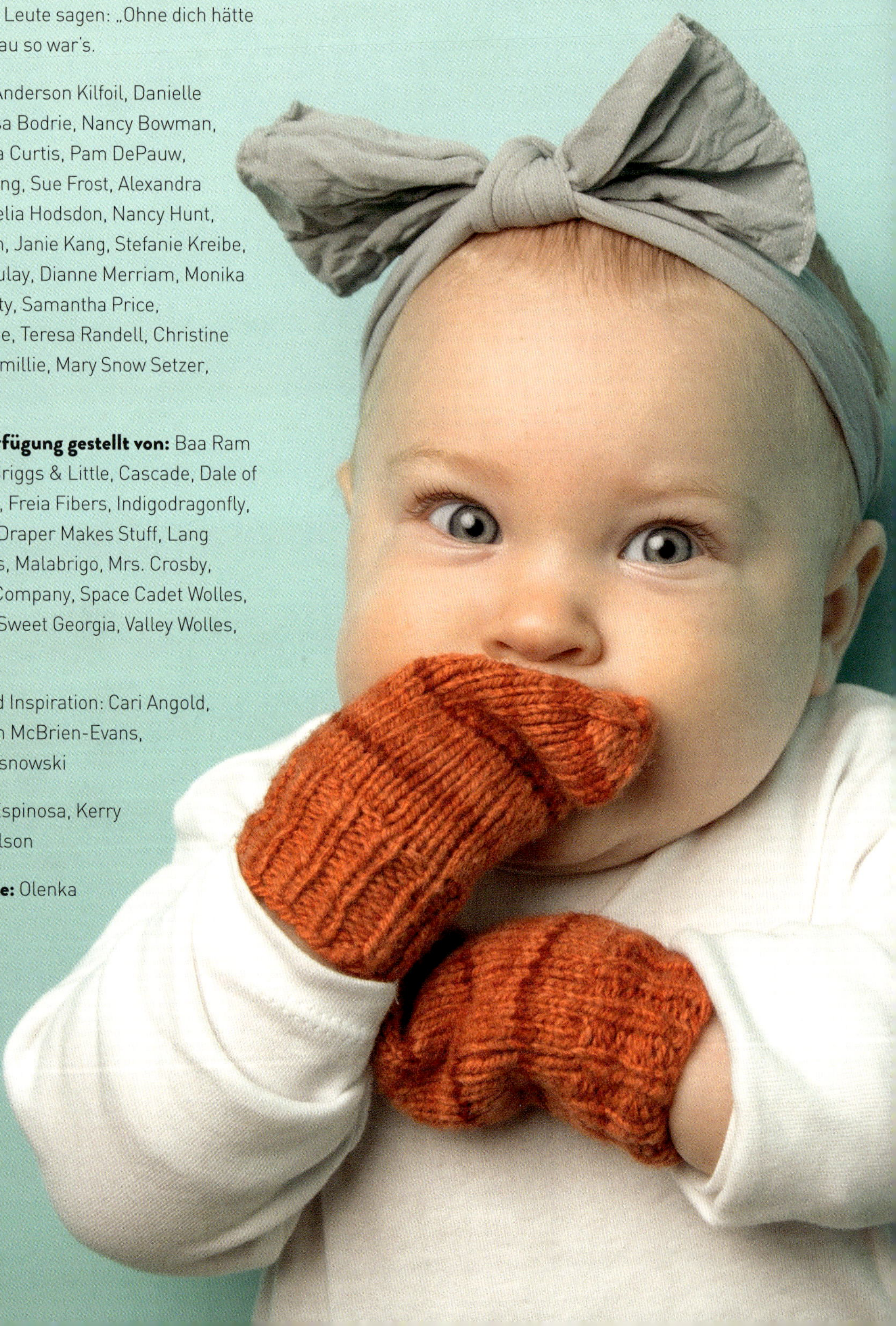

REGISTER

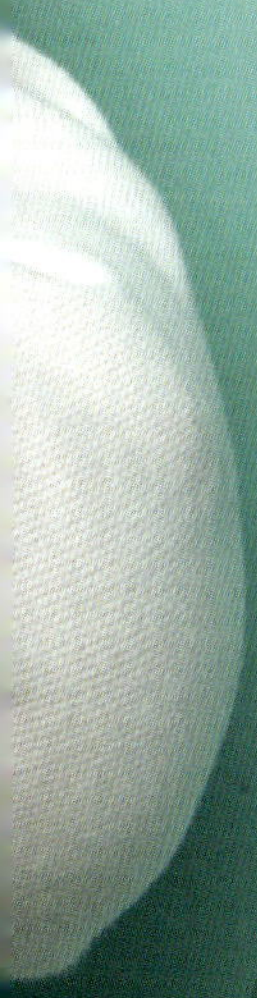